DE CIVE

Dados Internacionais de Catalogação na Publicação (CIP)
(Câmara Brasileira do Livro, SP, Brasil)

Malmesburry, Thomas Hobbes de, 1588-1679
De Cive : elementos filosóficos a respeito do cidadão / Thomas Hobbes de Malmesburry ; tradução de José de Sá Porto. – Petrópolis, RJ : Vozes, 2023. – (Coleção Pensamento Humano)

Título original: Elementa philosophica de cive
ISBN 978-85-326-6570-6

1. Ciência política – Filosofia 2. Liberdade 3. Poder 4. Religião 5. Sociedade – História I. Título. II. Série.

23-163035 CDD-320.01

Índices para catálogo sistemático:

1. Ciência política : Filosofia 320.01

Eliane de Freitas Leite – Bibliotecária – CRB 8/8415

Thomas Hobbes

De Cive

Elementos filosóficos a respeito do cidadão

Tradução de José de Sá Porto

Introdução de Denis L. Rosenfield

Posfácio de Milton Meira do Nascimento

EDITORA VOZES

Petrópolis

Tradução do original em latim intitulado *Elementa philosophica de cive*

Rua Frei Luís, 100
25689-900 Petrópolis, RJ
www.vozes.com.br
Brasil

Editoração: Maria da Conceição B. de Sousa
Diagramação: Raquel Nascimento
Revisão gráfica: Heloísa Brown
Capa: Editora Vozes

ISBN 978-85-326-6570-6

Este livro foi composto e impresso pela Editora Vozes Ltda.

SUMÁRIO

Prefácio, 7

Introdução, 19
Denis L. Rosenfield

1 Vida, 19

2 As ideias centrais do *De Cive*, 24

Seção I - Liberdade, 47

1 Do estado do homem fora da sociedade civil, 49

2 Da lei da natureza no que diz respeito aos contratos, 59

3 Das outras leis de natureza, 70

4 Que a lei de natureza é lei divina, 86

Seção II - Poder, 95

5 Das causas e início da sociedade civil, 97

6 Do direito de quem exerce o poder soberano na Cidade, quer seja um conselho ou um só indivíduo, 103

7 Das três espécies de governo: democracia, aristocracia, monarquia, 119

8 Do direito dos senhores sobre os servos, 131

9 Do direito dos pais sobre os filhos e do reino patrimonial, 136

10 Comparação entre as três espécies de cidades com relação a incomodidades de cada uma, 145

11 Textos e exemplos da Sagrada Escritura que parecem concordar com o acima dito sobre o direito do reino, 158

12 Das causas internas de dissolução da Cidade, 163

13 Dos deveres dos que exercem o poder supremo, 174

14 Das leis e das transgressões, 187

Seção III: Religião, 203

15 Do Reino de Deus pela natureza, 205

16 Do Reino de Deus pela antiga aliança, 222

17 Do Reino de Deus pela nova aliança, 239

18 Dos requisitos necessários para se entrar no Reino dos Céus, 273

Epístola dedicatória, 289

Posfácio, 293
Milton Meira do Nascimento

PREFÁCIO

Aos leitores

As expectativas que parecem grandemente contribuir para captar o interesse pela leitura de um livro - quais sejam dignidade e utilidade do tema a tratar, método correto de apresentá-lo, motivo e propósito honesto para escrevê-lo, finalmente equilíbrio do escritor essas, leitores, vo-las prometo e ponho diante dos olhos já neste prefácio, para tecer algumas considerações. Este livro descreve os deveres dos homens, em primeiro lugar como homens, depois como cidadãos, por último como cristãos. Nesses deveres estão contidos seja elementos do direito natural e direito das gentes e a origem e força da justiça, como também, dentro dos limites desta obra, a essência da religião cristã.

Esta espécie de doutrina, exceto no que se refere à religião cristã, somente deveria ser transmitida à posteridade, segundo os mais antigos sábios, ornada de poemas ou revestida de alegorias como um belo e sagrado mistério de poder, para não ser profanada pelas controvérsias entre os indivíduos particulares. Por esse tempo os filósofos se entregavam uns ao estudo das figuras e dos movimentos das coisas para utilidade dos homens; outros, sem serem inúteis, aplicavam-se à meditação sobre a natureza das coisas e suas causas. Na sequência dos tempos, chegamos a Sócrates, considerado o primeiro a amar esta ciência civil, embora ainda não inteiramente reconhecida, mas de algum modo já transparecendo, como que, através de uma nuvem, no governo da Cidade. Ele cultivou a tal ponto esta ciência que a julgava a única digna de seu talento, deixando completamente de lado as outras partes da filosofia. Depois dele vieram Platão, Aristóteles, Cícero e outros filósofos gregos e latinos, e finalmente de todos os povos, e não só filósofos, mas também os ociosos, que a manipularam, e ainda o fazem como se fosse coisa fácil e não necessitada de qualquer preparação, exposta e prostituída ao mero senso comum natural das pessoas.

É um fato que muito contribui para a sua dignidade: os que julgam possuí-la, ou se encontram em posição de dever possuí-la, comprazem-se tão fortemente em sua beleza que aceitam de boa mente que os demais cultores das outras ciências sejam considerados e sejam chamados inteligentes, doutos, eruditos, qualquer coisa, menos, prudentes. Pois, para eles o qualificativo da prudência só a eles cabe, por causa da excelência da competência civil. Quer se deva avaliar a dignidade das ciências pela dignidade dos que as possuem, ou pelo número dos que sobre elas escreveram, ou pelo julgamento dos homens mais sábios, certamente a mais digna das ciências é aquela que pertence aos príncipes e às pessoas incumbidas de dirigir os seres humanos. Até sua falsa aparência causa deleite a quase todos os homens.

Da ciência política trataram principalmente as melhores inteligências filosóficas. O modo mais seguro de reconhecer a utilidade de uma ciência transmitida corretamente, a saber, derivada de princípios verdadeiros por via de nexo evidente, é justamente examinarmos os prejuízos que para o gênero humano resultam de seus aspectos falsos e verbosos. Um erro introduzido em matérias que costumamos estudar para exercitar o intelecto é inócuo e implica apenas perda de tempo. Já em outras, em que todos precisam pensar para assegurar o bem-viver, nascem necessariamente não só do erro, mas também da ignorância, ofensas, brigas e mortes. Quão numerosos forem tais danos, tão grande será a utilidade de uma bem elaborada doutrina dos deveres. A quantos reis, de resto homens bons, fez assassinar unicamente aquele erro: que um súdito tem direito de assassinar um rei tirano? Quantos homens foram arruinados pelo erro de que determinados homens podem despojar do reino, por determinadas causas, o príncipe soberano? Quantos homens não matou a doutrina errônea de que os soberanos não estão acima da multidão, mas são seus servidores? Enfim, de quantas rebeliões não foi causa aquela outra que ensina que compete aos particulares julgar se os editos dos reis são justos ou injustos e se há não só direito, mas obrigação de discuti-los, antes de serem emanados? Há, além disso, na filosofia moral hoje comumente recebida, muitos outros erros não menos perigosos do que esses, mas que não é preciso enumerar.

Creio que os antigos estavam preocupados com essas coisas quando preferiam envolver em mitos a ciência do direito, a expô-la às discussões. Antes de começarem a ser discutidas tais questões, os príncipes não postulavam o poder supremo, exerciam-no. Defendiam seus domínios não com argumentos, mas com fatos, castigando os malfeitores e protegendo os homens de bem. Por outro lado, os cidadãos não mediam a justiça pelas palavras de pessoas, mas pelas leis da Cidade. Eram mantidos em paz não por meio de discussões, mas pela força do poder constituído. Mais ainda, eles respeitavam como a uma divindade visível esse poder supremo, quer residisse num só homem quer num grupo. E assim eles não se juntavam de modo algum, como hoje acontece, com homens ambiciosos ou maus para subverter o estado da sociedade. Não podiam deixar-se levar à renúncia de um bem que os fazia preservar-se. A simplicidade daqueles tempos não admitia uma estultície tão douta. Havia paz na idade de ouro, e esta só teve fim quando se começou a ensinar, depois da expulsão de Saturno, que era possível empunhar as armas contra os reis.

Eu diria que os antigos não apenas enxergaram tudo isso, mas parecem tê-lo expressado com uma felicidade rara num de seus mitos. Conta-se que Ixíon, admitido por Júpiter a um banquete, apaixonou-se pela própria Juno, e tentou seduzi-la. Foi-lhe oferecida em lugar da deusa uma nuvem com suas formas. Dela nasceram os centauros, de natureza humana, parte equina, uma raça belicosa e turbulenta. Adaptando os termos, é como se disséssemos que os indivíduos, convocados a instâncias superiores da república, desejassem submeter ao próprio conhecimento a justiça, irmã e consorte do poder supremo, mas na verdade, abraçando como uma nuvem a aparência falsa e vazia da justiça, davam nascimento àqueles dogmas biformes dos filósofos morais, parte corretos e belos, parte irracionais e selvagens, causa de todas as discórdias e violências. Portanto, visto que todo dia aparecem tais opiniões, quando alguém sabe dissipar essas nuvens e mostrar com razões sólidas que não há nenhuma doutrina autêntica sobre justo e injusto, sobre bem e mal, além das leis constituídas em cada Cidade, e que a ninguém cabe inquirir se uma ação será justa ou injusta, boa ou má, a não ser àqueles a quem a Cidade solicitar a interpretação de suas leis – tal pessoa certamente não só estará indicando a estrada real da paz como também denunciando os escondidos e escuros desvios da subversão, e não se pode imaginar tarefa mais útil.

No que se refere ao método deste livro, não julguei ser bastante só a boa ordem do discurso, embora seja um aspecto notável, mas que era preciso começar pela própria matéria Cidade, prosseguir com sua formação e desenvolvimento, e chegar à primitiva origem da justiça. Com efeito, conhecemos muito melhor uma coisa pelos elementos de que ela se constitui. Assim como não se pode saber, num relógio mecânico ou noutra máquina um pouco mais complexa, qual a função de cada parte ou roda, se ele não for desmontado e separadamente examinados o material, o desenho e o movimento: assim também, para estudar o direito da Cidade e os deveres dos cidadãos, precisamos, sem desmontar a Cidade, considerá-la como desmontada – isto é, para compreender corretamente a condição da natureza humana, com o uso de quais meios ela é capaz ou incapaz de dar corpo à Cidade; de que modo hão de ajustar-se entre si os homens, se querem alcançar a união.

Seguindo, portanto, este método, ponho em primeiro lugar como um princípio conhecido de todos por experiência, não havendo ninguém que o negue, a saber, que os homens são por natureza de tal feitio que, se não forem coagidos por medo de algum poder comum, viverão sempre desconfiados uns dos outros, temendo-se reciprocamente; terão decerto o direito de prevenir-se cada qual com as próprias forças, mas terão também necessariamente a vontade para isso.

Talvez se objetará que alguns o negam. É verdade, muitos os negam. Não estarei, então, em contradição comigo, dizendo que as mesmas pessoas confessam e negam uma mesma coisa? Decerto, não eu, mas contradizem-se aqueles que confessam com suas ações o mesmo que negam com as palavras. Vemos como todas as cidades, embora em paz com as vizinhas, preservam seus limites com defesas e guarnições militares, e sua população com muralhas, portões e sentinelas. Para que isso, se nada temessem dos vizinhos? Vemos também como nas próprias cidades, onde há leis e penas estabelecidas contra os maus, os cidadãos não andam sem alguma arma para sua defesa, nem vão dormir sem antes trancar as portas contra os concidadãos, ou sem fechar arcas e gavetas contra os domésticos. É possível maior clareza para mostrar como os homens desconfiam uns dos outros, e todos de todos? Agindo deste modo, todos, cidades e homens, confessam seu medo e desconfiança recíproca. Mas no momento de debater ideias, negam; isto é, no afã de contradizer os outros, contradizem a si próprios.

Alguns objetam que, uma vez admitido aquele princípio, não só todos os homens são maus (o que, embora duro se há de conceder, pois parece que a Sagrada Escritura o diz claramente), mas também que são maus por natureza, o que não se pode afirmar sem sacrilégio. E que os homens sejam maus por natureza não se segue daquele princípio. Mesmo se os maus fossem em menor número do que os bons, pelo fato de não termos condições para distinguir os bons dos maus, sempre pesará também sobre os bons e pacíficos a necessidade de desconfiar, tomar precauções, prevenir-se, dominar, defender-se de algum modo. Menos ainda segue daquele princípio que os que são maus foram feitos maus pela natureza.

Embora os homens recebam da natureza – isto é, desde o nascimento –, pelo fato de nascerem animais, imediatamente a capacidade de querer e fazer quanto possível tudo que lhes agrada, para escaparem aos males iminentes ou para rechaçá-los agressivamente: todavia, nem por isso hão de ser considerados maus. As próprias paixões da alma que procedem da natureza animal não são más; as ações delas provenientes às vezes são más quando nocivas ou contra o dever. Se não se der às crianças tudo o que pedem, choram e zangam-se, os pais batem; elas recebem da natureza o vezo de assim fazer. Mas não têm culpa nem são más. Homem mau é quase a mesma coisa que menino corpulento, um corpo de homem com alma infantil. Malícia é o mesmo que falha da razão numa idade em que esta costuma vir aos homens por força da natureza, já domada pela disciplina e pelo sofrimento de danos. A não ser que se queira dizer que os homens foram criados maus pela natureza pelo fato de não terem recebido dela nem a disciplina nem o uso da razão, é preciso confessar que eles podem ter recebido da natureza a cupidez, o medo, a ira, e as demais paixões animais, sem que, porém, considere ter sido feitos maus pela natureza.

Firme, pois, restando a base que lancei, mostro em primeiro lugar que a condição de vida dos homens fora da sociedade civil, condição que se pode designar *estado de natureza*, não é outra que a de uma guerra de todos contra todos; e que nessa guerra todos têm direito a todas as coisas. Em seguida, digo que todos os homens, por uma necessidade de sua natureza, querem sair desse estado miserável e odioso tão logo se dão conta daquela miséria. Mais do que isso não pode ser realizado a não ser que eles, estabelecendo pactos, abram mão do seu direito a todas as coisas. Além disso, explico e confirmo com provas qual a natureza dos pactos, de que modo os direitos hão de ser transferidos de um para o outro para que os pactos sejam válidos; igualmente, que direitos e a quem devam ser necessariamente concedidos para o estabelecimento da paz; em outras palavras, quais os ditames da razão que propriamente podem ser chamados leis naturais. Tais temas se encontram na seção I.

Fixados esses pontos, mostro o que é Cidade e quais são suas espécies; de que modo se formaram; como surgiu o supremo poder da Cidade; que direitos devem ser transferidos de cada um dos homens que irão constituir a Cidade para o governante supremo, quer seja este um único homem ou um grupo de homens, tão necessariamente que, se não forem transferidos, não resultará Cidade nenhuma, e continuará vigente o direito de todos a todas as coisas, e com ele o direito de guerra. Em seguida, faço distinguir as diversas espécies de cidades em monarquia, aristocracia, democracia, domínio paterno e domínio despótico. Faço ver como se constituem, e passo à comparação das vantagens e desvantagens de cada uma, entre si. Além disso, mostro os perigos de destruição da Cidade e exponho os deveres de quem administra o poder supremo. Explico, por fim, a natureza da lei e a do pecado, e distingo lei de conselho, de pacto, de direito. Esses temas estão contidos sob o título Poder (seção II).

Na seção III, intitulada Religião, mostro, em primeiro lugar, a fim de não parecer incompatível com a Sagrada Escritura, o direito dos governantes supremos sobre os cidadãos, que eu tentei confirmar com argumentos nas partes precedentes - que tal não repugna ao direito divino, na medida em que Deus governa os governantes por meio da natureza; isto é, pelos ditames da razão natural. Em segundo lugar, não repugna ao direito divino na medida em que Deus exerceu um reinado peculiar sobre os judeus pelo pacto antigo da circuncisão. Em terceiro, não repugna ao direito divino, na medida em que Deus governa os cristãos pelo pacto do batismo. De modo que o direito dos governantes supremos, ou o direito da Cidade, não contradiz absolutamente à religião. Por fim, apresento quais deveres ou quais requisitos são necessários para a admissão ao reino do céu. Para concluir, demonstro à evidência segundo os testemunhos da Sagrada Escritura, na interpretação aceita por todos, que dentre eles a obediência, que eu já havia afirmado ser devida da parte de cada um dos cidadãos cristãos ao seu príncipe cristão, não pode repugnar à religião cristã.

Acabais, leitores, de ver o método. Proponho, agora, algumas considerações sobre os motivos e os propósitos deste trabalho. Concentrando-me na filosofia, por amor ao estudo, reunia eu variados elementos do seu campo, que aos poucos ia recolhendo por escrito em três seções, assim distribuídas: a primeira tratando do corpo e de suas propriedades gerais; a segunda do homem; e especialmente de suas faculdades e de sua vida afetiva; a terceira, da Cidade e dos deveres dos cidadãos. A seção I contém a Filosofia Primeira e alguns elementos de física; nela se consideram as razões de tempo, lugar, causas, potências, relações, proporções, quantidade, figura, movimento. A seção II se ocupa da imaginação, memória, entendimento, raciocínio, apetite, vontade, bem, mal, honesto e desonesto, e semelhantes. Acima já foi dito do que trata a seção III.

Enquanto completo e ponho em ordem o meu trabalho e vou escrevendo com vagar, pois não faço dissertação e sim cálculos, aconteceu entrementes que em minha pátria, alguns anos antes que deflagrassem a guerra civil, já ferviam discussões sobre o direito do reino e sobre a devida obediência dos cidadãos, sinais precursores que são da guerra próxima. Por causa disso, com adiamento das outras partes, pude amadurecer e concluir esta terceira parte. E assim, a que seria última pela ordem aparece por primeira. De mais a mais, eu não achava que ela necessitasse das precedentes, pois assenta-se em princípios próprios, conhecidos por experiência.

Mas não há nisso tudo intenção de receber louvor, e se assim fosse, eu poderia usar a escusa de que poucas são as pessoas que praticam ações louváveis não amando o louvor. Trabalhei, leitores, para o vosso interesse. Na esperança de que, por meio do conhecimento e apreciação da doutrina por mim oferecida, viríeis a suportar com resignação algumas dificuldades da vida particular, já que não há coisas humanas sem contratempo, ao invés de vir a sofrer graves transtornos a vida pública do país. Na esperança, de que, medindo, não por conversas e opiniões particulares, mas por leis da Cidade, a justeza do que pretendeis realizar, não mais iríeis permitir que homens ambiciosos usassem vosso sangue para reforçar seu poder. Na esperança de que seríeis levados a gozar, vós mesmos, do tipo de estado atual, embora não perfeito, ao invés de terdes de aguardar a explosão da guerra, ou a morte e destruição de todos vós pela velhice, até que venham outros homens e outros tempos, para então possuirdes um estado melhorado e reformado. E ainda, na esperança de que saberíeis julgar esses homens, que se recusam a submeter-se às autoridades civis e querem ser imunes de encargos públicos, pretendendo, porém, ficar na Cidade e ainda serem por ela defendidos de violências e injustiças, não como cidadãos e sim como inimigos e espreitadores e espiões; e que não aceitaríeis imprudentemente tudo que eles vos propõem, às claras ou em segredo, como se fosse palavra de Deus.

Falando mais claramente. Não acrediteis; antes deveis denunciar o nome de quem, sendo pregador, ou confessor, ou perito causista, disser que é concorde com a palavra de Deus a doutrina: – que o cidadão tem o direito de matar o governante supremo, ou a qualquer homem sem ordem do governante supremo; ou que existe o direito de promover rebelião, ou conjura, ou uma coligação qualquer de cidadãos contra a Cidade. O meu propósito de escrever o presente livro será julgado honesto por aquele que aprovar as considerações acima.

Por último, decidi manter em todo o curso desta obra algumas normas. Primeiro, não definir nada sobre a justiça das ações singulares, deixando às leis determiná-la. Segundo, não oferecer em particular nenhuma exposição sobre leis de qualquer Cidade; isto é, não dizer quais são, mas o que são leis. Terceiro, não parecer que julgo deverem os cidadãos prestar à Cidade aristocrática ou democrática menos obediência do que à monarquia, embora tenha eu tentado convencer o leitor com alguns argumentos, no cap. 10, de que a monarquia é mais cômoda do que as outras formas de governo da Cidade. Aliás, confesso que não se apresenta em nenhum lugar do livro a demonstração desta tese, mas somente sua probabilidade. Mas afirmo, em vários pontos, e expressamente, que se há de atribuir um poder supremo e igual a toda e qualquer Cidade. Quarto, não discutir, em nenhum momento, sobre nenhuma doutrina de teólogos, à exceção daquelas que retiram a obediência dos cidadãos e solapam a estabilidade da Cidade. Por fim, não divulgar, por imprudência, o que não é preciso divulgar. Não quis eu de imediato dar à publicidade o que tinha escrito, por isso cuidei de distribuir a amigos uns poucos exemplares impressos privadamente a fim de emendar, atenuar e explicar, analisando suas opiniões, aqueles pontos que parecessem errôneos, difíceis ou obscuros.

As observações mais acres recebidas foram as seguintes: Eu teria tornado o poder civil excessivo - mas isso da parte de eclesiásticos; teria destruído a liberdade de consciência, - mas da parte de adeptos de seitas; teria isentado de leis civis os governantes supremos - mas, da parte de legistas. Não me deixei abalar demais com as advertências dessas pessoas (pois, os assuntos as tocavam de perto), a não ser para apertar os nós com mais força. De resto, em atenção a outras pessoas que se ativeram aos princípios da ciência - isto é, natureza do homem, direito natural, natureza dos pactos e formação da Cidade -, e em razão de as terem seguido, ao apontar correções, não suas paixões, mas os seus pensamentos sinceros, acrescentei em certos lugares do texto anotações que podem satisfazer, creio eu, os divergentes. Enfim, pus esforço e diligência ao longo de todo o trabalho para não ofender ninguém, a não ser aqueles indivíduos com cujos propósito nossas ideias se chocam, e aqueles ânimos que se escandalizam com todo desencontro de opiniões.

Por tudo isso, leitores, se encontrardes alguma imprecisão ou expressões mais fortes do que o necessário, peço e rogo queirais suportá-las de boa mente, pois, foram ditas por amor à paz, e não para favorecer a parcialidade, vindas de alguém a cuja dor justa, na presente calamidade de sua pátria, é razoável conceder algum perdão.

* * *

Pierre Gassendi

a Samuel Sorbière,
grande sábio e grande amigo

Recebi a carta que me enviaste pouco antes de velejares para Calais. Não era preciso desculpar-te por não te despedires pessoalmente, pois o nosso ilustre Martel explicou como te ocorreu de repente o ensejo de viajar, e mesmo assim me procuraste, e eu, de qualquer modo, não estava em casa. Gostei demais do que acrescentaste; isto é, que antes da partida conseguiste arrancar do excelente Hobbes esse exemplar do livro *De Cive,* em que, de própria mão, ele colocou notas marginais, para, quando chegares a destino, faço votos estejas são e salvo, tentares uma nova tiragem. De fato, os exemplares do livro eram tão poucos que mais pareciam excitar do que matar a sede. Sei de inúmeras pessoas que procuram o livro intensa, mas inutilmente. O livro é fora do comum, digno de ser manuseado por todos os que têm gostos mais elevados. Pondo de lado os assuntos referentes à religião, em que somos *heteródoxoi* (de opinião divergente), eu não conheço outro escritor que investigue a matéria com maior profundidade do que ele. Oxalá conseguisses também arrancar dele as outras partes de que tratou. Com a publicação delas tornarias enormemente feliz toda a nação dos que fazem filosofia com seriedade. De mim, não conheço ninguém que exerça a filosofia mais livre de preconceitos e que saiba discorrer sobre um assunto com tamanha penetração.

Aliás, conheces esse homem muito bem; escusado seria acrescentar alguma coisa para recomendá-lo. Adeus. Cumprimentos aos ótimos amigos, em primeiro lugar Curcel, Heereboord, Borne, e os demais.

Paris, 27 de abril de 1646.

Marin Mersenne

ao sábio Senhor Samuel Sorbière,
doutor em medicina

Acabo de saber, Sorbière doutíssimo, que levaste contigo para Haia essa importante obra *De Cive,* do incomparável Senhor Hobbes, um grande tesouro literário, acrescido de novas anotações que aplainam o caminho da leitura e esclarecem todas as dificuldades. Procura um bom tipógrafo que publique esse livro de ouro, agora enriquecido e adornado, e não nos deixes ficar por mais tempo a desejá-lo. Sobretudo apressa o autor, para que todo esse *corpus* filosófico, que ele vai criando e redigindo, não venha depois a ser encerrado num fatal escritório, e que não sejamos forçados a recorrer afinal à autoridade do rei para arrebentarmos o odiento escritório. Com que alegria serás recebido, quando aquela nobre filosofia obtiver sua demonstração não menos do que os *Elementos,* de Euclides. Com que boa vontade não terás de renunciar à época e às futilidades do ceticismo e te vires obrigado a admitir que a nova dogmática está assentada em bases sólidas. Adeus. Quando encontrares o Senhor Rivet e essa bela pessoa do Hugen, gostaria que os cumprimentasses mil vezes em meu nome. Crê-me sempre lembrado e à tua disposição.

Orleans, 25 de abril de 1646.

INTRODUÇÃO

Denis L. Rosenfield

1 Vida[1]

Thomas Hobbes nasce no dia 5 de abril de 1588, em Wesport, perto da Cidade de Malmesbury. De origem humilde, a sua educação esteve a cargo de seu tio, Francis Hobbes, homem de posição econômica e prefeito de Malmesbury. Cedo entrega-se ao estudo dos clássicos gregos e latinos, predileção esta que o acompanhará o resto de sua vida. Aos 14 anos, ingressa no Magdalen Hall, um anexo, hoje desaparecido, do Magdalen College, Oxford, onde passa de 1603 a 1608.

Educado no espírito puritano, recebe o título de B.A. (Baccalaureus Artium) com 20 anos, entrando imediatamente ao serviço do Barão Cavendish de Hardwicke, logo Earl of Devonshire, como preceptor de seu filho. Hobbes permanecerá ligado a esta casa até a sua morte.

A primeira viagem à França e à Itália data de 1610, quando acompanha o jovem Barão ao continente. Este primeiro contato com estas culturas aguça seu interesse intelectual e o põe em relação com o que será depois, de 1640 a 1651, a sua terra de exílio.

De volta à Inglaterra, torna-se secretário particular do Lorde, porém suas novas ocupações deixam-lhe suficiente tempo para a vida propriamente intelectual. Lê sobretudo os poetas gregos e latinos e os historiadores, com particular menção a Tucídides, que, anos depois, ele o traduzirá ao inglês. Pensava dedicar este livro

1. Os dados biográficos referentes à vida de *Hobbes* foram extraídos de: TOENNIES, F. *Hobbes*. Madri: Alianza, 1988. • AUBREY, J. Vie de Thomas Hobbes. *De Cive ou les fondements de la politique*. Trad. de S. Sorbière. Paris: Sirey, 1981.

ao seu senhor e amigo, que havia sucedido o pai em 1625, quando de sua dramática morte em 1628.

Com uma modesta pensão anual de 80 libras deixada por seu amigo, Hobbes encontra-se ao abrigo de preocupações mais imediatas de sobrevivência material, salvo daquelas provenientes do "medo de morte violenta", que o espreitarão durante toda a sua vida, a guerra civil inglesa sendo a sua mais aguda manifestação.

Em 1631, volta Hobbes à casa dos Devonshire para ocupar-se da educação do primogênito. Desta época, data sua pesquisa sobre a natureza humana, assim como sobre o modo de abordá-la por intermédio do método matemático, o que lhe dará enfim um conhecimento certo e seguro do direito, da justiça e da moral, enfim elevadas à dignidade da ciência. Aliás, aos 40 anos, em 1629, Hobbes descobre Euclides que marcará definitivamente todo o seu trabalho posterior. Em Welbeck, possessão do Conde de Newcastle, encontrará um ambiente intelectual propício para o desenvolvimento de suas reflexões.

Alguns anos depois, volta a Paris com seu discípulo em uma viagem que o influenciará decisivamente, pois é nela que ele entrará em contato com o Padre Mersenne, de quem se tornará grande amigo. Neste círculo, conhecerá Gassendi, Descartes e tantos outros. Indo à Itália, entra igualmente em contato com Galileo, a quem comunica o seu projeto de tratar a moral e o direito de modo geométrico.

Voltando à Inglaterra, onde passa alguns anos, a vida política conturbada deste país o torna apreensivo no que diz respeito à sua própria segurança pessoal, pois os seus amigos e protetores encontravam-se entre os defensores do rei. As perseguições violentas aumentavam e, temendo por sua vida, decide refugiar-se na França, país que, na época, florescia sob o inteligente governo de Richelieu.

De 1640 a 1651 Hobbes vive em Paris, enquanto a Inglaterra mergulha na guerra civil, culminando com a execução de Carlos I. Nesse período, participa ativamente do círculo que se reúne em torno a Mersenne até a morte deste em 1647. Os seus laços pessoais e intelectuais estreitam-se com Mersenne, Gassendi, Sorbière (que fungirá algumas vezes como seu secretário pessoal e fará uma magnífica tradução do *De Cive* para o francês), as suas relações com Descartes permanecendo, entretanto, marcadas pela suspeição e desconfiança mútuas, embora Hobbes tenha sido um dos poucos que teve acesso ao manuscrito das *Meditações*.

O *De Cive é* publicado em latim, em Paris, no ano de 1642, numa edição limitada, feita para atender a curiosidade de seus amigos que esperavam ansiosamente pelo menos uma parte de seu sistema. O livro teve uma grande repercussão, obtendo a aprovação geral. A demanda é grande e uma segunda edição é publicada em 1647 em Amsterdam graças ao trabalho e intermediação do médico Sorbière. Nesta segunda edição, constam duas cartas de Mersenne e de Gassendi, além de uma Epístola dedicatória escrita por Hobbes ao Conde de Devonshire. Esta última é particularmente importante por nela constar a célebre proposição de que "o homem é o lobo do homem". Entretanto, a obra não deixa de entrar no *Index* em 1654, sendo então proibida.

Neste meio tempo, a guerra civil aguça-se na Inglaterra, o exército real é destruído e Cromwell surge como o grande vitorioso. Os chefes realistas fogem para o estrangeiro, a corte do jovem príncipe herdeiro instalando-se em Paris. Embora politicamente realista, as relações de Hobbes com as pessoas que cercavam o príncipe herdeiro, e logo rei, não eram das melhores, pois as suas posições profundamente anticlericais criavam-lhe muitos inimigos. Para Hobbes, as lutas dos clérigos entre si, presbiterianos, independentes ou católicos, assim como o combate das diferentes igrejas contra o Estado, eram as grandes responsáveis da caótica situação inglesa.

A sua experiência como professor de matemática - e não de política - do príncipe herdeiro, graças provavelmente à intermediação de seu amigo o Earl de Newcastle, não altera significativamente esta situação. A idade e a saudade começam a pesar, Hobbes cogitando cada vez mais da possibilidade de retornar à Inglaterra. Cromwell está bem instalado no poder e a casa real parece ter escassas chances de retomar a sua posição política anterior. Numa carta a Sorbière, Hobbes confessa o seu distanciamento com a casa real e escreve que aguarda apenas o restabelecimento da ordem para empreender a viagem de retorno.

A oportunidade apresenta-se quando da publicação em inglês do *Leviatã* que o incompatibiliza com o clero católico francês (pelas críticas explícitas à Igreja e à sua pretensão de imiscuir-se nos assuntos próprios do Estado), com o clero reunido em torno do jovem rei (Carlos I é decapitado em 1649) com a realeza enquanto tal, pois não somente volta Hobbes a criticar a origem "divina" da monarquia, como retoma o que já tinha formulado no *De Cive* concernente à soberania do Estado, independentemente dos seus detentores, um (a monarquia), alguns (a aristocracia) ou a maioria (a democracia). Uma tal formulação terminava por aproximá-lo de Cromwell da nova *ordem* então reinante na Inglaterra.

A reação não tarda. Acusado de ateu, de traidor, de inimigo da religião e da monarquia, Hobbes sente-se cada vez mais acuado e desprotegido. O acesso à corte lhe é bloqueado, que equivale na prática à perda de sua condição especial de "protegido" enquanto partidário do "rei no desterro". A reação do clero francês também já era aguardada, de modo que Hobbes vê-se isolado, desprovido das condições mínimas de segurança. Como a sua obra formula, cabe ao indivíduo ocupar-se de sua própria vida quando se sente ameaçado, a morte espreitando-lhe o horizonte, cessando assim os laços de obediência com este Estado determinado.

A fuga à Inglaterra faz-se nas piores condições por ser empreendida por um homem idoso em pleno inverno. Onze anos de exílio terminam abruptamente. Neste meio tempo, o solo pátrio tinha sofrido grandes modificações causadas pela guerra e pela anarquia, o velho homem, contudo, sente-se contente e seguro, almejando o repouso dos estudos e, como qualquer cidadão, estabelecendo novos laços de obediência, reconciliando-se com o conselho de Estado.

A vida na Inglaterra, sob Cromwell, transcorre tranquilamente para nosso filósofo que usufrui de uma real liberdade de pensamento, aproveitando as transformações das quais Londres tinha sido objeto para encontrar-se com outros homens de saber. A vida intelectual tinha sofrido um deslocamento e já não se fazia principalmente nos domínios das grandes famílias aristocráticas. Mesmo assim, Hobbes aceita o convite, em 1653, de seu antigo discípulo, o conde de Devonshire, para habitar em sua possessão de Latimer, onde poderá prosseguir seu trabalho.

Apesar da idade já bastante avançada, o seu ardor intelectual não sofre nenhum enfraquecimento, nem, muito menos, seu temperamento polêmico. Em 1655 aparece *De corpore*, em 1658, aos 70 anos, *De Homine*, e a polêmica com o Bispo Bramhall, para citar apenas estes escritos.

Nos últimos anos, a vida de Hobbes alterna-se entre Londres, Latimer e os convites que continua recebendo para passar determinadas temporadas em alguns domínios nobres. A volta do rei ao poder, no entanto, lhe tirará a tranquilidade da velhice, pois se vê envolvido nas mais diferentes disputas. Embora o monarca tenha, no início, lhe testemunhado deferência e admiração, a Restauração então empreendida não o poupa.

As acusações de "impiedade" e de "ateísmo" renovam-se, um processo chega a ser esboçado, porém os seus amigos, em especial Lord Arlington, livram-lhe das acusações. Contudo, o *Leviatã* não mais recebe o *imprimatur*, e a grande obra do octagenário, *Behemoth*, na qual nosso autor narra a guerra civil e, principalmente, reflete sobre as suas causas reatando com a tradição histórica grega e latina -, não recebe autorização para publicação.

Hobbes morre no dia 4 de dezembro de 1679 aos 91 anos. No momento de ter a certeza de sua morte, teria dito: "alegro-me de ter um buraco pelo qual possa escapar deste mundo". Os seus adversários, entretanto, não o esqueciam e tentaram, por todos os meios, fazer a sua obra desaparecer da superfície da terra. Três anos depois de sua morte, a Universidade de Oxford publica um decreto contra "livros perniciosos" e "doutrinas condenáveis", no qual o *De Cive* e o *Leviatã* são explicitamente citados. A queima de livros ressurge como forma de uma segunda morte, embora o "buraco" tenha sido demasiado estreito para fazer desaparecer uma obra que veio para ficar.

2 As ideias centrais do *De Cive*

1 A filosofia

O conhecimento da vida política - da moral e do direito - estava necessitado de uma fundamentação que pudesse, enfim, elevar esta área do saber à categoria de uma verdadeira ciência. Cabia à filosofia empreender o caminho que havia sido o de Euclides que, com os seus *Elementos*, tinha encontrado o verdadeiro método de conhecimento. Tratava-se, pois, de fazer com que o domínio da ação humana pudesse se tornar objeto de um conhecimento rigorosamente dedutivo, suscetível de demonstrar, por postulados e teoremas, o modo correto de organização das relações sociais e políticas entre os homens.

Até então, segundo Hobbes, esta esfera do saber nada mais era do que um conglomerado de conhecimentos que, sem nenhuma ordem nem sistematicidade, partia de premissas falsas concernentes à natureza humana e ao seu modo de conhecê-la. Um conhecimento baseado em verdadeiros princípios produz a concórdia entre os homens, enquanto um conhecimento mal fundamentado é criador de querelas, de injúrias, leia-se de assassinatos.

Máximas incorretas engendram os maiores malefícios, nascendo daí doutrinas desagregadoras e desestruturadoras do político. Uma máxima do tipo "pode-se ou deve-se matar um tirano" desemboca necessariamente, segundo Hobbes, na desobediência, pois o que é tirano para um não o é para outro, ou ainda, um tal enunciado coloca precisamente como problema as condições de verdade de um ato de fala deste tipo. Com efeito, quem pode chamar tirano alguém que concentra o poder em suas mãos, e sob quais condições?

Máximas produtoras de desobediência são dos maiores males da vida humana, ao contrário de máximas corretas que ensinam a obediência ao poder soberano. O ato de nomear as coisas, de defini-las, não é um ato inofensivo, pois o real articula-se discursivamente e, mesmo, simbolicamente. Neste sentido, a realidade estrutura-se por ideias e definições. Logo, a necessidade de corretas definições é um problema eminentemente *político* na medida que o que está em jogo é o modo mesmo de regramento da sociedade e a forma de seu controle.

Conhecer uma coisa é compreender os elementos que a compõem, o que significa conhecer as regras de sua composição. Assim, o conhecimento da sociedade política deve partir de uma correta formulação da "natureza humana"; isto é, como diz Hobbes, do "natural dos homens". Trata-se, pois, de lançar os verdadeiros "fundamentos" da política segundo "demonstrações infalíveis", ou seja, corretamente inferidas, dos postulados relativos à natureza humana.

A filosofia visa a verdade, não o verossímel, nem o simples convencimento ou persuasão. O discurso filosófico distingue-se da "eloquência", que procura apenas suscitar um determinado comportamento, independentemente ou não de sua verdade. O comprometimento com a verdade significa, então, o comprometimento com definições precisas, demonstradas a partir de postulados, evitando toda e qualquer ambiguidade que dê lugar a discórdias, fontes de desestruturação da vida pública e de instabilização das instituições. O conhecimento verdadeiro, neste sentido, é aquele que produz a *paz pública,* bem maior da vida humana.

2 A natureza humana

O conhecimento da natureza humana parte de dois postulados: 1) o da cobiça natural do homem, segundo o qual cada um deseja fazer das coisas comuns um uso que lhe seja particular; 2) o da razão natural, segundo o qual cada um deseja evitar a morte violenta como o maior mal da natureza[2].

O primeiro postulado permite-nos apreender o homem a partir da sua tendência ao desregramento de tal maneira que o "meu" e o "teu", nesta formulação, nada mais são do que formas de exercício do poder, da potência indiscriminada de cada um em relação a todas as coisas. O segundo, postula como este "desregramento" termina por organizar-se na medida que ele "se racionaliza" - isto

2. Epístola dedicatória ao *De Cive,* 2ª edição, publicada em 1647.

é, cada homem calcula o modo de usufruir e de apropriar-se do "meu" em função do que o "outro" coloca como "seu" –, resistindo ou cedendo, pelos mais variados motivos, às pretensões enunciadas. O motivo de cada um torna-se a razão de estruturação de uma relação político-racional entre os homens[3].

A natureza humana *tende à* associabilidade, à individualização, ao afastamento do outro no usufruto do bem de cada um. Os homens aproximam-se pela cobiça recíproca, pelo peso relativo da força de cada um, de tal maneira que a associabilidade é originária ao homem – ao contrário do que acontece com os animais que tendem naturalmente à vida gregária. O que retém os homens nas suas relações entre si é o medo recíproco, fonte esta de um acomodamento dos conflitos e, logo, de um regramento estatal.

O estado de guerra de todos contra todos é, assim, nada mais do que a expressão deste direito indiscriminado de todos com relação a todas as coisas, esta liberdade "selvagem" que só reconhece no outro o objeto de seu próprio desejo e avidez. Isto equivale a dizer que este Estado é um Estado "racional", organizado, diz Hobbes, por "preceitos da razão", dos quais se deduz, sinteticamente, a necessidade de instituição do poder. Trata-se, assim, de uma relação sintética no sentido de que a potência estatal não estava contida neste "direito" de todos em relação a tudo, pois o seu corolário poderia ser igualmente a aniquilação recíproca, a ausência de qualquer "cálculo" racional.

Eis por que Hobbes visa explicitamente a Aristóteles[4], na medida que o homem não é um animal político, não possuindo nenhuma propensão "natural", "necessária", que o faria um ser social. Aristóteles teria partido de um "axioma" falso no momento de deduzir a necessidade do Estado, chegando apenas a uma vaga noção de acordo relativo às leis a serem observadas. Ora, um tal acordo não teria nenhuma necessidade, visto que outros acordos produziriam outras leis, não engendrando nenhum laço de obediência absoluta. E sem laços absolutos de obediência, nenhuma

---

3. Cf. BARBOSA FILHO, B. Condições da autoridade e autorização em Hobbes. *O poder – Filosofia política*. Porto Alegre: L&PM, 1991.

4. Cf. *De Cive*, seção I, cap. 1, art. 1º; seção II, cap. 5, art. 5º.

sociedade é possível, ou ainda, teríamos uma instabilização constante das relações humanas, das quais a guerra civil seria apenas a sua manifestação mais extrema. O erro de Aristóteles adviria de uma "demasiada ligeira contemplação da natureza humana"[5].

A sociabilidade humana é de tipo diferente da sociabilidade animal, pois mesmo os desvios do comportamento animal não deixam de concorrer a um fim comum, enquanto a conduta humana tende à desagregação. Os desvios adquirem rapidamente o caráter de lutas e querelas que desembocam na guerra de todos contra todos, pondo em questão a própria sociabilidade humana. A concórdia animal é natural, a humana, ao contrário, é artificial, devendo ser produzida e conservada. Em outras palavras, a reunião dos homens em sociedade ocorre *por acidente*, e não por uma disposição necessária da natureza.

Se atentarmos para as paixões e para a racionalidade humanas, veremos que, naquilo que nos distinguimos dos animais, tendemos, ao contrário do que queria Aristóteles, para o desregramento. A diferença específica do homem em relação aos animais no que diz respeito à nossa natureza racional é nada mais do que fonte inesgotável de lutas, desavenças e combates.

As paixões humanas são desagregadoras, repercutindo sempre em avaliações relativas, particulares, baseadas no egoísmo e na cobiça natural de cada um, de tal modo que a inveja, o ódio e o ciúme, por exemplo, são expressões do caráter desenfreado da natureza humana. A razão, que poderia ser um elemento moderador destes apetites, apenas os potencializa. Os discursos humanos são igualmente portadores desta carga desagregadora pois, frequentemente, os homens não buscam a verdade de suas proposições, porém visam apenas comportamentos performativos, os que excitam querelas, acendem as lutas e decretam a sedição.

A sociabilidade humana não é natural, mas política. O homem é um ser indeterminado que, para sobreviver, necessita de uma instância de poder que assegure e mantenha os laços sociais. O Estado deduz-se desta associabilidade originária, sendo uma ins-

---

5. Ibid., seção I, cap. 1, art. 1º.

tância "artificial", não natural, que marca a diferença específica do homem em relação aos animais. Logo, há a necessidade, sob pena da desagregação humana, de um poder superior, externo aos homens, que os una pela força. Nesta perspectiva, o *bem comum* de todos os cidadãos é a potência soberana que os homens produzem a fim de terem sociabilidade, cuja função é assegurar a paz pública, a defesa comum. A voz do povo é a voz do Estado.

Os homens são *iguais* na *violência*. Não há diferença de essência que distinga um homem do outro. *A priori* podemos, pois, postular a igualdade dos homens, de tal maneira que, desta igualdade de direitos, direitos provenientes do uso possível indiscriminado da força, deduz-se uma segunda igualização, a por intermédio da qual todos abrem mão desta liberdade "brutal" em proveito de um poder que assegure a todos a conservação de suas próprias vidas. Todos são iguais no "medo recíproco", na ameaça, que paira sobre a cabeça de cada um, da "morte violenta". Os homens "igualam-se" neste medo da morte.

O Estado é, assim, o produto racional desta noção de igualdade, pois, graças à relação de dominação por ele estabelecida, torna-se possível a própria forma de sociabilidade humana, sem a qual a "morte violenta" terminaria por apropriar-se das relações humanas. Se o homem tornar-se apto à sociedade, isto deve-se ao Estado que o disciplina para as relações de tipo comunitário, mantendo o egoísmo e a cobiça de cada um nos limites necessários à convivência, sem descuidar do fato de que a guerra de todos contra todos permanece o horizonte virtual da vida humana.

O homem tem, portanto, deveres, ao contrário do que se diria hoje, quando tendemos a atribuir direitos inalienáveis ao homem. O dever do homem enquanto homem é viver em sociedade com o intuito de evitar a morte violenta. O dever do homem enquanto cidadão é renunciar ao poder indiscriminado e arbitrário sobre todas as coisas, subordinando-se ao Estado. O dever do homem, enquanto cristão, é agir segundo a lei religiosa, expressão da lei natural, aceitando, para evitar querelas, um único postulado, segundo o qual Jesus é o Cristo, pois, se assim não fosse, a Igreja terminaria por imiscuir-se nos assuntos do Estado ou de outras religiões, propiciando a instabilidade política e inviabilizando a vida pública.

3 As leis da natureza

O conceito de estado de natureza é um conceito construído por Hobbes a partir de dois postulados concernentes à cobiça natural do homem, tendendo, pois ao desregramento, e à razão natural, pela qual todo homem evita a morte violenta, estabelecendo, com tal fim, um regramento de suas relações. Neste sentido, se dissermos que o estado de natureza é o "estado de guerra de todos contra todos", estaremos enunciando apenas um sentido deste conceito, estabelecido a partir do primeiro postulado, faltando, portanto, o seu significado completo, que só surge graças ao regramento deste estado por preceitos racionais, o que se deduz principalmente do segundo postulado.

Assim entendido, o estado de natureza é um estado em que todos são iguais na violência, de tal modo que esta igualdade está na base da construção de "máximas", "preceitos da razão", que viabilizam a sociedade política; isto é, a "aliança" que dá origem ao Estado. Num sentido, pois, o estado de natureza é a guerra de todos contra todos, porém, num sentido mais fundamental, ele é o regramento, segundo leis construídas pela razão, deste ser que cobiça sempre o próximo, não sendo portador de nenhuma determinação, senão a de ser egoísta, ávido dos bens e talentos do próximo.

As leis da natureza são deduzidas da "igualdade natural" entre os homens, a equidade se fazendo presente, em maior ou menor medida, em todas as leis. "As leis da natureza são apenas máximas do bom-senso"[6], ou seja, são regras deduzidas da "máxima fundamental da razão", ou postulado, segundo a qual o homem inclina-se naturalmente a procurar a sua conservação. Logo, as leis da natureza são leis imutáveis e eternas, tais como o são as leis da matemática e a lei divina, pois são leis deduzidas de postulados conforme os quais o desregramento natural do homem tende, pelo medo da morte violenta, a um tipo de organização que põe os homens ao abrigo da violência arbitrária e súbita.

6. Ibid., seção I, cap. 3, art. 26.

Em consequência, as leis da natureza são conclusões extraídas pelo raciocínio concernentes ao que devemos fazer ou omitir. Expressões do tipo a "natureza obriga" nada significam senão a "razão" obriga, ressaltando-se, neste estágio da análise hobbesiana, anterior ao estado político, que esta obrigação se faz somente diante da razão e da consciência, sendo, na verdade, a condição de possibilidade da obediência política.

As leis da natureza vêm assim a coincidir com as leis morais e com as leis divinas, sendo leis elaboradas pela "reta razão"; isto é, "regras da ação". As leis, inclusive na doutrina cristã, são utilizadas para denominar as regras de nossa vontade, de nossa ação, não dizendo respeito aos outros domínios referentes à fé, que caem fora do alcance da razão -objetos da fé não são leis propriamente falando, o que não é o caso dos objetos do conhecimento "prático", que são leis no sentido estrito.

A definição de Hobbes consiste em que "a lei da natureza é a que nos dita a reta razão concernente às coisas que devemos fazer ou omitir para a conservação de nossa vida e das partes de nosso corpo"[7]. Ou seja, a "reta razão" segue os postulados da natureza humana e da razão natural, de tal maneira que ela *calcula* os limites que circunscrevem as possibilidades de irrupção repentina da "morte violenta". Sabemos que as leis naturais são aquelas que nos são ditadas pela "reta razão", a que procede por postulados e demonstrações. Assim, a primeira e fundamental lei natural enuncia que todo homem deve buscar a paz, se for possível, e preparar-se para a guerra, se esta for inevitável.

Segue-se desta lei fundamental que não se deve reter o direito que se tem sobre todas as coisas, sendo necessário abandonar uma parte destes direitos, transferindo-os a um *tertius,* o soberano, capaz de manter a todos numa situação de igualdade. É então contrário ao "bem da paz" que alguém não queira ceder seu direito sobre todas as coisas, pois se não houvesse uma abdicação deste direito geral e indiscriminado se seguiria a guerra de todos contra todos.

---

7. Ibid., seção I, cap. 2, art. 1º.

Dados os postulados da natureza humana e da razão natural, pode-se deduzir todas as outras leis e teoremas mediante a aplicação do princípio de não contradição. A aplicação deste princípio restringe-se, pois, a estabelecer algo contraditório em relação a determinados postulados. Assim, aquele que sustentasse que se deveria permanecer neste estado no qual tudo é permitido entraria em contradição consigo, visto que "cada um deseja, por uma necessidade natural, o que é bom"[8], não havendo ninguém que pudesse defender logicamente a proposição de que a "guerra de todos contra todos", a violência generalizada, é uma coisa boa. Por um "medo mútuo", todo homem deseja sair deste estado, procurando estabelecer a sociedade, lugar dos conflitos regrados e de guerras determinadas, particulares, e não mais totais.

A proposição "cada um deseja, por uma necessidade natural, o que é bom" poderia, quiçá, equivocadamente, nos levar a pensar que Hobbes introduz, inadvertidamente, uma consideração de ordem normativa no seu raciocínio demonstrativo. Na verdade, trata-se de uma dedução do postulado da razão natural, segundo o qual cada um deseja evitar a morte violenta como o maior mal da natureza. Neste sentido, o "que é bom" significa dizer não à violência generalizada, evitando as discórdias e querelas que nascem da diversidade das opiniões, interesses e desejos. Ou seja, diferentemente formulado, o "que é bom" vem a significar o usufruto dos bens da vida, da segurança, da propriedade e do próprio corpo.

4 O Estado

O Estado, forma própria da sociabilidade humana, é criado pelos homens tendo em vista a sua conservação comum. O seu conceito é deduzido do postulado segundo o qual os homens vivem sob o medo recíproco da morte violenta, de modo que, para evitar o "pior dos males", cria-se uma instituição situada acima do interesse de cada um. Assim entendido, o Estado não é uma soma das vontades particulares, como se pudesse o seu poder, segundo as circunstâncias, ser diminuído ou aumentado, mas ele é, essencial-

8. Ibid., seção I, cap. 1, art. 14.

mente, uma *síntese* destas vontades. O Estado constitui-se como um corpo próprio, o que equivale dizer que ele possui necessidades específicas, cuja finalidade maior é a sua própria conservação. Na vida do Estado se joga a vida dos seus membros.

Ser artificial, a artificialidade do Estado provém da própria indeterminação da natureza humana, pois, como vimos, não sendo a sociabilidade, a cooperação e a concórdia naturais ao homem, é necessário que se crie uma instância cuja função seja deixar os súditos, reunidos sob o poder estatal, ao abrigo da violência. Segue-se daí que a segurança pública é uma das determinações básicas do Estado, pois, sem ela, os indivíduos podem crer-se no direito de retornarem ao seu estado primitivo de usufruto ilimitado da força. Se a justiça não é feita, por exemplo, cada um pode achar-se no direito de fazer justiça com as próprias mãos, reintroduzindo a força como meio de dirimir os conflitos entre as vontades. Isto significa uma volta ao estado de guerra originário.

O direito de punir é um direito essencialmente estatal, pois é graças a ele que a "espada da justiça" paira sobre a cabeça de cada um, único meio de fazer com que o homem, este ser que tende ao desregramento, obedeça ao poder comum e respeite o próximo. O exercício da violência torna-se monopólio do Estado a partir da renúncia que os homens apresentaram de sua "liberdade feroz e brutal" em proveito do bem comum. O dever do cidadão é o reverso do direito do Estado. Logo, o que é válido do ponto de vista das relações interiores ao Estado o é igualmente na perspectiva das relações externas: o soberano possui duas espadas, a da justiça e a da guerra.

Há duas formas de instituição do Estado, a natural e a política. A primeira ocorre quando, numa situação de guerra, os vencidos aceitam a dominação dos vitoriosos em troca da conservação de suas próprias vidas. Trata-se, aqui, do primado das relações de força, na qual se estabelece uma relação de senhorio e de servidão. A segunda é a forma de instituição propriamente política, pois ela é fruto do consentimento das partes que projetam e produzem um corpo político por intermédio da fundação de um poder soberano, que pode ser exercido por um, por poucos ou pela maioria. Independentemente da origem, a determinação básica do Estado permanece a mesma: manter os homens ao abrigo da "morte violenta", tirando-os da instabilidade na qual vivem.

O soberano tem, portanto, direito de império, de exercício de sua suprema dominação. Cabe-lhe, pois, prescrever aos particulares as regras de conduta a serem obedecidas, decidindo do que é legal/ilegal, justo/injusto, bom/mau. O Estado dita as leis civis, nenhum outro poder podendo-lhe fazer face sob o risco de que uma tal situação degenere na discórdia e na guerra civil, em cujo caso o Estado cessaria de ser Estado.

Daí lhe advém o direito de examinar as doutrinas que são ensinadas pelos particulares, pois o que está em jogo é o exercício da soberania; isto é, quem decide em última instância de qualquer assunto relativo à vida pública. Da mesma forma que "ninguém pode servir dois senhores"[9], o Estado não pode ser uma figura disforme e anfíbia constituída de dois poderes soberanos. O Estado uno, formulação logicamente dedutível das premissas de sua filosofia, tem ademais, para Hobbes, um alvo específico: as diferentes formas temporais de poder clerical.

Hobbes insurge-se contra as formas de instituição eclesiástica, seja papal, seja proveniente dos mais variados clérigos protestantes e presbiterianos, que apregoam uma soberania temporal do poder religioso, o que significa pública e política. Ora, isto equivale a conceder a estas instituições o poder de imiscuir-se nos assuntos próprios do Estado, o que só pode redundar em conflitos e contradições, cujo desfecho inevitável é a luta pelo poder soberano. Isto é particularmente claro no *Behemoth,* livro este no qual Hobbes narra e reflete sobre a guerra civil na Inglaterra, ressaltando o papel nefasto para a vida política das diferentes pretensões temporais eclesiásticas.

A questão da obediência estava no centro desta polêmica, pois poderíamos formular este problema da seguinte maneira: o que vale a morte como punição decretada pelo Estado quando um outro poder promete absolver o indivíduo condenado em um outro mundo? Qual o poder de uma pena humana confrontada a uma

---

9. Ibid., seção II, cap. 6, art. 11.

pena eterna? Neste sentido, o "direito à resistência", ao qual alguns atribuem uma origem democrática, é, no entanto, nada mais do que uma formulação dos adversários eclesiásticos do Estado que, nela, encontravam um meio de imiscuírem-se nos assuntos da vida política, defendendo a insubordinação e a desobediência.

Eis por que o soberano não pode ser julgado nem condenado, porque isto seria equivalente a estabelecer uma fratura interna no próprio ato de decisão política, ou seja, aplicando o princípio de não contradição, o Estado não poderia condenar a si mesmo. Sem obediência irrestrita, não haveria, propriamente falando, potência soberana, o que quer dizer, segundo Hobbes, sociedade. A obediência, sendo logicamente derivada do postulado da razão natural, não pode, consequentemente, entrar em contradição com o direito inalienável de todo homem de conservar a sua própria vida. Por exemplo, ninguém pode ordenar alguém a matar-se, o que equivaleria a anular o próprio dever de obediência. Em tais casos, seria o soberano que estaria perturbando a paz pública por infringir as mesmas condições do pacto político.

A potência do Estado manifesta, no terreno do temporal, a potência divina, de tal maneira que se pode dizer que a voz de Deus fala pelas leis e determinações do Estado. O direito de império, direito de poder soberano, exige, pelas condições de instituição do pacto político, obediência irrestrita. Cabe ao Estado pronunciar-se sobre todo assunto relativo às coisas temporais, assim como à própria distinção entre o temporal e o espiritual. Esta é a perspectiva mesma da leitura que Hobbes empreende do *Antigo e do Novo Testamentos* na medida que o próprio Cristo prega a obediência às leis do Estado, ou ainda, citando Paulo na *Epístola aos romanos,* todas as potências que governam o mundo foram estabelecidas por Deus, apregoando assim uma obediência aos reis de então, ou Mateus, visto que o próprio Cristo, filho de Deus, continuava pagando tributo a César.

Por último, é mister assinalar que a riqueza e a prosperidade do Estado não provêm da pilhagem, do desperdício ou da pirataria, mas originam-se no trabalho e na poupança. O desenvolvimento do Estado depende, em consequência, da prosperidade dos seus cidadãos, com o que Hobbes acrescenta um argumento suplementar no sentido de demonstrar que o interesse do Estado é o interesse de todos os seus membros, e qualquer grave infração perpetuada contra os interesses particulares bem compreendidos equivale a um enfraquecimento do próprio corpo estatal.

5 O significado do direito

A palavra direito toma-se em acepções aparentemente diferentes. Ela tanto pode significar o direito natural, do qual o homem é portador no estado de natureza, como o direito do Estado, direito de império no estado político.

O direito de todos sobre todas as coisas é assimilado a uma liberdade de tipo natural que atua irrestritamente, visto que todos se voltam sobre as mesmas coisas a partir de uma inclinação recíproca a se prejudicarem mutuamente. Assim, o primeiro fundamento do direito de natureza é o direito de fugir do pior dos males: a morte. Ou seja, cada um preserva o direito de conservar a sua vida, o seu corpo, aqueles que estima, na proporção de sua própria força, e tendo apenas esta como medida. O direito significa aqui a capacidade de todo homem dispor dos meios necessários à manutenção da vida.

Os homens são, portanto, portadores de iguais direitos no sentido de que todos são iguais na possibilidade, mediada pela força, de usufruírem de todos os bens almejados. A regra do direito é, aqui, a "utilidade"[10]. Logo, o direito funda-se na liberdade de todo homem dispor dos meios necessários à conservação da vida e de usufruir, conforme a violência que está ao seu alcance, do que julgar útil à sua satisfação individual.

Ora, este significado do direito[11] reencontraremos na expressão "direito do Estado", e a sua razão reside na transferência efetuada do "direito natural" dos homens a uma instância que detém doravante o poder soberano. O direito, no sentido "natural", denomina-se agora "político", pois cabe ao Estado dispor

---

10. Ibid., seção I, cap. 1, art. 7º e 9º.

11. Ibid., seção II, cap. 14, 3º e 4º.

livremente do monopólio da violência para assegurar a própria sociabilidade humana. Em consequência, o direito do Estado é um direito de soberania que se traduz, do ponto de vista dos sujeitos, no dever de todo indivíduo acatar as ordens emanadas da instância estatal.

Quiçá se poderia, adverte-nos Hobbes, encontrar uma contradição entre esta acepção do direito e a do direito divino. Nada, no entanto, mais equivocado, pois a expressão "direito divino" recorta o mesmo significado acima referido na medida que "Deus" é rei dos reis por natureza, soberano sobre a totalidade de suas criaturas que, a Ele, devem obediência irrestrita. Ademais, como veremos adiante, o atributo essencial de Deus, assim como do Estado na esfera terrena, é a potência.

Logo, o direito de império é um direito de dominação, cujo fundamento encontra-se na renúncia dos homens ao usufruto natural de sua liberdade, de tal maneira que o direito "natural" de resistência se converte no dever "político" de obediência. O cidadão é o súdito do Estado. O direito natural é, assim, conservado no direito estatal, a transferência efetuada não tendo operado uma mudança de seu significado. Consequentemente, se o Estado, em circunstâncias quaisquer, como na guerra civil inglesa, não pode mais cumprir a função que o define, qual seja, a de assegurar a paz interna e a segurança dos seus súditos, assim como a independência externa, os seus direitos voltam a sua conotação "natural". Neste caso, a liberdade natural dos homens retoma os seus direitos, rediscutindo-se a questão da soberania e tomando-se medidas para a instauração de um novo Estado. A descontinuidade do império significa a volta do direito natural.

A lei é, portanto, uma "conexão", uma ligação, enquanto o direito é uma liberdade que remonta ao "direito natural". Este é, então, sucessivamente restringido pelas leis natural, divina e civil, de modo que a liberdade "natural" ou "brutal" torna-se liberdade política, a que redunda na obediência ao Estado, instância herdeira da força e da igualdade próprias do direito natural. Neste sentido, as leis são ditadas pelo soberano tendo como único critério a vontade que presidiu – e determina – a sua existência. As leis são feitas para dirigir e canalizar politicamente a liberdade natural dos homens segundo o bem de cada um e o interesse da coletividade no seu conjunto.

A validade da lei só pode, nesta perspectiva, ser incondicionada. Os mandamentos do Estado são como mandamentos divinos. As leis não são, como queria Aristóteles, o fruto do consentimento dos homens, pois isto seria equivalente a torná-la condicionada, e dependente dos interesses e dos humores dos homens, podendo ser ab-rogadas a qualquer instante.

As leis civis baseiam-se, assim, nas leis naturais, leis estas que conduziram ao pacto instaurador do Estado como poder soberano. Todo ato contra o Estado é, pois, para Hobbes, um crime de lesa-majestade, porque atinge as mesmas condições da "aliança" que os homens estabeleceram entre si, o que equivale a dizer que a própria sociabilidade humana estaria, numa tal circunstância, ameaçada. Neste sentido, um tal crime exige ser julgado, não por uma lei particular, mas pelo direito irrestrito do Estado: o que está em jogo é a própria vida política; isto é, a vida propriamente dita.

No que diz respeito à organização da vida pública em geral, a lei civil, derivada da lei natural, ensina o que é uma transgressão; isto é, o que deve ser nomeado adultério, latrocínio, assassinato etc. Os mandamentos naturais, como os divinos, têm um alcance demasiado geral que deixa uma ampla margem de interpretação e manobra, o que pode ser entendido pelos homens como um espaço de exercício de seu livre-arbítrio, produtor de desobediência, fonte certa de discórdia civil.

Logo, cabe à lei civil especificar e dar significação particular à lei natural. A lei civil define concretamente, e sob que condições, por exemplo, matar alguém, dormir com uma mulher, são transgressões, pois matar alguém segundo um procedimento judicial, próprio de um Estado que contempla a pena de morte, ou dormir com a sua própria mulher, são procedimentos regrados pelas leis prescritas pelo Estado. A jurisdição civil depende exclusivamente do Estado, nada devendo à Igreja, visto que a soberania exige um centro único de decisão, capaz de ordenar e deixar coesa a sociedade.

6 Estado e crítica da democracia

A distinção aristotélica entre "boas" e "más" formas de governo conforme a qual a formas corretas corresponderiam formas degeneradas é, na perspectiva de Hobbes, improcedente, ou ainda, parte de premissas falsas referentes ao modo de concepção do Estado. Segundo Aristóteles, às formas monárquica, governo de um só, aristocrática, governo de poucos, e republicana, governo da maioria, corresponderiam, como seus modos degenerados, a tirania, a oligarquia e a democracia. Então se teria uma classificação em seis formas de governo, sem contar as formas mistas que podem ser derivadas delas.

Ora, para Hobbes, as formas de governo obedecem a um único critério, que reside no modo pelo qual as decisões políticas são tomadas. Isto equivale a dizer que a definição das formas de governo consiste no modo de atribuir a potência suprema. Não há, neste sentido, *diferença de espécie* entre as formas de governo "boas" e "más". Uma tal formulação nada mais seria do que nomes que expressam o agrado ou a aversão daqueles que gostam ou não do modo de exercício da potência soberana.

Por exemplo, isto seria equivalente a estabelecer um critério de maior ou menor poder para diferenciar um regime político de um outro, o que seria carente de fundamento, pois ou uma potência é soberana ou ela não o é, independentemente do seu exercício por uma pessoa, por alguns ou pela maioria.

Segundo Hobbes, a distinção pertinente é a que se dá entre formas políticas e "não formas" bárbaras, entre estado político e estado de natureza, entre a paz e o bem público e a anarquia, entre o regramento político e o desregramento natural. Não há, pois, nenhum privilégio entre as diferentes formas de governo, todas sendo igualmente "boas", tudo dependendo apenas do modo de exercício da soberania.

Isto significa que a "monarquia", por exemplo, não é uma forma de governo melhor em relação às outras duas, não cabendo-lhe nenhum tipo de primazia. Os detratores de Hobbes, já na sua época, não perderam a oportunidade de incompatibilizá-lo com o rei, pois o "governo de um só" nada *mais é* do que uma forma “cômoda” de exercício do poder soberano, não havendo, contudo, uma demonstração de sua “necessidade”. Os argumentos que se poderiam aduzir a seu favor seriam somente probabilísticos. A “fundamentação” de direito divino da monarquia mostra-se, na verdade, como carente de fundamento.

Nesta perspectiva, a crítica hobbesiana da democracia deve ser entendida à luz dos problemas colocados por um governo de assembleias. Com efeito, Hobbes tem em vista uma forma de democracia direta, tal como era exercida na Grécia clássica, e não o que hoje entendemos por democracia indireta ou governo representativo. Assim, a democracia exigiria um alto grau de politização, sendo suscetível das mais diferentes formas de instabilização proveniente da retórica dos demagogos. Por que, por exemplo, pergunta-se Hobbes, os homens não gostariam mais de ocupar-se dos seus afazeres privados em vez de dedicarem-se aos problemas de administração do que é coletivo, com todas as brigas de poder acarretadas pelas lutas visando o poder soberano?

Neste sentido, a preocupação básica de Hobbes relativa à democracia reside nas questões decorrentes da descontinuidade do poder soberano à qual esta forma de governo está particularmente exposta. Assim, mantendo-se a forma grega clássica, sempre se deveria indicar o lugar e o tempo de uma nova reunião da Assembleia de uma forma suficientemente precisa que não desse lugar a uma interrupção do exercício do poder soberano. Igualmente se designariam comitês encarregados do exercício do poder nos intervalos entre uma assembleia e outra, para assinalar aqui tão somente algumas das minuciosas preocupações de Hobbes.

O que está então em questão é como o povo se constitui em pessoa jurídica, não se dissolvendo na multidão, simples soma de indivíduos sem fisionomia própria. As instituições políticas, independentemente de sua forma, são, por definição, atemporais, não expostas às vicissitudes do tempo. Assim, na democracia, as ordens emanadas da potência suprema, a Assembleia, são incondicionadas, não cabendo nenhuma pergunta de particulares que se opõem à potência soberana. Uma tal oposição seria nada mais do que a manifestação de uma dissolução, efetuando-se, do corpo político. Não há pactos que deveriam ser perpetuamente renovados entre o povo e o Estado, porque este é o povo politicamente constituído. Os particulares não podem desgarrar-se, separar-se, do Estado, pois eles estão obrigados à obediência pelo próprio ato de fundação do governo democrático.

Um argumento que Hobbes aduz em favor da monarquia reside na identificação por ela operada entre a vontade natural do rei e a vontade política, por ambas estarem concentradas no mesmo indivíduo. A aristocracia e a democracia, nesta perspectiva, necessitariam se dar os meios de não interrupção do poder soberano, enquanto tal problema não se colocaria no caso do rei que é, por si mesmo, a potência máxima. Entretanto, daí não se deriva uma necessidade lógica de superioridade de uma forma sobre outra, porque os aspectos convenientes podem muito bem dar lugar aos maiores inconvenientes, quando, por exemplo, um monarca é louco ou completamente irresponsável.

A questão remeterá, então, ao modo de encarar as relações entre o direito e o exercício da soberania, pois Hobbes contempla a possibilidade de que a potência soberana delegue poderes a um ou a alguns, em cujo caso o exercício do poder teria simultaneamente as vantagens advindas de uma administração concentrada em poucas mãos e de uma soberania não dividida. Seria o caso de um rei que delega poderes a seus ministros e conselheiros, ou de um povo que elege, por um período determinado, alguém ou alguns, para administrarem os assuntos da coletividade. Aqui se teria um exemplo próprio de nossas formas modernas presidencialistas ou parlamentaristas, pois, havendo a separação entre o poder soberano e aquele que o exerce por um tempo e condições determinadas, o "império" seria resguardado.

Há mesmo um caso[12] em que Hobbes iguala a democracia à monarquia, quando o povo guarda a *autoridade*, delegando a um ou a um pequeno grupo o exercício, o ministério, da soberania, estando esta ininterruptamente presente. Os benefícios da monarquia são aqui ampliados a esta forma de democracia, que se aproxima dos nossos atuais governos representativos. Logo, um "rei" pode ser eleito por um tempo determinado, sempre e quando se

12. Ibid., seção II, cap. 10, art. 15.

especifique o lugar e a época de uma nova eleição, não havendo descontinuidade no exercício da soberania.

Consequentemente, os inconvenientes e desvantagens do tipo de democracia visada por Hobbes residem no fato de que ela é particularmente exposta aos demagogos, aos *flatteurs du peuple*, que solicitam a adesão dos homens, as suas paixões, e não a verdade. Predominam aqui os discursos performativos que não penetram a natureza das coisas, porém se acomodam aos sentimentos, não exigindo razões. O discurso democrático, neste sentido, segue o movimento das paixões e não os argumentos da razão.

Há, pois, dois tipos de eloquência: a lógica, que busca a verdade das proposições mediante definições precisas, empregando cuidadosamente a "força das palavras" em sua significação própria a partir de princípios previamente estabelecidos, e a retórica, que solicita as paixões da alma, procurando sobretudo adesões, as palavras sendo utilizadas no seu uso metafórico; interessa o efeito almejado, a vitória.

Hobbes vê neste discurso de tipo estratégico o processo incessantemente reposto de nascimento de lutas e querelas que, em nome de uma pretensa liberdade, apresentam, de fato, desejos disfarçados de potência e de soberania, em cujo caso teríamos processos desagregadores do estado político em estado de natureza. Logo, a democracia seria uma mistura, não bem-sucedida, entre favores concedidos a um número cada vez maior de "clientes" e de "adeptos" dos políticos com "facções" que, num jogo discursivo de aparências, dão início a sedições que instabilizam a república. O equilíbrio precário da relação de forças entre estas facções permeadas pelo discurso produz uma instabilidade permanente, na qual, o que é feito por uma é desfeito pela outra. As ações são, assim, submetidas a um fluxo contínuo que desloca, pela farsa e pela interpretação - Hobbes visa particularmente, no seu tempo, a eloquência dos clérigos e dos acadêmicos - todos os pontos políticos, leia-se estatais, de referência, vindo, nesta perspectiva, a comprometer a existência mesma do Estado.

7 O conceito de Deus

A elaboração do conceito de Deus em Hobbes deve-se ao modo mesmo de relação da divindade com as criaturas racionais por meio da palavra, do discurso. Com efeito, o Reino de Deus, embora diga respeito a todas as criaturas animadas e inanimadas, pois, se não fosse o caso, a sua potência seria restringida, encontra no homem aquele ser que, pela razão, pode seguir os mandamentos divinos e escutar as suas ameaças. O conceito de Deus será, assim, tributário do modo de se entender o homem como criatura, da forma de se analisar a potência deste ser que nomeamos Deus.

Há uma tripla maneira de relacionamento de Deus com os homens, três meios de expressão divina: os sentidos, a fé e a razão.

Deus relaciona-se com o homem pelos sentidos por intermédio da revelação imediata a algumas pessoas que tiveram a graça de escutar a sua voz sobrenatural ou de terem visto formas de expressão da figura divina por sonhos misteriosos ou inspirações surpreendentes. Trata-se, portanto, de uma forma de manifestação divina que se coloca fora de nosso controle, o que significa fora da investigação racional, porque uma tal escuta ou visão permanece um ato de confiança naquele que se diz veículo de Deus. Em todo caso, o gênero humano no seu conjunto não tem acesso direto a esta forma de revelação.

O mesmo ocorre com a fé na palavra de um personagem que se diz divino, como é o caso da palavra profética, pois aqui se deveria acreditar no discurso dos profetas, comprovado por crenças nos milagres operados que tornariam estas pessoas dignas de Deus. A palavra profética é, assim, particular, convencional, e só concerne um povo determinado, aquele a quem ela se destinava.

Cabe, pois, analisar a relação de Deus com os homens mediante a única forma que é, estrito senso, universal na medida em que a possibilidade de uso da razão encontra-se em todo e qualquer homem. "Pelo secreto instinto da reta razão"[13], forma que Deus

13. Ibid., seção III, cap. 15, art. 3º.

encontrou de ser conhecido pelo homem, este pode elevar-se ao seu conhecimento, ao saber dos seus atributos.

Hobbes compartilha com o século XVII a ideia de que a razão foi posta no homem para que este conhecesse Deus e os seus mandamentos, aproximando-se desta maneira dele, mas ele o faz de uma forma peculiar via uma interpretação própria do *Gênese* que merece ser ressaltada[14]. Com efeito, da leitura deste texto bíblico depreende-se um conceito de razão que, em sua acepção originária, afasta o homem de Deus em vez de aproximá-lo. O ato adâmico de conhecimento, o que consiste em comer o fruto da árvore do conhecimento do bem e do mal, é um ato de *transgressão* do primeiro mandamento divino, o que proibia precisamente que uma tal ação fosse empreendida.

A condição humana, com sua finitude, dor e trabalho, é o resultado da transgressão, sob forma de punição da desobediência de Adão, de tal maneira que, doravante, o próprio conhecimento do bem terá como pressuposto seu o conhecimento do mal. O homem está irremediavelmente afastado de Deus pelo ato racional, prático, de sua transgressão. O conhecimento do bem e do mal - logo, a razão *stricto sensu* - é o que fez com que o homem quisesse igualar-se a Deus, o que é, bem entendido, intolerável na perspectiva divina. Consequentemente, o ato de querer conhecer é, neste sentido, um ato condenável (da razão) por manifestar um desejo (prático) do homem de ser igual a Deus.

Hobbes insiste precisamente no ponto de que a proibição feita a Adão e Eva concerne o conhecimento do bem e do mal, porque a relação de Deus com eles baseava-se na *estrita obediência*. O pecado consiste na transgressão deste mandamento, a sua forma sendo a desobediência.

Restava, pois, a Hobbes, como único caminho, abordar o conceito de Deus por intermédio do ato *racional da transgressão*, da desobediência, o que lhe dá como contraponto um Deus que pune e castiga, um Deus que só pode, frente à criatura humana, exibir a sua suprema potência. Assim, a razão tem como único acesso a

14. Ibid.

Deus o conhecimento, via finitude humana, forma do castigo divino, do atributo da onipotência como atributo essencial de Deus. Em outras palavras, dada a transgressão inicial, o pecado originário, o do conhecimento do bem e do mal, cabe agora à razão conhecer a natureza da transgressão e os seus limites, impostos por um ser onipotente que tudo pode. Não restava senão conhecer este ser que pune e castiga as transgressões, e do qual ninguém pode escapar.

Segue-se desta formulação que Deus existe, sendo o atributo da existência um atributo implícito no da onipotência, pois esta não poderia ser predicada de um ser fictício ou inexistente. Logo, Hobbes insiste em que se deve conferir à noção de existência todo o seu significado no sentido de que a relação *Deus criador-mundo criado* é fundamental para expressar a natureza dos elos de Deus com o mundo. O essencial é que se preserve a noção de *causa*, pois, sem esta, a noção mesma de existência divina desapareceria.

Está analiticamente contida no atributo da potência divina a ideia de *causação*, pois Deus causa incondicionalmente algo, da mesma maneira que o seu herdeiro terreno, o Estado, causa incondicionalmente a sociedade: a potência suprema causa as relações entre os homens. A razão pode apenas dizer que Deus existe, que ele é onipotente, que ele é o senhor, o rei, o pai de tudo, significações estas que veiculam o conceito de causa.

Logo, a ideia de infinito, utilizada para designar o ser de Deus, é imprópria, porque ela tão somente indica a impotência de nossa alma que só produz ideias finitas, próprias de nossa condição humana. Do mesmo modo, os problemas colocados por Leibniz de uma *Teodiceia* são sem sentido na perspectiva de Hobbes, pois Deus tudo pode e, como soberano supremo, exige apenas obediência – e não conhecimento de sua bondade[15].

Nesta perspectiva, ganha particular realce a interpretação feita por Hobbes da figura do Cristo, pois este, embora partilhe a mesma natureza do pai, o faz num grau menor na medida em que a suprema potência na terra não lhe é outorgada. Aqui, deve o

15. Cf. ROSENFIELD, D.L. *Do mal – Ensaio para introduzir em filosofia o conceito de mal.* Porto Alegre: L& PM, 1988.

Deus Filho compartilhar com o Estado a soberania. Ou seja, Cristo é igual a Deus em natureza, porém inferior a este no que diz respeito ao direito de reino, logo relativamente à potência. A sua função na terra não é, propriamente, a de uma dignidade régia, mas a de regeneração da humanidade. Cristo não veio ao mundo para julgá-lo, mas para salvá-lo. O seu ofício é o de um pastor, cuja tarefa é ensinar aos homens.

Cristo não recebeu de Deus Pai uma autoridade régia para reinar neste mundo, não tendo a potência de julgar as questões relativas do bem e do mal, do justo e do injusto, tarefas estas que incumbem doravante ao Estado, que compartilha com Deus o atributo da onipotência. Ora, as questões relativas ao Estado eram julgadas pelos reis, pela autoridade estatal, e não pelo Cristo que não tinha potência neste domínio.

Se assim não fosse, teríamos a ruína dos estados que abdicariam de sua soberania, o homem voltando à situação de transgressão originária, o Estado ocupando, agora, a posição que, na Bíblia, tinha sido a de Deus. A desagregação do corpo político é a tradução terrena, política, do comportamento de Adão, figura emblemática do gênero humano, que é expulso da convivência com Deus pelo castigo dado a seu pecado. Ao querer ser igual a Deus, o homem quis arrogar-se o atributo da onipotência, forma maior da desobediência, a punição divina sendo, apenas, o restabelecimento da hierarquia. Logo, o Estado vem a ocupar o lugar, nesta terra de dor e de desolação, que tinha sido o de Deus, para manter este ser, o homem, que tende ao desregramento, cuja razão prática nasce da própria transgressão, nos limites da obediência devida.

Referências

BARBOSA FILHO, B. Condições da autoridade e autorização em Hobbes. *O poder – Filosofia política.* Porto Alegre: L&PM, 1991.

BOBBIO, N.; BOVERO, M. *Sociedade e Estado na filosofia política moderna.* São Paulo: Brasiliense, 1986.

GAUTHIER, D.P. *The Logic of Leviathan.* Oxford: Clarendon, 1979.

MacPHERSON, C.B. *A teoria política do individualismo possessivo.* Rio de Janeiro: Paz e Terra, 1979.

MOURA, C.A. Hobbes, Locke e a medida do direito. O *poder – Filosofia política*. Porto Alegre: L&PM, 1991.

OAKESHOTT, M. *Hobbes on Civil Association*. Oxford, Basil Blackwell, 1975.

RIBEIRO, R.J. Ao *leitor sem medo*. São Paulo: Brasiliense, 1984.

RIBEIRO, R.J. Hobbes, Jaime I e o direito inglês. O *poder – Filosofia política*. Porto Alegre: L&PM, 1991.

STRAUSS, L. *The Political Philosophy of Hobbes*. Chicago: The University of Chicago Press, 1963.

TOENNIES, F. *Hobbes*. Madri: Alianza, 1988.

SEÇÃO I
LIBERDADE

1
DO ESTADO DO HOMEM FORA DA SOCIEDADE CIVIL

1. Introdução. 2. Que o medo recíproco dos homens deu origem à sociedade civil. 3. Que os homens são todos iguais por natureza. 4. De onde lhes vem a vontade de fazer mal uns aos outros. 5. A discórdia provém do confronto das capacidades. 6. Ou do desejo de uma mesma coisa por parte de muitos. 7. Definição do direito. 8. Que o direito ao fim dá direito aos meios necessários a esse fim. 9. Por direito de natureza cada qual é o juiz dos meios para sua conservação. 10. Que por direito de natureza todas as coisas pertencem a todos. 11. Que o direito de todos os homens a todas as coisas resulta inoperante. 12. Que o estado dos homens fora da sociedade é um estado de guerra. Definições de paz e de guerra. 13. Que a guerra é contrária à conservação dos homens. 14. Que por direito de natureza a qualquer um é lícito coagir um outro que se acha sob suas ordens a prestar-lhe obediência de futuro. 15. Que a natureza obriga a buscar a paz.

1. As faculdades naturais humanas podem ser reduzidas a quatro espécies: força vital, experiência, razão e paixão. Iniciando o nosso tratado a partir delas, veremos, em primeiro lugar, que disposição de ânimo levam consigo, confrontando-se uns com outros, os homens, dotados dessas faculdades; se eles nasceram com aptidão para viver em sociedade e preservar-se contra a violência recíproca, e com que faculdade para isso. Passando adiante, mostraremos que alvitre lhes foi necessário tomar para enfrentarem tais problemas, e quais são as condições da sociedade humana, ou da paz; em outros termos, quais são as leis fundamentais de natureza.

2. A maioria dos autores que escreveram sobre a república parte do pressuposto ou do postulado de que o homem é um animal que já nasce apto[16] para a sociedade. Os gregos chamam-no *Zoon politikon*. Sobre esta base tais autores construíram uma ampla doutrina da sociedade civil, a ponto de se concluir dela que nada mais seria preciso para a preservação da paz e do governo de todo o gênero humano que os homens adotarem em conjunto pactos e certas condições, a que em seguida tais autores dão o nome de leis.

Entretanto este axioma, embora aceito por muitos, é falso; seu erro originou-se de uma visão demasiado superficial da natureza humana. Pois, para quem quiser ver mais de perto as causas que fazem os homens se juntarem e quererem a companhia dos outros, aparecerá com clareza que isso acontece, não porque não possa ser de outro modo naturalmente, mas sim de modo acidental.

Se, com efeito, o homem amasse o homem naturalmente - isto é, enquanto homem -, não se encontraria nenhuma razão

16. Hoje se vê uma sociedade já constituída entre os homens, e ninguém vive fora dela: vê-se todo mundo desejoso de companhia e comunicação. Por isso poderia parecer enorme despropósito colocar no próprio limiar deste tratado de doutrina civil um tropeço para os leitores, ao dizer que *o homem não nasce com uma disposição à sociedade*. Impõe-se uma explicação maior. Não há dúvida de que a solidão perpétua é algo por natureza penoso para o homem, ou seja, enquanto homem; isto é, logo que nasce. / As crianças precisam de quem as ajude a sobreviver; os adultos, de quem os ajude a bem-viver. Não nego, portanto, que os homens, compelidos pela natureza, desejam reunir-se uns com os outros. Mas as sociedades civis não são meros agrupamentos e sim alianças, e para estabelecer uma aliança são necessários a fidelidade e os pactos. Sua força é ignorada pelas crianças e pelas pessoas rudes, e sua utilidade é desconhecida dos que não sofreram as aflições de uma sociedade deficiente. O fato é que crianças não podem formar sociedade, pois não têm ideia do que isto seja; e os demais não se interessam por formá-la, pois não experimentaram suas vantagens. / É evidente, portanto, que todos os homens, pois são crianças ao nascer, nascem incapazes de sociedade civil; e que muitos, talvez a maior parte, ou por deficiência intelectual, ou por falta de instrução, continuam incapazes por toda a vida. No entanto, todos eles, crianças e adultos, têm a natureza humana. Portanto, não é pela natureza que o homem se torna capaz de formar sociedade, mas pela educação. E depois, mesmo que tivesse nascido com a disposição de desejar a sociedade, não se segue daí que tivesse nascido sociável; isto é, dotado das condições para estabelecer a sociedade. Uma coisa é desejar algo, outra é ser capaz de alcançá-lo. Desejam-na até mesmo aqueles indivíduos que por orgulho não se dignam adquirir as justas condições, sem as quais não pode existir sociedade.

plausível para o fato de que cada indivíduo não ama o outro por igual, sendo homem por igual; ou ainda por que prefira frequentar mais aqueles em cuja companhia lhe são reconhecidas, mais do que a outros, honra e vantagem. Por causa de nossa natureza, não buscamos a sociedade por si mesma; o que queremos é receber dela honras e vantagens; estas em primeiro lugar, aquelas, depois.

Com que intenção os homens procuram reunir-se, é possível reconhecer pelo que eles fazem quando reunidos. Se se encontram para transações comerciais, cada qual defende o interesse próprio, não o do sócio. Se for para realizar tarefa comum, nasce uma certa amizade formal que tem em si mais de ciúme do que de amor, dando assim origem à facciosidade, nunca à benevolência. Se for por motivo de prazer e passatempo, as pessoas costumam divertir-se mais com coisas que provocam o riso, para poderem, assim, de acordo com o conceito que têm do ridículo, sair-se mais airosamente, em sua opinião, no confronto com os defeitos ou fraquezas dos outros. E embora isso possa ser às vezes inútil ou inofensivo, é notório que essas pessoas se agradam mais de sua vanglória do que as companhias. Em geral nessas reuniões os ausentes são malhados de corpo inteiro; sua vida – o que dizem, o que fazem – é devassada, julgada, condenada, ironizada. Não são poupados nem mesmo as pessoas presentes, que sofrem críticas no momento mesmo de se despedirem. De sorte que não era absurdo o procedimento de uma delas que costumava ir embora por último.

Essas são as delícias da sociedade a que somos atraídos por natureza – isto é, por nossas paixões ou instintos inatos de animais –, até o dia em que uma experiência negativa ou um bom conselho faça refrear a intemperança da hora presente com a memória do passado, o que nem sempre acontece com muitas pessoas. Fora desses interesses o discurso de muitos homens, de resto eloquentíssimos, torna-se frio e estéril.

E se acontece que as pessoas presentes contam pequenas estórias, e uma delas fala de si, logo as outras passam também a fazer o mesmo com enorme avidez. Se alguém relatar um fato notável, os outros relatam também os milagres que fizeram; ou, se não fizeram, os inventam. Por último, para não esquecer os que presumem saber mais do que os outros, se a reunião for para se falar de filosofia, tantos são os presentes tantos são os que se põem a ensinar, ou que querem ser tidos na conta de doutores. E assim, não só não fazem amizade, como se perseguem com ódio.

É evidente, para quem observa com um pouco mais de atenção as coisas humanas, que todas as nossas reuniões se realizam ou por necessidade ou por desejo de promoção recíproca; por isso, os participantes se esforçam por tirar algum proveito ou captar estima e honra uns dos outros. O raciocínio chega às mesmas conclusões partindo das noções de vontade, bem, honra e utilidade. Como a sociedade é estabelecida voluntariamente, procura-se em todas o objeto da *vontade*; isto é, algo que parece ser *bom* para cada indivíduo. Mas tudo que parece bom é agradável e tem relação com os sentidos orgânicos ou com o espírito. E todo prazer do espírito ou consiste na *honra*, quer dizer, em gozar boa fama, ou, em última instância, reduz-se à honra. Os demais são sensíveis, ou reduzem-se ao sentido, e podem ser compreendidos no termo *útil*. Toda sociedade, portanto, é forjada pela força do útil ou pelo estímulo da honra; isto é, por amor a si, e não aos sócios e componentes.

Mas nenhuma sociedade pode chegar a ser numerosa e duradoura só pelo interesse de honra e glória, pois, se todos os homens as possuem ninguém as possui, uma vez que ambas tomam consistência pela comparação entre as pessoas e pela preeminência de alguém. Associar-se com outras pessoas em nada concorre para se ter um motivo de glória. Um homem tanto vale quanto pode prescindir de recorrer aos outros. Mas, embora as comodidades da vida possam aumentar pelo auxílio recíproco (por outro lado é verdade que isso se alcança muito melhor pela dominação sobre os outros, do que pela associação com eles), contudo ninguém deve duvidar que os homens, caso não existisse o medo, seriam levados por sua natureza mais sofregamente para a dominação do que para a sociedade. Devemos, portanto, estabelecer que a origem das sociedades amplas e duradouras não foi a boa vontade de uns para com os outros, mas o medo recíproco entre os homens[17].

---

17. Foi-me feita esta objeção: Tanto faz dizer que os homens se desenvolvam em sociedades civis por medo, como dizer que, se se temessem uns aos outros, não suportariam nem a vista uns dos outros. Creio que para o objetante o *ter medo*

3. A causa do medo recíproco acha-se parte na igualdade natural dos homens, parte na vontade recíproca de prejudicar-se. Disso resulta que não podemos esperar dos outros nem garantir para nós mesmos qualquer segurança. Olhando um adulto e observando como é frágil a carcaça do corpo humano, que consigo leva na queda toda força, vigor e sabedoria de um homem, e como é fácil a qualquer um, por fraco que seja, dar cabo de um outro ser mais robusto, vemos que não há razão para que nós, confiados em nossas forças, nos julguemos feitos pela natureza superiores uns aos outros. São iguais aqueles que podem efetuar, um contra o outro, coisas iguais. Ora, os que podem fazer coisas tão espantosas como matar, podem fazer coisas iguais. Logo, os homens são por natureza iguais entre si. A desigualdade que atualmente existe foi introduzida entre eles pela lei civil.

4. No estado natural do homem a vontade de causar dano é inerente a todos, mas não provém de uma mesma causa nem tem um só grau de imputabilidade. Uns, devido à dita igualdade natural, permitem aos outros as mesmas coisas que permitem a si, e isto é marca de homens moderados, que sabem avaliar suas forças. Outros, tendo-se por superiores aos demais, querem que somente a eles tudo seja permitido, e reclamam honras para si acima dos demais: e isto é próprio de pessoas de mau gênio. Para uns, essa vontade de fazer mal provém da vanglória e da falsa avaliação de suas capacidades; para outros, ela nasce da necessidade de defender a si mesmos, a seus bens e à sua liberdade contra os primeiros.

é estar apavorado; para mim, a palavra *medo* inclui qualquer tipo de apreensão em vista de um mal futuro. Creio serem comportamentos de medo não só a fuga, mas também a desconfiança, a suspeita, a precaução, o medo de ter medo etc. Os que vão deitar-se, fecham portas; quem sai de viagem, leva arma; todos temem os ladrões. Os reinos costumam defender suas fronteiras com guarnições, as cidades com muralhas, por medo de reinos e cidades vizinhas. Até fortíssimos exércitos, preparados para o combate, às vezes tentam dialogar sobre paz, por medo à força um do outro, temendo serem abatidos. É por medo que os homens se protegem, fugindo ou escondendo-se, senão de outras maneiras; porém, na maioria das vezes, isso é feito com armas de ataque e de defesa. Com armas nas mãos, os que se atrevem a avançar podem conhecer o valor um do outro. Se forem à luta, a sociedade civil surge da vitória; se chegarem ao acordo, surge do consenso.

5. Além disso, como o embate do espírito é sempre muito acalorado, surgem necessariamente desse choque as maiores discórdias. Realmente é muito desagradável não só sofrer contradição como também ter de negar consentimento. Não estar de acordo com alguém numa coisa é o mesmo que acusá-lo tacitamente *de* erro no que ele diz, assim como discordar dele em demasiados pontos é o mesmo que tê-lo na conta de tolo. Isso transparece do fato de que não há guerras mais cruéis do que as que são travadas entre as seitas de uma mesma religião e as facções da mesma república, quando a luta é de ideias, seja por doutrinas seja por ações políticas. E como toda alegria e prazer do espírito consiste em terem os homens ao seu redor outros com quem possam comparar-se, e assim desfrutar alta estima de si mesmo, é impossível que eles não insinuem ódio e desprezo recíproco por meio de risos, palavras, gestos ou quaisquer outros sinais, pois não há maior vexame para o espírito, nem costuma nascer mais forte vontade de causar dano a outrem do que nessas ocasiões.

6. A causa mais frequente de quererem os homens fazer mal uns aos outros está em que muitos têm ao mesmo tempo desejo da mesma coisa, quando o mais das vezes não a podem consumir em comum nem repartir. Segue-se então que deve ser entregue ao mais forte; e quem é o mais forte, há que se decidir com a luta.

7. Em meio aos perigos que a natural cobiça traz todos os dias para cada um, não há como condenar ninguém por tomar suas precauções; ao contrário, não é possível agir de outro modo. Todo indivíduo é levado por uma força da natureza, não menor do que a que impele a pedra para baixo, a desejar o que é um bem para si e a evitar o que é um mal, sobretudo o maior de todos os males naturais, a morte. Não é, portanto, absurdo nem condenável nem contra a reta razão fazer-se todo esforço para preservar e defender da morte e dos sofrimentos o próprio corpo e os membros. E o que não é contrário à razão todos consideram conforme com a justiça e com o direito. A palavra *direito* não significa nada mais do que a liberdade que o indivíduo tem para usar suas capacidades naturais segundo a reta razão. O primeiro fundamento do *direito* natural é, portanto, que *todo homem proteja quanto possível sua vida e os membros do corpo.*

8. Seria inútil, porém, ter direito aos fins sem ter direito aos meios necessários. Assim, já que todos têm o direito de preservar-se, é lógico que tenham também o direito de *usar todos os meios e de efetuar todas as operações sem as quais não podem preservar a si mesmos.*

9. Por direito natural, o *próprio homem é juiz* na questão, se os meios e a ação de que irá lançar mão são necessários, ou não, à preservação de sua vida e dos membros do corpo. E se é contra a reta razão que eu mesmo julgue de um perigo que me ameaça, que o julgue um outro indivíduo. Julgando, um outro, das coisas que me dizem respeito, eu pela mesma razão (pois somos iguais em natureza) julgarei das coisas que lhe dizem respeito. Logo, é conforme com a reta razão, ou com o direito natural, que eu julgue também a opinião do outro; isto é, se esta conduz ou não à minha preservação.

10. A natureza deu a *todos o direito a todas as coisas* – no estado puramente natural[18] –, ou seja, antes que os homens se obrigassem uns aos outros por meio de pactos, era lícito a cada qual fazer o que lhe aprouvesse diante de qualquer pessoa, e apoderar-se, para usar e desfrutar, de tudo que quisesse e pudesse.

---

18. Com esta expressão deve-se entender que não poderá haver injúria contra ninguém em nada do que o indivíduo faz no estado de natureza. Não quer dizer que seja impossível em tal estado pecar contra Deus ou violar as leis naturais. Com efeito, a injustiça para com os homens supõe a existência de leis humanas, nenhuma das quais existe no estado natural dos homens. A verdade da tese assim entendida foi, para o leitor atento, suficientemente demonstrada a partir dos artigos precedentes. Mas como em certos casos uma conclusão um tanto difícil faz esquecer as premissas, desejo resumir o meu arrazoado e colocá-lo debaixo dos olhos para uma visão de conjunto. / Pelo art. 7°, todos os homens têm direito à sua conservação. Pelo art. 8º, igualmente têm direito a usar todos os meios necessários àquele fim, a conservação. Pelo art. 9º, são necessários os meios que o homem julgar que são necessários. Ele igualmente tem direito de fazer e possuir todas as coisas que julgar necessárias à sua conservação. O que for feito segundo seu juízo, será justo ou injusto; portanto, *seu* direito. E verdade, portanto, que em estado de natureza etc. Mas se alguém pretende trazer ao âmbito de sua conservação coisas que ele próprio não julga pertinentes, pode deste modo pecar contra as leis naturais, como foi longamente explicado no cap. 3. Alguns objetaram: O filho que mata o pai não comete injustiça contra o pai? – Minha resposta foi: não se pode entender filho em estado de natureza, pois apenas nascido está sob o poder e dominação daqueles a quem deve a própria conservação; isto é, mãe, pai, ou de quem lhe dá alimento, como foi explicado no cap. 9.

E como ao indivíduo parecem boas todas as coisas que quer, pelo fato de que quer, e como essas coisas podem conduzir à sua preservação, ou ao menos parecem conduzir - e quanto a julgar se de fato conduzam, ou não, ele é constituído juiz, de acordo com o artigo anterior, de tal modo que serão julgadas necessárias as coisas que ele assim julgar, e, segundo o art. 7º, adquirem-se e gozam-se, por *direito de natureza,* os meios que levam necessariamente à proteção da própria vida e à preservação dos membros do corpo - segue-se que em estado de natureza é lícito tudo ter e fazer. Daí comumente se dizer que a *natureza deu tudo a todos,* e também entender-se que em estado de natureza a regra do *direito é* a utilidade.

11. Mas para os homens não foi em absoluto uma boa solução eles terem obtido desse modo obtido o *direito* comum a *todas as coisas.* Pois, o efeito desse direito é praticamente nenhum, como se não tivesse havido nenhum *direito.* Qualquer um podia dizer, a respeito de qualquer coisa - *Isto é meu* - mas servir-se dela não poderia, por causa do vizinho que, com igual *direito* e igual poder, teria a mesma pretensão a que ela lhe pertencesse.

12. Agora, se à inclinação natural a causar dano reciprocamente, que eles adquirem das paixões, principalmente da vã estima de si mesmos, vamos acrescentar o direito de todos a todas as coisas, pelo qual um ataca, *com direito,* e outro resiste, *com direito,* e do qual originam-se as eternas suspeitas e desconfianças de todos contra todos; e se considerarmos como é difícil tomar precauções contra um inimigo, talvez pouco numeroso e pouco preparado mas que ataca com ânimo de nos abater e destruir - não se pode negar que o estado natural dos homens, antes de entrarem em sociedade, era a guerra, e isso não de qualquer modo, mas uma guerra de todos contra todos. E o que *é guerra,* senão aquele tempo em que se manifesta inequivocamente a vontade de lutar com a força, por palavras e atos? Chama-se PAZ o tempo restante.

13. É fácil julgar como a guerra permanente é coisa pouco adequada para a preservação do gênero humano ou de cada um dos seres humanos. Mas por sua natureza ela é permanente, pois, devido à igualdade entre os lutadores, não se poderá decidir nenhuma vitória. Nesse estado de guerra pesam sempre sobre os próprios vencedores tantas ameaças de perigo, que seria milagre alguém, até mesmo o mais forte deles, chegar ao fim da vida após uma longa velhice.

Em nossa época é exemplo disso o povo da América, e nas anteriores há o de outros povos. Eles, hoje civilizados e prósperos, eram pouco numerosos, selvagens, pobres, desajeitados, viviam pouco, privados de todo bom-gosto e prazer que a paz e a sociedade costumam proporcionar. Qualquer um que julgasse ser preferível ao homem ficar naquele estado, quando tudo é permitido a todos, estaria em contradição consigo mesmo. Pois, por uma necessidade natural cada qual deseja o que é bom para si, não havendo ninguém que considere um bem para si essa guerra de todos contra todos, que é inseparável do estado natural. Acontece então que, por medo recíproco, os homens procuram sair de tal situação e reunir companheiros; no caso de haver guerra, esta já não seria de todos contra todos, nem faltaria solidariedade.

14. A procura de companheiros é feita ou com o uso da força ou por consentimento. Pela força, quando o vencedor, após o combate, faz o vencido servi-lo por medo à morte, e pondo-o a ferros; por consentimento, quando os homens entram em sociedade em vista de ajuda mútua, e quando ambas as partes concordam sem qualquer violência. Pode o vencedor, com *direito*, obrigar o vencido – ou o mais forte ao mais fraco, como um indivíduo sadio e robusto ao enfermiço, ou o adulto à criança – a dar-lhe garantia de prestar obediência de futuro, a não ser que o vencido escolha a morte.

E como o *direito* de proteger-nos a nós mesmos à nossa maneira procede de nosso medo, e nosso medo procede da igualdade, é mais conforme à razão e mais acertado, em vista de nossa preservação, providenciar para nós a segurança visada, usando as vantagens presentes e tomando as devidas precauções, do que deixar que outros cresçam, convalesçam e se subtraiam ao nosso controle para tentarmos mais tarde recuperar esse controle em batalha incerta. Realmente, não se pode pensar em nada mais absurdo do que liberar e deixar tornar forte um inimigo fraco, mantido antes em nosso poder. Daí entendermos como corolário que, no estado natural dos homens, uma *força segura e irresistível confere o direito de dominação e governo* sobre aqueles que não podem resistir, de tal modo que, por esse motivo, passe a fazer parte essencialmente e imediatamente desse tipo de onipotência o direito a praticar todas as ações.

15. Contudo, os homens, em estado de natureza - isto é, compelidos ao estado de guerra - não podem esperar ter uma conservação duradoura devido àquela igualdade de forças e de outras faculdades humanas. Por isso, é ditame da reta razão - isto é, da lei natural (como se demonstrará no capítulo seguinte) - *buscar a paz enquanto houver alguma esperança de alcançá-la*; e quando não for possível alcançá-la, preparar a guerra; isto é, adquirindo os meios auxiliares da guerra.

2

DA LEI DA NATUREZA NO QUE DIZ RESPEITO AOS CONTRATOS

1. Que a lei de natureza não é um acordo entre homens, mas um ditame da razão. 2. Que a lei de natureza fundamental é buscar a paz quando é possível; quando não é, deve-se preparar a defesa. 3. Que a primeira lei de natureza especial é não reter o direito a todas as coisas. 4. O que é um direito e o que é transferir um direito. 5. Que para a transferência de um direito é necessária a vontade do que recebe. 6. Que os termos a não ser no tempo presente não transferem direito algum. 7. Que os termos de futuro, com a presença de outros sinais da vontade, são válidos para transferência de direito. 8. Que em caso de livre doação o direito não passa em termos de futuro. 9. Definição de contrato e de pacto. 10. Que nos pactos o direito passa mediante termos de futuro. 11. Que os pactos de confiança mútua não têm efeitos nem valor no estado de natureza; não assim na sociedade civil. 12. Que ninguém pode fazer pacto com animais, nem com Deus sem revelação, 13. nem fazer voto a Deus. 14. Que os pactos não obrigam acima dos esforços extremos. 15. Com que meios nos desobrigamos dos pactos. 16. Que são válidas no estado de natureza as promessas extorquidas por medo da morte. 17. Que um pacto posterior contraditório ao anterior resulta sem valor. 18. Que o pacto de não resistir a quem causa dano corporal não tem valor. 19. Que o pacto de acusar a si mesmo não tem valor. 20. Definição de juramento. 21. Que o juramento há de ser concebido na fórmula usada por quem o presta. 22. Que o juramento nada acrescenta à obrigação nascida do pacto. 23. Que não se deve exigir juramento a não ser quando a violação dos pactos pode ficar oculta, ou não pode ser punida senão por Deus.

1. Não há consenso entre os autores sobre a definição de *lei natural,* termo, porém, que utilizam com grande frequência em seus escritos. E que o método de começar pelas definições e pela exclusão do equívoco é próprio dos que não deixam lugar para discussões em contrário. De resto, se querem denunciar um fato contra a lei natural, uns alegam que ele se choca contra o consenso dos povos mais sábios e instruídos, mas nada acrescentam sobre quem será juiz dessa sabedoria e instrução e costumes de todos os povos. Outros, dizem que é uma ação contra o consenso de todo o gênero humano. Definição deste tipo não é aceitável realmente, pois seria impossível, exceto às crianças e aos loucos, pecar contra uma tal lei. Decerto, os termos da expressão *gênero humano* estendem-se a todos os homens dotados do uso efetivo da razão. Eles ou não praticam ações contra a razão, ou as praticam sem assentimento, pelas quais devem ser escusados.

Mas seria mau método tentar apreender as leis da natureza a partir do consenso daqueles que as violam mais do que as observam. Além disso, os homens condenam nos outros as mesmas coisas que aprovam em si mesmos; louvam em público o que condenam em particular e manifestam suas opiniões por um ouvir-dizer habitual, e não por própria reflexão. Buscam o consenso motivados mais por ódio, medo, esperança, amor, ou qualquer outra paixão da alma, do que pela razão. Por isso, acontece que povos inteiros em plena unanimidade e com afinco praticam aquelas ações que os escritores com o maior prazer declaram ser contra a *lei natural.*

Mas como todos concedem ser *legítimo* o que não for contra a reta razão, devemos julgar injustas as ações que repugnam à reta razão; isto é, contradizem alguma verdade deduzida de princípios verdadeiros pelo correto raciocínio. Dizemos, então, que é contra alguma *lei* a ação injusta, feita contra algum *direito.* Por isso, *reta razão é* uma certa lei que sendo parte da natureza humana não menos do que qualquer outra capacidade ou potência da alma, também é designada natural. Definindo, portanto, *lei natural é* um ditame da reta razão[19] sobre as coisas a fazer ou

19. Entendo por reta razão no estado natural dos homens não uma faculdade infalível, como querem muitos, mas a função de raciocinar; isto é, o próprio raciocínio, verdadeiro, de cada um, operando em torno das ações, as quais poderiam redundar em utilidade ou prejuízo para os outros homens. Digo raciocínio verdadeiro; isto é, capaz de tirar conclusões a partir de princípios verdadeiros e

omitir para garantir-se, quanto possível, a preservação da vida e das partes do corpo.

2. A lei de natureza primeira e fundamental, *é buscar a paz quando for possível alcançá-la; quando não for possível, preparar os meios auxiliares da guerra.* Mostramos no último artigo do capítulo anterior que este preceito é um ditame da reta razão. Que os ditames da reta razão são leis naturais, acabamos de provar acima. Esta é a primeira porque as outras derivam dela e nos ensinam os modos de adquirir a paz ou preparar a defesa.

3. Uma das leis naturais derivadas da lei fundamental é a seguinte: O *direito de todos os homens a todas as coisas não deve ser mantido, mas é preciso transferir ou desistir de certos direitos.* Se cada qual retivesse o seu *direito a todas as coisas,* se seguiria necessariamente que uns teriam o *direito* de ataque e outros o de defesa. Como todo homem, por necessidade natural, tenta defender o corpo e as coisas necessárias à proteçao do corpo, resultaria, então, a *guerra.* Age, portanto, contra as razões da paz, ou contra uma *lei de natureza,* aquele que não desiste de seu *direito a todas as coisas.*

4. Diz-se que *desiste do seu direito* o que a ele renuncia simplesmente ou transfere-o a outro. *Renuncia simplesmente* quem manifesta por um ou mais sinais suficientes querer que não mais lhe seja lícito de futuro fazer algo que antes podia fazer *com direito. Transfere* quem por um ou mais sinais idôneos manifesta ao que quer receber um direito, o desejo próprio de que de futuro não mais lhe seja lícito resistir, em determinada ação do pretendente, a que antes podia, *com direito,* resistir.

Entende-se que a *transferência de direito* consiste em mera não resistência pelo seguinte. Antes da transferência, aquele a quem foi transferido tinha já o direito sobre todas as coisas, por isso o transferente não podia dar nenhum novo *direito,* mas fica

---

corretamente ordenados. E que a violação das leis naturais consiste inteiramente no exercício do raciocínio falso, ou seja, na cegueira desses indivíduos que não atentam aos seus deveres para com os demais, deveres esses necessários para a própria conservação. Os princípios do raciocínio verdadeiro que opera em torno desses deveres são aqueles explicados nos art. 2º, 3º, 4º, 5º, 6º e 7º do cap. 1.

extinto o direito de resistir do transferente devido ao qual o outro não podia desfrutar o seu direito. Todo aquele, pois, que adquire um *direito,* no estado natural dos homens, unicamente o faz para poder usufruir do seu *primitivo direito* com segurança e livre de justos vexames. Se, por exemplo, alguém aliena um terreno por venda ou doação, retira o *direito* a esse terreno só de si próprio, e não de outras pessoas.

5. Para a *transferência de direito* exige-se não só a vontade de quem transfere, mas também a de quem recebe. Na ausência de qualquer uma das duas o *direito* permanece. Pois, se eu quisesse dar o que é meu a quem recusa recebê-lo, não por isso renunciei simplesmente ao meu direito nem o transferi a qualquer pessoa. A causa que me tinha feito ceder para ela reside somente nela e em nenhuma outra pessoa.

6. Não havendo além de palavras outros sinais da vontade de desistir ou transferir um direito, é preciso que elas signifiquem em termos de *presente* ou de *passado.* Nada transferem, se em termos de *futuro.* Quem, por exemplo, diz, em termos de futuro "Amanhã darei", claramente significa que não deu ainda. Assim, por todo o dia de hoje o direito está preservado, e continuará também no dia seguinte, a não ser que concedido nesse ínterim. O que é meu, permanece meu a não ser que eu o dê depois. Se eu disser no presente, por exemplo, "dou" ou "Dei isto para que o recebas amanhã", estas palavras significam que eu *dei* e transferi *hoje* o direito "de receberes *amanhã".*

7. Entretanto, já que as palavras sozinhas não são sinais suficientes para manifestar uma vontade, os termos de futuro, se acompanhados de outros sinais da vontade, podem ter o mesmo valor que teriam se fossem ditos de presente. Se, devido à presença de outros sinais, constar que o próprio indivíduo que fala de futuro entende que suas palavras tenham efeito para uma completa *transferência de seu direito,* elas devem ser válidas. A *transferência de direito,* porém, não dependerá das palavras, mas, como foi dito no art. 4º, deste capítulo, da manifestação da vontade.

8. Se alguém transfere a outro um direito seu, mas sem ter em vista um bem a receber em troca, ou sem que isso seja em força de um pacto, tal transferência chama-se *dom*, ou *livre doação*. Numa doação livre obrigam somente aquelas palavras que significam o *presente* ou o *passado*. Os termos de *futuro* não obrigam como meras *palavras*, pela razão alegada no artigo precedente; é preciso que a obrigação surja de outros sinais da vontade.

E como tudo que é feito *voluntariamente é* feito em vista de um bem *daquele que quer*, não se poderá achar outro sinal da vontade de dar senão no benefício adquirido ou a adquirir por meio dessa doação. Mas a suposição é que nenhum benefício foi adquirido e que não foi acordado nenhum pacto, do contrário não seria essa uma *doação livre*. Resta, portanto, esperar que o *bem reciproco* seja alcançado sem a condição de pacto. O indivíduo que usou termos de futuro para com aquele que não estava obrigado a recambiar um benefício não pode dar nenhum sinal de que fossem suas palavras interpretadas no sentido de ele mesmo se obrigar.

E não é razoável que pessoas inclinadas a quererem bem aos outros devam ser obrigadas em força de toda promessa feita como expressão do sentimento de bem-querer. Entende-se que esse tipo de promitente poderá mudar deliberações e sentimentos da mesma forma que o indivíduo a quem é feita a promessa poderá mudar o grau de merecimento. Quem delibera é livre até aí; não se diz que já deu. Mas se ele promete com frequência e raramente cumpre a promessa, deverá *ser* condenado por leviandade, e ser chamado não doador e sim "Sr. Promessa".

9. Chama-se *contrato* a ação de duas ou mais pessoas que *transferem* reciprocamente seus *direitos*. Em todo contrato, ou ambas as partes logo executam o objeto sobre que contratam, de tal forma que uma em nada dependa da confiança da outra; ou uma das partes efetua o objeto de contrato e é dado crédito de confiança à outra; ou ambas as partes nada efetuam. Quando ambas efetuam de imediato o objeto, o contrato conclui-se ao mesmo tempo que se efetua o objeto. Quando, porém, dá-se dá crédito de confiança a uma ou a ambas as partes, aquela a quem se deu crédito promete efetuar o objeto. Esta espécie de promessa chama-se *pacto*.

10. O pacto realizado entre uma parte a quem se dá crédito e outra que já efetuou o objeto, embora a promessa tenha sido feita em termos de futuro, transfere *direito* de futuro não menos do que se tivesse sido feita em termos de presente ou de passado. O cumprimento do objeto de pacto por uma das partes é o sinal mais claro de que interpretou as palavras da parte em quem confiou no sentido de que ela quer também cumprir no tempo acordado. Com esse sinal esta parte sabe que foi entendida no sentido exato de suas palavras; e como não o reformulou, é porque quer cumpri-lo. Assim, as promessas feitas em razão de um benefício recebido, que também são pactos, são sinais da vontade (do último ato de deliberação pelo qual se elimina a liberdade de não cumprir) e, por conseguinte, elas obrigam. Onde cessa a liberdade começa a obrigação.

11. Em estado de natureza são inválidos os pactos feitos em contrato de confiança recíproca (no qual nenhuma das partes cumpre promessa de imediato), se surgir em qualquer delas motivo de justa suspeita[20]. Com efeito, quem primeiramente cumpre, expõe-se por causa da má índole da maior parte dos homens, habituados a tirar vantagens, justas ou injustas, à cobiça daquele com quem contratou. Não é prudente que alguém se exponha a cumprir a primeiramente a promessa se não tiver a garantia de que o outro faça o mesmo depois. Julgará dessa probabilidade aquele que teve a suspeita, como se demonstrou no capítulo precedente, art. 9º. Estas considerações valem para o estado de natureza. Mas no estado civil, no qual há quem possa constranger as partes, aquela que por contrato se obrigou a cumprir primeiramente deverá ser a primeira a cumprir, porque, como a outra pode ser coagida, cessa a razão pela qual ela temia o não cumprimento da segunda.

12. Do fato de ser exigida em toda *doação* e em todos os *pactos* uma *aceitação* do direito que é transferido, segue-se que ninguém pode *fazer um pacto* com quem não manifeste essa vontade de aceitação. Por isso, não podemos fazer pacto com animais

---

20. Pois, se não aparecer uma nova causa de medo, proveniente ou de algum fato ou de outro sinal de má vontade a partir do outro lado, a suspeita não pode ser considerada medo justo. A causa que não pôde impedir de se fazer pacto, também não deve ser suficiente para impedir que seja cumprido, uma vez feito.

nem lhes dar nem tirar direito algum, devido à ausência neles da palavra e do entendimento. Nem ninguém pode estabelecer *pactos* com a majestade divina, obrigar-se a Deus com *voto,* a não ser na medida em que Ele aprouve, conforme a Sagrada Escritura, ser substituído por certos homens que fizessem suas vezes com autoridade para examinar e aceitar tais *votos* e *pactos.*

13. Portanto, em vão fazem votos os que vivem em estado de natureza, em que não são obrigados por nenhuma lei civil, se não lhes for dada a conhecer, mediante revelação inequívoca, a vontade de Deus que aceita esse voto ou *pacto* de homens. Se o voto que fazem for contrário à lei da natureza, não estão obrigados pelo voto, porque ninguém é obrigado a efetuar um ato ilícito. Se, porém, o voto que fazem é ordenado por uma lei de natureza, eles são obrigados, não pelo voto, mas pela lei natural. Antes do voto eram livres de fazer ou não fazer; e permanece sua liberdade, pois para serem obrigados por *voto é* preciso que a vontade de quem obriga, recebendo voto, seja claramente manifestada, o que, por suposição, não se dá. Obrigar é ligar a si alguém, que lhe fica, portanto, obrigado ou ligado.

14. Fazem-se pactos somente por ações que podem entrar em deliberação. Não há pacto sem a vontade de alguém que pactua, um contraente. Vontade é o último ato de quem delibera. Os pactos, portanto, dizem respeito somente a *coisas possíveis e futuras.* Ninguém por pacto se obriga ao impossível. Mas não estamos totalmente livres de obrigação nos casos, muito frequentes, em que nos comprometemos a fazer certas coisas que parecem possíveis quando por ocasião da promessa, porém, mais tarde resultam ser impossíveis. A razão disso é que, quem promete um futuro benefício incerto, recebe um benefício certo com a condição de prestar outro em troca dele. Pois, a vontade de quem presta um benefício no presente tem por objeto simplesmente um *bem próprio,* do mesmo valor da coisa prometida; não uma coisa qualquer, mas com a condição de poder ser realizada. Mas se isto também não for possível, ele deverá fazer tudo que lhe estiver ao alcance. Por isso os pactos obrigam não à própria coisa prometida, mas a se fazer o máximo esforço por ela. Somente isso está em nosso poder, não as próprias coisas.

15. De duas maneiras podemos nos libertar da obrigação dos pactos: ou cumprindo-os ou sendo perdoados. Com o cumprimento, porque nós não nos obrigamos acima deles; pelo perdão, porque aquele, a quem nós nos obrigamos, perdoando, entende que o *direito,* para ele transferido por nós, retorne para nós. Perdoar implica doar, e *doação,* pelo art. 4º deste capítulo, é transferência de direito para aquele a quem ela foi feita.

16. Costuma-se perguntar se os pactos extorquidos por medo são obrigatórios ou não. Por exemplo, estou obrigado ou não a cumprir o pacto feito para salvar a vida das mãos do assaltante, a quem prometi entregar mil moedas de ouro no dia seguinte e não tomar qualquer providência para que ele seja preso e levado à justiça? Embora às vezes se deva julgar inválida uma promessa desse tipo, isso não ocorre porque proceda do medo. Pois, resultaria que aqueles *pactos,* ou convenções, que conduzem os homens à vida civil e à adoção das leis, poderiam igualmente ser inválidos. O fato de se submeterem à dominação uns dos outros provém do medo de se matarem uns aos outros. Também seria o caso de dizer que não agiria com a cabeça aquele que mostrasse confiança num prisioneiro interessado em pactuar o preço de seu resgate.

É uma verdade universal que os pactos obrigam quando algum benefício foi recebido e quando promessa e coisa prometida são lícitas. Ora, é lícito, a fim de resgatar minha vida, prometer e dar do meu o que eu quiser, a quem eu quiser, até mesmo a um assaltante. Somos, portanto, obrigados ao pacto, mesmo originado do medo, a não ser que alguma lei civil o proíba e faça tornar-se ilícito o que foi prometido.

17. Quem estreitar pacto com um indivíduo com promessa de efetuar ou de omitir uma coisa, e depois estabelece o contrário com outro, torna ilícito não o primeiro, mas o segundo pacto. Ele já não tem o *direito* de fazer ou de não fazer, pois havia transferido o seu *direito* para outro por um pacto anterior. Por isso não transfere nenhum direito por *pactos* posteriores; o que foi prometido, o foi sem direito. Está obrigado, portanto, somente ao primeiro *pacto* e será ilícito infringi-lo.

18. Ninguém está obrigado por quaisquer pactos que sejam a não resistir a quem lhe traz morte, ferimentos ou outros danos físicos. Em todo indivíduo existe em alto grau o medo que o faz conceber como extremo o mal que lhe é infligido, e por isso, por compulsão natural, evita-o de todas as maneiras, e supõe-se que ele não tenha outra alternativa. Chegando a esse grau de medo, não lhe resta senão procurar pôr-se a salvo mediante a fuga ou a resistência. Como ninguém é obrigado a coisas impossíveis, não estão obrigados a não resistir os que sofrem ameaça de *morte,* o maior mal natural, ou de ferimentos e outros danos corporais que não têm condições de suportar.

Ademais, confia-se naquele que está obrigado por um pacto, pois o vínculo dos pactos, ou convenções, é unicamente a boa-fé. Usa-se acorrentar ou cercar de guardas os criminosos, conduzidos à punição, pena de morte ou castigos menores: um sinal certíssimo de que não é evidente sentirem-se eles suficientemente obrigados pelos pactos a não resistir aos castigos. Uma coisa é a promessa do pacto soar "Se eu não efetuar tal ação no dia aprazado, podes matar-me"; outra coisa, soar "Se eu não efetuar, não te resistirei ao vires matar-me". Todos fazem pacto da primeira maneira, se for preciso fazer, e às vezes é preciso; da segunda, ninguém, e nunca é preciso.

Com efeito, no estado puramente natural, se tens intenção de matar alguém, obténs o direito do próprio estado natural, de modo que não é preciso que primeiro confies na vítima, para depois matá-la por perda de crédito. Já no estado de civilidade, em que o direito de vida e morte e de toda e qualquer pena corporal repousa na sociedade, ou Cidade, esse mesmo direito de matar não pode ser concedido a um particular. Também não é preciso que a própria Cidade, para punir o criminoso, dele exija por contrato suportar a pena com paciência, mas somente isto: que ninguém defenda os outros com relação a ele.

Se no estado de natureza se fizesse um pacto entre dois povoados de se matarem se o pacto não fosse cumprido, pode-se supor que um outro pacto o precedeu; isto é, o de não passarem à matança antes do dia aprazado. Por isso, não acontecendo o cumprimento do pacto nesse dia, volta a vigorar o direito de guerra; isto é, o estado hostil em que tudo é permitido, e, portanto, também a resistência.

Por último, pelo pacto de não resistência obrigamo-nos a escolher, entre dois males presentes, aquele que nos parecer maior: a morte certa é mal maior do que o combate. Mas entre dois males é impossível não escolher o menor. Por aquele pacto, portanto, estaríamos obrigados a coisas impossíveis - o que é contrário à natureza dos pactos.

19. Do mesmo modo, nenhum homem é obrigado, em virtude de nenhum pacto, a acusar a si mesmo ou a outro, cujos prejuízos viessem a causar uma vida amarga. Assim, um pai não está obrigado a dar testemunho contra o filho, nem um cônjuge contra o outro, nem um filho contra o pai, ou contra todo aquele que provê seus meios de subsistência. E vão tal testemunho, que se presume corrompido por natureza. Mas, embora ninguém seja obrigado por pacto algum a acusar a si mesmo, contudo, em processo público, poderá ser forçado por tortura a responder em tribunal. Tais respostas não servem como testemunho para o fato, mas são meios auxiliares para a procura da verdade: contanto que o criminoso, quer dê testemunho verdadeiro ou falso, quer deixe inteiramente de responder, o faça no uso de um direito que tem.

20. *Juramento é* uma sentença acrescentada à promessa pela qual o promitente declara renunciar à misericórdia divina se não cumprir o prometido. Esta definição deriva dos próprios termos em que está contida a essência do juramento a saber, "Assim me ajude Deus", ou outros termos equivalentes, como, entre os romanos, "Assim, ó Júpiter, destruas aquele de nós que quebrar o juramento como eu mato este animal". Nada impede que o juramento seja não só promissório, mas às vezes também afirmativo, pois quem confirma uma afirmação com juramento promete dizer a verdade. Em certos lugares era costume os súditos jurarem por seus reis. A origem do uso está em que esses reis queriam receber honras divinas. Os *juramentos* foram introduzidos para incutir, por consideração do poder de Deus e do respeito religioso, um medo de violar a fidelidade, mais forte do que o medo que nos faz temer os homens a cujos olhos nossas ações podem estar ocultas.

21. Segue-se daí que é preciso conceber o juramento na forma usada por quem o presta, pois é vão levar um homem a fazer *juramento* por um Deus em quem não crê e que por isso não teme. Embora se possa saber pela luz da razão natural que Deus existe, ninguém pensa em jurar por Ele com outra fórmula ou outro nome que não seja o que está contido nos preceitos da religião de cada um; isto é, a verdadeira na opinião do que jura.

22. Pela definição de *juramento* apresentada pode-se entender que o pacto puro e simples não obriga menos do que o pacto acrescido *do juramento.* Pois, é o pacto que nos prende; *o juramento* refere-se à punição divina, e seria tolice provocá-la, se a violação do pacto não fosse de si mesma ilícita. Também, não seria ilícita se o pacto não fosse obrigatório. Ademais, o indivíduo que renuncia à misericórdia de Deus, não está obrigado a sofrer nenhuma pena, porque lhe é sempre lícito queixar-se de uma punição causada por qualquer motivo, e desfrutar o perdão de Deus, se concedido. O efeito do juramento é, portanto, só este: fazer com que os homens, por natureza inclinados à violação das promessas, utilizando-o, tenham motivos mais fortes para o medo.

23. Exigir *juramento* – quando a violação do pacto, se acontece, não pode ficar escondida, e não falta à parte a que a promessa é feita o poder de exigir punição – equivale a fazer algo mais do que necessário para sua defesa; e revela um ânimo desejoso não tanto do benefício próprio quanto do prejuízo do outro. Pois o *juramento,* pela própria fórmula de jurar, é feito para provocar a ira de Deus *todo-poderoso* contra os que violam a fidelidade, julgando poder escapar pela própria força ao castigo dos homens; e para provocar a *onisciência* divina contra os que costumam quebrar o juramento, esperando poder ocultar-se aos olhos dos homens.

3
DAS OUTRAS LEIS DE NATUREZA

1. Segunda lei de natureza: que é preciso respeitar os pactos. 2. Que é preciso preservar a boa-fé para com todos, sem exceção. 3. O que é injúria. 4. Que não se faz injúria senão àquele com quem se faz pacto. 5. Distinção da justiça em justiça dos homens e justiça das ações. 6. Distinção da justiça em comutativa e distributiva. 7. Que não se faz injúria a quem quer recebê-la. 8. Terceira lei de natureza: sobre a ingratidão. 9. Quarta lei de natureza: que é preciso cada um acomodar-se aos outros. 10. Quinta lei de natureza: sobre a misericórdia. 11. Sexta lei de natureza: que as punições dizem respeito somente ao futuro. 12. Sétima lei de natureza: contra os agravos. 13. Oitava lei de natureza: contra o orgulho. 14. Nona lei de natureza: sobre a moderação. 15. Décima lei de natureza: sobre a equidade, ou contra a acepção de pessoas. 16. Décima primeira lei de natureza: o que é preciso ter em comum. 17. Décima segunda lei de natureza: sobre o que é preciso dividir por sorteio. 18. Décima terceira lei de natureza: do direito de primogenitura e de primeira ocupação. 19. Décima quarta lei de natureza: da incolumidade dos mediadores da paz. 20. Décima quinta lei de natureza: que é preciso constituir um árbitro. 21. Décima sexta lei de natureza: que ninguém é juiz em causa própria. 22. Décima sétima lei de natureza: que os árbitros não devem esperar recompensa da parte dos que estão em causa. 23. Décima oitava lei de natureza: sobre as testemunhas. 24. Décima nona lei de natureza: que não se deve fazer pacto algum com um árbitro. 25. Vigésima lei de natureza: contra a gula e tudo o mais que impede o uso da razão. 26. Regra para se conhecer presentemente se o que faremos será ou não contra a lei de natureza. 27. Que as leis de natureza obrigam somente em consciência. 28. Que as leis de natureza são às vezes violadas por ações consentâneas com elas próprias. 29. Que as leis de natureza são imutáveis. 30. Que é um justo aquele que tenta cumprir as leis de natureza. 31. Que lei natural e lei moral são uma só coisa. 32. Porque tudo que foi dito da lei natural não é o mesmo que os filósofos ensinam sobre as virtudes. 33.

Que a lei natural não é propriamente uma lei senão na medida em que nos é transmitida na Sagrada Escritura.

1. A segunda lei de natureza, dentre as leis derivadas, é *que se devem guardar os pactos, ou cumprir a palavra dada.* Mostramos no capítulo precedente que a lei de natureza ordena como necessário para se obter a paz que os homens façam transferir uns aos outros certos direitos seus; e que isso se chama *pacto* ou contrato, sempre que a execução do que se transfere venha a realizar-se posteriormente. O pacto é eficaz para conciliar a paz na medida em que nos empenhemos realmente a fazer ou omitir as coisas que concordamos fazer ou omitir. Para nada serviriam os pactos, se não fossem cumpridos. Como, pois, é necessário *respeitar os pactos* ou *cumprir a palavra,* para conciliar a paz, segue-se que se trata de preceito de lei natural, conforme o art. 2º do cap. 2.

2. Nesta matéria não há exceção a fazer das pessoas com as quais se contrata, como se elas, por exemplo, não cumprissem nem julgassem dever cumprir a palavra dada, ou tivessem outro tipo de vício. Quem contrata, pelo mesmo fato de contratar, nega que esta ação procede em vão. É contra a razão o homem consciente agir em vão. E se ele se julga não obrigado a cumprir um pacto, está afirmando, pelo fato de assim julgar, gize o pacto foi feito em vão. Por isso, quem faz pacto e julga não estar obrigado a cumprir a palavra dada, afirma ao mesmo tempo que o pacto foi feito e que não foi feito: um absurdo. Por isso, é preciso cumprir o pacto estreitado com qualquer pessoa, ou então não fazer pacto algum: será uma guerra declarada, ou uma paz segura e leal.

3. Chama-se *injúria* a violação de um pacto, ou o fato de se tomar o que fora dado. Sempre consiste numa ação ou omissão: esta ação ou omissão *é injusta.* De modo que *injúria* e ação ou omissão *injusta* significam a mesma coisa, e ambas, o mesmo que *violação de pacto* ou de uma palavra dada. Talvez o termo *injúria* tenha sido dado a qualquer tipo de ação ou omissão porque resulta *sine jure,* fora de todo direito, tendo, o indivíduo que faz ou deixa de fazer algo, transferido antes o direito para um outro.

Há certa semelhança entre o que se tem por *injúria* nas circunstâncias da vida e o que nas Escolas costuma-se chamar *absurdo*. Do mesmo modo como se diz que alguém, forçado por argumentos a negar o que antes sustentava, é reduzido *ao absurdo*, assim também, aquele que, por fraqueza de ânimo fez ou deixou de fazer o que tinha antes prometido por pacto não fazer ou não deixar de fazer, comete *injúria*, e cai em contradição não menos do que aquele que nas escolas é reduzido ao absurdo. Com efeito, pactuando para uma ação futura, ele a quer feita; não cumprindo o pactuado, ele não a quer feita; isto é, querer se faça e não se faça a mesma coisa a um mesmo tempo é uma contradição. *Injúria*, portanto, é uma espécie de *absurdo* na convivência humana, como o *absurdo é* uma espécie de *injúria* nas disputas.

4. Desses princípios segue-se que não se pode cometer injúria contra uma pessoa[21] com a qual não se tenha feito *pacto*, ou a quem algo não tenha sido dado no presente ou prometido por via do pacto. Por isso, com frequência distingue-se *dano* e *injúria*. Se o patrão manda o empregado, que prometeu obedecer-lhe (pacto), pagar uma conta e entregar uma encomenda a um terceiro, o empregado, não cumprindo as ordens, causa dano ao terceiro, mas causa injúria apenas ao patrão.

Assim também, numa Cidade, se alguém ofender um outro com quem não fez pacto algum, causará dano a este pelo mal infligido, mas a injúria redundará somente sobre aquele que tem a gerência do poder de toda a Cidade. Se, pois, o que sofreu o dano

---

21. O termo *injustiça* refere-se a uma lei, o termo *injúria* refere-se tanto a uma lei quanto a uma pessoa. O que é injusto, é injusto para todos; mas pode-se cometer injúria sem que seja contra mim ou contra ti, mas contra um outro, e às vezes não atinge ninguém em particular, mas só a coletividade, e até mesmo não se dirige a nenhum homem nem à coletividade, mas unicamente a Deus. Com efeito, o que nos faz dizer que se comete injúria contra este ou aquele é a existência do pacto e a transferência do direito. Por isso, vemos que em toda Cidade aquelas coisas, que os indivíduos particulares convencionam entre si por palavra ou por escrito, são exigidas ou liberadas por vontade do obrigante. Mas os males causados pelo desrespeito às leis do país, o furto, o homicídio e semelhantes, são punidos não segundo a vontade de quem sofreu dano, mas segundo a vontade da Cidade; isto é, conforme as leis estabelecidas. Portanto, não pode haver injúria contra o indivíduo, senão depois da transferência de direito contra este indivíduo.

exigisse reparação da injúria, quem provocou o dano poderia responder: "Que há contra mim? por que deveria eu agir de acordo com a tua vontade, e não com a minha, uma vez que eu não impeço que sigas tuas decisões, e não as minhas?" Nesse discurso, sem influência de qualquer pacto anterior, nada vejo a censurar.

5. Os termos *justo* e *injusto,* como igualmente *justiça* e *injustiça,* são equívocos, pois têm significados diversos conforme sejam atribuídos a pessoas ou às ações. Quando atribuídos às *ações, justo* significa algo feito conforme o direito, e *injusto* o mesmo que injúria, algo feito contra o direito. Quem fez uma ação *justa* se diz inocente (insonte) e não, *justo* ou homem justo; ao que fez uma *injustiça* chamamos *culpado,* antes que *injusto.* Mas quando esses termos são atribuídos a pessoas, *ser justo* significa o mesmo que comprazer-se em agir com justiça, aplicar-se à justiça, esforçar-se em tudo por fazer tudo conforme o direito. *Ser injusto é* desprezar a justiça, ou julgar que se deve medir a ação não pelo que foi prometido no pacto, mas pela vantagem do momento.

De modo que dizer *justiça* e *injustiça* dos costumes do homem é diferente de dizer justiça e injustiça de uma só ação ou omissão. Inúmeras ações de um homem *justo* podem ser *injustas,* e *justas* as de um homem *injusto.* Deve ser tido na conta de *justo* o homem que faz ações justas porque a lei ordena, e injustas só em razão de sua fraqueza; e de *injusto* o que faz ações justas em razão do medo às sanções da lei, e faz as injustas pela má inclinação do espírito.

6. Distinguem-se geralmente duas espécies de justiça de ações: *comutativa* e *distributiva.* Diz-se que a primeira consiste numa proporção aritmética, e a segunda, numa proporção geométrica. A primeira ocupa-se de trocas, venda, compra, empréstimos, restituições, alocações, arrendamentos, e quaisquer outros atos praticados entre contratantes. Nasce a *justiça comutativa* quando se estabelece um fluxo de troca entre coisas iguais. A justiça, porém, ocupa-se com a avaliação da dignidade e dos merecimentos de cada um, como que atribuindo a cada qual *pará tén axían* (segundo o mérito), proporcionalmente, dando mais a quem é mais digno de receber, e menos a quem é menos. Nasce então a *justiça distributiva.*

Acho oportuno introduzir, neste ponto, uma distinção no conceito de igualdade. Uma é a igualdade simplesmente dita, como se vê ao serem comparadas duas coisas de igual valor, como uma libra de prata e doze onças de prata. Outro tipo de igualdade é a relativa, *secundum quidi* (desde um determinado ponto de vista), como no caso de serem distribuídas mil libras a cem homens, sendo seiscentas a sessenta homens, e quatrocentas a quarenta. Não há igualdade entre os números 600 e 400, mas há uma mesma igualdade no número daqueles a quem é feita a distribuição, e assim cada um deles recebe uma parte igual. Disso ser chamada distribuição igual. Este tipo de igualdade é o mesmo da proporção geométrica.

E que tem isso a ver com a justiça? Vejamos. Se eu vender meus bens pelo mais alto preço que puder, não faço injustiça alguma ao comprador que assim quis e concordou. E se eu oferto do que é meu mais a quem merece menos, contanto que eu dê aos outros o que foi combinado, também não faço injúria a ninguém. Nosso divino Salvador atesta no Evangelho esta verdade. Esta não é, portanto, uma distinção da justiça, e sim da igualdade. Mas não se pode negar que a justiça é uma forma de igualdade. E como esta consiste apenas no fato de sermos todos iguais por natureza, ninguém deve atribuir-se mais *direito* do que concede aos outros e somente o que tiver adquirido por meio de pactos. Baste essa observação contra a sobredita distinção de *justiça,* que afinal é quase universalmente aceita, para que ninguém julgue que *injustiça é* coisa diferente de violação da palavra dada (fé) ou dos pactos acordados, como acima ficou explicado.

7. Há uma máxima antiga que diz: Não se faz injúria a quem quer recebê-la *(Volenti non fit injuria).* Vale a pena deduzir essa verdade a partir dos nossos princípios. Suponhamos que um indivíduo consente em que lhe seja feito algo que ele considera ofensivo (injúria) para si: foi, pois, feito por vontade própria o que não era lícito fazer pelo pacto precedente. Mas, se ele quis que se fizesse algo que *por pacto* não era lícito, o *próprio pacto* tornou-se nulo (cf. art. 15 do capítulo precedente). Logo o *direito* de agir retorna, sendo a ação conforme o direito; daí não haver *injúria.*

8. O terceiro preceito da *lei de natureza é: Não permitas que alguém que, por ter confiança em ti, beneficiou-te primeiro, venha a sofrer, por esse motivo, situação pior que a tua.* Ou: *Ninguém aceite um benefício senão com a disposição de fazer com que o benfeitor não tenha motivos para arrepender-se por tê-lo feito.* Agiria contra esse preceito e contra a razão quem se antecipa a fazer um benefício vendo que este vai se perder.

É assim que seria expulsa do meio dos homens a vontade de bem-fazer e a confiança, juntamente com toda espécie de benevolência. Entre eles nada mais restaria de mútua assistência, nenhuma iniciativa para amenizar a convivência. Nestas condições o estado de guerra necessariamente permanecesse contrariando a *lei fundamental de natureza.* Como, porém, a infração desta lei não é quebra de palavra dada ou de pactos acordados, pois supõe-se não ter havido pacto nenhum, por esse motivo não costuma chamar-se *injúria; e* como *benefício e agradecimento* estão em relação entre si, esse mal tem o nome de *ingratidão.*

9. O quarto preceito da *lei de natureza é que cada um se torne adaptável aos outros.* Para correto entendimento, é preciso observar que os homens entram em sociedade com as mais diversas disposições, derivadas da diversidade de suas paixões, analogamente à variedade que encontramos nas pedras reunidas para uma construção, cada qual com seu formato e seu tipo de material. Assim como a pedra de forma áspera e irregular, que faz perder às outras mais espaço do que ela possa ocupar e, devido à dureza do material, não se deixa contrair ou talhar facilmente, nem serve para a construção do edifício, sendo rejeitada como *imprópria* ao uso: assim também o homem que, pela rudeza do espírito, reserva para si coisas supérfluas e retira aos outros o necessário, e não se corrige de paixões e vícios, costuma ser considerado *inapto* para a convivência e incômodo para os outros.

Ora, como se supõe que cada um de nós – não só por direito, mas também por necessidade natural – aplica-se com todas as forças a adquirir as coisas necessárias para a sua conservação; se alguém por seu lado insistir em coisas supérfluas, será por sua culpa que ocorrerá guerra, porque só ele não tinha necessidade nenhuma de discordar. Por isso, age contra uma fundamental lei da natureza. Daí se segue, conforme estávamos dizendo, que é preceito de natureza que todo homem deve se tornar adaptável aos outros. Quem violar esta lei pode considerar-se inapto à convivência e incômodo para os outros. Em relação a esta mesma lei, Cícero prefere opor ao sociável, ou adaptável, o conceito de *inumano* (bárbaro, incômodo à sociedade humana).

10. O quinto preceito da *lei de natureza é que nós, precavendo-nos para o futuro, devemos perdoar a quem se arrepende e pede perdão de algo passado.* O *perdão* de um fato passado, ou remissão de uma ofensa, não é outra coisa que obtenção da *paz* para quem, tendo provocado guerra, mas, arrependido agora, pede paz. Mas paz que se concede a uma pessoa não arrependida - isto é, que conserva um ânimo hostil, ou não oferece garantia para o futuro, e que realmente não busca a paz, mas uma oportunidade - não é paz, é medo; por isso não a ordena a natureza. Por outro lado, quem se recusa a perdoar ao que está arrependido e oferece garantias para o futuro, demonstra que é a paz que não lhe agrada. E isto contraria a *lei natural.*

11. O sexto preceito da *lei natural é que na vingança ou na punição é preciso olhar não ao mal do passado e sim ao bem do futuro.* Quer dizer, não é lícito infligir uma pena por nenhum outro fim que não seja a correção do próprio infrator, ou a melhora dos outros, alertados pelo exemplo do castigo. A confirmação está, principalmente, em que todo homem é obrigado por lei natural a perdoar ao outro, contanto que antes tome precauções para o futuro, conforme mostramos no artigo precedente. E também porque a vingança, que leva em consideração só o tempo passado, não é outra coisa que um triunfo ou um sentimento de orgulho que não leva a meta nenhuma. De fato, a vingança está voltada para o passado, enquanto toda meta ou alvo é coisa futura, e o que não leva a uma meta é coisa vã. A vingança, como sentimento que não se volta ao futuro, provém da vanglória, por isso está contra a razão. Ora, causar dano ao outro sem razão introduz guerra, e contrário a uma fundamental lei de natureza. É, portanto, um preceito da lei de natureza que na justa punição não se deve olhar ao passado, mas olhar para a frente. Costuma-se chamar à violação desta lei *crueldade.*

12. Já que os sinais do ódio e do desprezo provocam conflitos e lutas mais do que quaisquer outros, de tal modo que a maior parte das pessoas prefere perder a vida (ou com maior razão, a paz) a sofrer uma afronta, segue-se em sétimo lugar que é um preceito de lei natural *que nenhum homem, por fatos ou palavras ou gestos, ou pelo riso, demonstre ao outro que o odeia ou o despreza.* À violação desta lei chamamos *injúria*, ou afronta. Embora não exista nada mais frequente do que zombarias e afrontas de poderosos contra os mais fracos, em particular, de juízes contra réus, coisas que não têm relação com o crime nem com a função de juiz, tais pessoas agem contra a lei natural e precisam ser tidas na conta de insultantes contumeliosos.

13. A questão "quem de dois homens é mais digno" não pode ter referência ao estado natural, mas ao estado de civilidade. Já foi indicado anteriormente (cf. cap. 1, art. 3º) que por natureza os homens são iguais entre si, e por isso toda desigualdade que reina agora, por exemplo quanto à riqueza, poder, nobreza, linhagem etc., teve origem na *lei civil.* Sabemos que Aristóteles estabelece no livro primeiro da *Política*, como fundamento de toda a ciência política, que uns homens são feitos pela natureza para comandar, outros para servir, como se se devessem distinguir o senhor e o servo não em razão do consenso dos homens, mas devido a uma capacidade, ou a uma espécie de conhecimento ou ignorância natural neles existente.

Demonstramos acima que esse fundamento não é apenas contra a razão, mas contra a experiência. Pois quase não existe alguém de inteligência tão fraca que não se sinta capaz de tomar conta de si mesmo, ou que prefira entregar-se aos outros para isso. Se se medirem na luta alguns homens instruídos e outros robustos, os primeiros não serão sempre ou frequentemente superiores aos segundos. Portanto, quer sejam os homens entre si iguais por natureza (e obviamente há que se reconhecer esta igualdade), quer sejam desiguais (pois entrarão em conflito por causa do poder), é necessário à aquisição da paz *que os homens sejam tidos por iguais.* Por isso, foi estabelecido neste lugar o oitavo preceito de lei natural; isto é, *que todo homem é considerado igual por natureza a outro homem.* E esta lei é contrária à *soberba.*

14. Assim como foi necessário para a conservação de cada indivíduo que este cedesse alguns de seus *direitos,* assim é não menos necessário para tal conservação que ele se reserve a posse de certos *direitos;* por exemplo, o *direito à* defesa do corpo, o uso do ar livre, da água, e tudo o mais que é de necessidade vital. Reservada a posse de muitos direitos comuns e feita também aquisição de muitos outros próprios, pelos que convivem num estado de paz, surge daí a nona regra de lei natural; isto é, *que quaisquer direitos que qualquer homem reclamar para si, conceda ele também como devidos aos outros.* Do contrário teria sido em vão reconhecer a igualdade (estabelecida no artigo precedente).

Que diferença há entre reconhecer a igualdade das pessoas que criam uma sociedade ou atribuir igual direito e poder àquelas a quem nenhuma razão impele a entrar em sociedade? Distribuir *coisas iguais a pessoas iguais* é dizer o mesmo que distribuir *coisas proporcionais proporcionalmente às pessoas.* Designa-se *moderação* a observância desta lei, e *pleonasmo,* um certo desregramento, a infração da mesma. Segundo a tradição latina, os infratores são chamados *imoderados* ou *imodestos.*

15. Em 10º lugar a *lei de natureza* ordena *que todo homem se mostre às partes igual na distribuição da justiça.* o preceito precedente proibia assumirmos para nós mais direito de natureza do que concedemos aos outros. Podemos reservar-nos de menos, se quisermos, pois isso às vezes faz parte da *moderação. Mas, se* às vezes temos que distribuir *justiça* (direito) aos outros, por essa lei somos proibidos de favorecer a um mais do que a outro. Quem não observa esta igualdade natural, favorecendo a um acima do outro, comete uma injúria contra o que foi preterido. Mostramos anteriormente que este tipo *de contumélia é* contra as *leis naturais.* Chama-se *equidade* a observância deste preceito, e sua violação, *acepção de pessoas,* ou, como dizem os gregos, *prosopolexía.*

16. Da lei precedente podemos colher a décima primeira, a saber, *as coisas que não podem ser divididas devem ser usadas em comum, se possível, e na medida em que cada um deseja, se a quantidade o permitir; mas se a quantidade não o permitir, em medida limitada e proporcionalmente ao número dos usuários.*

Do contrário não se poderá preservar esta igualdade que, conforme demonstramos no artigo precedente, a natureza nos ensina.

17. Igualmente, se as coisas não podem ser divididas nem usadas em comum a lei natural provê, e temos aqui o 12º preceito, *que o uso das coisas ou seja feito por turnos, alternadamente, ou dado a um só indivíduo por sorteio; e igualmente por sorteio se decidirá quem é o primeiro no caso do uso de turnos.* Pois é preciso levar em conta a igualdade também nessas circunstâncias, e não há outro meio de preservá-la do que o aleatório.

18. Há duas espécies de sorte, a *arbitrária* e a *natural.* É arbitrária a que depende do consentimento das partes em litígio, e consiste no mero acaso, ou jogo da sorte, como a natural é a *primogenitura,* ou *cleronomía* em grego (herança, condição de herdeiro por sorte), e a *primeira ocupação.* De modo que passam à posse do primeiro ocupante as coisas que não podem ser divididas nem usadas em comum; e passam ao primogênito as coisas que pertenceram ao pai, a não ser que o próprio pai tenha antes feito transferência daquele direito. Esta é a décima terceira lei da natureza.

19. O 14º preceito de lei natural *é que deve ser assegurada incolumidade aos mediadores da paz.* Pois, a razão que ordena um fim, ordena também os meios necessários. Já o primeiro preceito da razão é *a paz;* tudo o mais são meios para obtê-la, e sem os quais não pode existir *paz.* Mas também não se pode ter a paz sem mediação, nem a mediação sem segurança e incolumidade. É, portanto, um ditame da razão - isto é, lei de natureza - garantir incolumidade aos mediadores da paz.

20. Além disso, mesmo que os homens concordassem em acatar todas essas e quaisquer outras leis de natureza, e se esforçassem por cumpri-las, mesmo assim surgiriam todo dia dúvidas e discussões a respeito da aplicação dessas leis aos fatos; por exemplo, se o que foi feito é, ou não, contra a *lei,* o que se chama questão de direito. E daí se seguirá uma luta entre as partes, todos se julgando lesados, de lado a lado. Por isso, é necessário para a conservação da paz, já que não se pode cogitar para o caso outro remédio adequado, que ambas as partes dissidentes concordem em escolher uma terceira pessoa, cujo julgamento sobre a matéria em litígio elas se obrigam *por pactos mútuos* a acatar. O escolhido pelo consenso das partes chama-se *árbitro.* Este é o 15º preceito da lei natural: *é preciso que ambas as partes que disputam em torno de matéria de direito se submetam à arbitragem de uma terceira pessoa.*

21. Pelo fato de o *árbitro,* ou juiz, ter sido escolhido pelos litigantes para decidir a controvérsia, faz-se preciso que o árbitro não seja um dos litigantes. Pois, presume-se que todo homem procure o *bem* para si naturalmente, e busque a *justiça* em vista da *paz* e acidentalmente. Por isso, ninguém saberia observar aquela igualdade, ordenada pela lei natural, tão cuidadosamente quanto o faria um terceiro. Está, pois, em 16º lugar da lei de natureza, *que ninguém pode ser juiz ou árbitro em causa própria.*

22. Dos mesmos princípios segue-se, em 17º lugar, *que não pode ser juiz ninguém que espera ganhar alguma vantagem ou reputação da prevalência de uma parte sobre a outra.* Na presente lei vale a mesma razão da precedente.

23. Mas quando surge alguma controvérsia sobre o próprio fato - por exemplo, se realmente foi feito, ou não, o que se disse que foi feito -, é de lei natural (cf. art. 15) que o árbitro trate igualmente ambas as partes - isto é, não creia em nenhuma delas -, pois afirmam coisas contraditórias. Por isso, ele precisa dar crédito a um terceiro, a um quarto, ou mais, a fim de que, sempre que lhe faltem outros meios de conhecimento, possa dar sua sentença sobre o fato. A décima oitava lei de natureza, portanto, impõe *aos árbitros e juízes de algum fato, quando não se apresentem sinais certos desse fato pronunciarem sentença na base do testemunho de pessoas que pareçam saber tratar por igual cada uma das partes.*

24. Pela definição de árbitro acima oferecida pode-se ainda entender *que não subsiste pacto algum, ou promessa, entre ele e as partes de que foi constituído juiz, em virtude do qual seja obrigado a pronunciar-se em favor de uma das partes, nem mesmo esteja comprometido a pronunciar-se conforme à equidade, ou ao que julga ser equidade.* Obriga-se o juiz a dar a sentença que julgar justa, segundo a lei de natureza mencionada no art. 15, à obrigação da qual nada se pode acrescentar por via de contrato. Tal pacto, portanto, seria vão.

Ademais, se o juiz tentasse fazer passar por justa a sentença injusta que proferiu, exceto se esse pacto não tem valor, a controvérsia permanecerá pendente após pronunciamento da sentença, e isto é contrário à natureza de árbitro, que é pessoa escolhida pelas partes, tal que estas se obrigam a ratificar a sentença que for proferida. Portanto, a lei de natureza ordena que o árbitro seja livre em seu julgamento. E este é o 19º preceito.

25. Além do mais, visto que as leis de natureza nada mais são do que máximas do bom-senso, de tal sorte que, se alguém não se esforçar por conservar a faculdade de bem raciocinar, não poderá observar as leis de natureza, é evidente que estará violando consciente e voluntariamente a lei de natureza aquele que, conscientemente, pratica atos capazes de destruir ou enfraquecer a faculdade racional. Não importa saber se o homem não faz o que é do seu dever, ou se conscientemente faz certas coisas que tornam para si impossível cumprir o dever. O problema é que destroem ou enfraquecem a faculdade de raciocinar os homens que fazem a razão afastar-se de seu estado natural, como acontece obviamente com bêbados e crápulas. O defeito relativo a esta vigésima lei de natureza é, pois, a *ebriedade*.

26. Talvez alguém que vê os preceitos naturais acima indicados como sendo derivados artificialmente de um ponto único, o ditame da razão exortando-nos a tratar de nossa conservação e incolumidade, dirá que a dedução dessas leis é tão difícil que não é de esperar-se que venham a ser conhecidas do vulgo e, portanto, venham a obrigar. Se não forem conhecidas as leis não obrigam, nem mesmo são propriamente leis.

Respondo. É verdade que a esperança, o medo, a ira, a ambição, a avareza, a vanglória, e as outras perturbações da alma, impedem no homem as condições de conhecer as leis de natureza enquanto elas dominam. Mas não há quem não tenha de vez em quando seus momentos de tranquilidade. Nessas ocasiões em que vier a duvidar se o que está fazendo à vista do outro é conforme ao direito natural ou não, nada é mais fácil ao homem, por rude e ignorante que seja, do que usar este método único; isto é, julgar estar no lugar do outro. Imediatamente aquelas perturbações que o compeliam, agora, como que deslocadas para o outro lado da balança, o demoverão de agir. Esta regra não somente é fácil como é antiga, celebrada nestas palavras: *Não faças a outrem o que não queres que te faça.*

27. Os homens em sua maioria não estão muito dispostos a observar as leis acima mencionadas, embora conhecidas, devido ao desejo desregrado das vantagens do momento. Se talvez alguns, mais humildes do que outros, praticassem a equidade e a condescendência ditadas pela razão, enquanto os demais não fizessem o mesmo, estariam se comportando pouco razoavelmente e não alcançariam a paz, mas sim a destruição, certa e prematura, transformando-se, de obedientes da lei, numa presa dos transgressores.

Por esses motivos não se deve pensar que uns homens estejam obrigados por natureza - isto é, pela razão - à observância de todas essas leis[22] numa situação em que elas não sejam observadas por todos os outros. Nesse meio tempo, porém, somos obrigados a ter a disposição de ânimo de observá-las sempre isso nos parecer levar aos objetivos para os quais foram propostas. A conclusão é que a lei de natureza sempre e em toda parte obriga em *foro interno,* ou no *foro da consciência,* e nem sempre obriga em *foro externo, e* isso somente no caso em que se possa agir com segurança.

---

22. Ou melhor, dentre essas leis algumas há cuja omissão mais parece cumprimento do que violação da lei natural, contanto que isso aconteça pela paz ou pela própria conservação. Pois, quem usa todos os meios contra os que fazem o mesmo, e tira dos que tiram, pratica a equidade. Ao contrário, fazer o que em tempo de paz é uma boa ação, algo próprio do homem honesto, em tempo de guerra é indignidade e pobreza de espírito, uma traição de si próprio. Mas há algumas leis naturais cujo exercício não cessa nem mesmo na guerra. Não entendo que progresso possam significar para a paz ou para a preservação de qualquer homem a embriaguez, ou a crueldade, uma vingança; isto é, que não diz respeito a um bem futuro. Numa palavra: no estado de natureza há que avaliar o justo e o injusto não pela ação, mas pelo propósito e pela consciência dos agentes. O que se faz por necessidade, para servir à paz, ou em vista da conservação própria é direito; fora disso, todo dano causado a um homem seria violação da lei natural e injúria contra Deus.

28. As leis que obrigam em consciência podem ser infringidas por uma ação não só contrária a elas, mas também congruente com elas, quando quem faz essa ação tem opinião contrária: embora o próprio ato seja conforme às leis, a consciência do agente lhes é contrária.

29. As leis de natureza são *imutáveis* e *eternas:* o que proíbem nunca poderá ser lícito, e o que ordenam nunca poderá ser ilícito. Nunca serão lícitas a *soberba,* a *ingratidão* a *violação dos pactos,* nem a *injúria,* a *inumanidade,* o *ultraje,* nem serão ilícitas as virtudes contrárias, na medida em que forem entendidas como disposições da alma - isto é, consideradas em *foro de consciência* - que unicamente obrigam e são realmente leis. As ações humanas podem diversificar-se de tal modo pelas circunstâncias e pela lei civil que numa hora elas exprimem equidade, noutra, iniquidade; num tempo ajustam-se à razão, noutro lhe são contrárias. A razão, porém, é sempre a mesma e não muda o seu fim, que é a *paz* e a *defesa,* como também ela não muda os meios - isto é, as virtudes da alma, como explicamos anteriormente -, coisas que não podem ser ab-rogadas por nenhum costume nem lei alguma.

30. Da exposição de toda essa matéria evidencia-se que é fácil observar as leis de natureza, pois exigem apenas um único esforço, verdadeiro e constante, do homem, a quem, ao realizá-lo, podemos com razão chamar *justo*. Quem concentra todas as forças em pautar suas ações pelos preceitos da natureza, mostra claramente ter a intenção de cumprir todas as leis, e isso é tudo a que estamos obrigados pela natureza racional. O homem que cumprir todas as suas obrigações é *justo.*

31. Todos os autores estão de acordo em que a lei natural é a mesma *lei moral.* Vejamos por que isso é verdade. É preciso saber que os termos *bem* e *mal* são nomes dados às coisas boas ou más para significarem o desejo (apetite) ou a aversão dos indivíduos que assim as designam. Os apetites ou inclinações dos homens são muito variados, de acordo com a variedade dos temperamentos, costumes e opiniões. Isto aparece nas coisas que conhecemos pelos sentidos, como gosto, tato, olfato, e mais ainda nas coisas que se referem às ações comuns do dia a dia. Um indivíduo elogia ou acha *bom* o que outro desaprova ou acha *ruim*. Com frequência o mesmo homem aprova ou condena a mesma coisa em épocas diferentes. Em tal situação é inevitável o aparecimento de discórdia e brigas.

Esse estado de guerra se prolongará tanto quanto o bem e o mal forem medidos por padrões diferentes, inspirados na diversidade dos apetites dominantes. Enquanto nele envolvidos, todos reconhecem com facilidade que esse estado é um mal, e, por conseguinte, que a paz é um bem. E, portanto, os que não puderam concluir acordo sobre um bem presente, o fazem sobre um bem futuro, e isto de fato é obra da razão, pois as coisas *presentes* caem sob os sentidos, as *futuras* somente se concebem pela razão. Como a razão ensina que a paz é um bem, segue-se, pela mesma razão, que todos os meios necessários à paz são bons, e que, portanto, *moderação, equidade, fidelidade, humanidade, misericórdia,* necessárias à paz conforme demonstramos, são hábitos, ou *virtudes,* que constituem o conjunto dos *bons costumes (mores).* A lei, portanto, juntamente com os meios de paz, ordena ao mesmo tempo os *bons costumes;* ou seja, a prática das *virtudes.* Chama-se por isso *lei moral.*

32. Mas acontece que os homens, não podendo despojar-se daquele apetite irracional que os faz desejar bens presentes, inevitavelmente carregados de muitos males imprevistos, de preferência sobre bens futuros, embora sejam todos eles concordes no elogio das ditas virtudes, nunca conseguem pôr-se de acordo quanto à natureza delas, ou quanto à questão, em que consiste cada uma delas. Pois, toda vez que a boa ação de uns desagrada, é dado a essa ação o nome de algum vício que tem sua aparência; do mesmo modo, as más ações que fazem a complacência de outros, ganham referência a uma virtude. Daí, a mesma ação ser louvada e chamar-se virtude por uns, e ser vituperada e chamada vício por outros.

Até hoje os filósofos não acharam nenhum remédio para o caso. Não tendo advertido que a bondade das ações humanas consiste em estarem ordenadas à paz, e sua malícia, em estarem ordenadas à discórdia, elas criaram uma *filosofia moral* alheia *à lei moral,* e incoerente consigo mesma. Para eles, a natureza das *virtudes* consiste em certa *mediocridade,* ou mediania, entre dois *extremos,* e a dos vícios, nos próprios *extremos.* O que, claramente, é falso. Com efeito, recomenda-se a coragem de ousar, considerada virtude e denominada *fortaleza,* apesar de ser um extremo, se seu motivo é aprovado. Igualmente, não é a quantidade grande, pequena ou média de uma coisa doada, que faz a *liberalidade,* mas o motivo da doação. Também não é *injustiça* dar do que é meu a alguém mais do que lhe é devido.

As leis naturais são como que o compêndio da filosofia *moral,* da qual tentei transmitir neste lugar apenas os preceitos referentes à nossa preservação contra perigos originados da discórdia. Há outros preceitos da natureza racional em que nascem outras virtudes. A *temperança,* um deles, é preceito da razão, pois a intemperança leva às doenças e à morte. A *fortaleza* também, que é a capacidade de resistir valentemente na presença de perigos que são mais difíceis de evitar do que de superar. Ela é um meio para a preservação de quem resiste.

33. As leis que chamamos *leis de natureza* nada mais são do que certas conclusões, que a razão conhece, sobre o que se deve fazer ou deixar de fazer. Por outro lado, lei, falando-se com propriedade e exatidão, é a expressão de quem manda, com direito, outros fazerem ou não fazerem determinada coisa. Assim, elas não são propriamente leis, enquanto procedem da natureza. Mas enquanto foram promulgadas por Deus na Sagrada Escritura, como se verá no capítulo seguinte, elas merecem ser chamadas muito apropriadamente com o nome de leis, pois a Sagrada Escritura é a palavra de Deus governando todas as coisas com o mais pleno direito.

4
QUE A LEI DE NATUREZA É LEI DIVINA

1. Que a lei natural e moral é divina. 2. Confirma-se em geral pela Sagrada Escritura. 3. Em particular, com referência à lei fundamental de buscar a paz. 4. Igualmente, com referência à primeira lei de natureza, que manda abolir a comunidade de bens. 5. Com referência à segunda lei de natureza, guardar fidelidade. 6. Com referência à terceira lei, a da gratidão (ou reconhecimento do benefício feito). 7. Com referência à quarta lei, acomodar-se aos outros (a da condescendência). 8. Com referência à quinta lei, a da misericórdia. 9. Com referência à sexta lei, que a punição se refere ao futuro. 10. Com referência à sétima lei, contra as afrontas. 11. Com referência à oitava lei, contra o orgulho. 12. Com referência à nona lei, da moderação. 13. Com referência à décima lei, contra a acepção de pessoas. 14. Com referência à décima primeira lei, possuir em comum as coisas que não podem ser divididas. 15. Com referência à décima segunda lei, dividir os bens por sorte. 16. Sobre a escolha de um juiz ou árbitro. 17. Com referência à décima sétima lei, que os árbitros não devem esperar recompensa alguma por sua sentença. 18. Com referência à décima oitava lei, relativa ao uso de testemunhas. 19. Com referência à décima nona lei, contra a embriaguez. 20. Em torno do que foi dito, que a lei de natureza é eterna. 21. Que as leis de natureza se referem à consciência. 22. Que as leis de natureza são observadas com facilidade. 23. Por último, em torno da regra pela qual o homem pode conhecer antes se o que ele pretende fazer é contra a lei de natureza, ou não. 24. Que a lei de Cristo é a lei de natureza.

1. A mesma lei *natural e moral* chama-se também *lei divina.* E não injustificadamente, seja porque a razão, que é a própria lei de natureza, dada por Deus imediatamente a todo homem para servir como regra de suas ações, seja porque os preceitos de vida derivados delas são os mesmos que a majestade divina promulgou para serem leis no Reino do Céu, por meio de Nosso Senhor Jesus Cristo e dos santos profetas e apóstolos. Neste capítulo procuraremos confirmar com passagens da Sagrada Escritura a mesma doutrina que acima entendemos construir pela reflexão em torno da lei natural.

2. Em primeiro lugar indicamos os textos em que se diz que a lei divina está fundada sobre a razão natural. Sl 36,30-31: "A boca do justo profere sabedoria e a sua língua fala de retidão. No seu coração está a lei de seu Deus". Jr 31,33: "Porei a minha lei nos seus corações, e a imprimirei em suas mentes". Sl 18,8: "A lei do Senhor é perfeita, reconforta a alma"; vers. 9: "Retos são os preceitos do Senhor, alegram o coração; o mandamento do Senhor é terso, ilumina os olhos". Dt 30,11: "Este preceito, que hoje te prescrevo, não é demasiado difícil para ti, nem está fora de teu alcance"; vers. 14: "Mas a palavra está perto de ti, tu a tens em tua boca e em teu coração". Sl 118,34: "Instruí-me para que observe a vossa lei"; vers. 105: "Facho para os meus pés é a vossa palavra, e fanal para o meu caminho". Pr 9,10: "O conhecimento dos santos é a inteligência" (prudência). Em Jo 1,1, o próprio promulgador da lei, Cristo, é chamado lógos; no vers. 9, o mesmo Cristo é chamado "verdadeira luz que a todo homem ilumina, para vir ao mundo". Todos esses textos são descrições da reta razão cujos ditames, conforme antes mostramos, são leis naturais.

3. As seguintes passagens confirmam que a lei que estabelecemos como lei fundamental de natureza, a saber, que se deve buscar a paz, é também o resumo da lei divina. Rm 3,17: *a justiça,* que é o compêndio da lei, é chamada "caminho da paz". Sl 84,11: "a justiça e a paz se abraçam". Mt 5,9: "bem-aventurados os pacíficos, porque serão filhos de Deus". São Paulo, depois de ter dito em Hb 6, último versículo, que Cristo (legislador da lei de que estamos falando) foi "constituído à maneira de Melquisedec, sacerdote para sempre", acrescenta no capítulo seguinte, vers. 1: "Este é o Melquisedec, rei de Salém, sacerdote do Deus altíssimo [...]; vers. 2: "antes de tudo, ele traz o nome que significa rei da justiça, e, depois, é chamado também rei de Salém; isto é, rei de paz". Disso fica claro que Cristo-Rei reunirá, em seu reino, *a justiça* com a *paz.* Sl 33,15: "Afasta-te do mal e faze o bem, busca a paz e esforça-te por alcançá-la". Is 9,6-7: "Eis, nasceu-nos um menino, um filho nos foi dado; sobre cujos ombros está o principado, e cujo nome é: Admirável conselheiro, Deus forte, Pai perpétuo, Príncipe da Paz, em vista de um grande principado com uma paz sem fim". Is 52,7: "Quão belo é ver pelos montes os pés do mensageiro que anuncia a paz, mensageiro de bem, que anuncia a salvação, que diz a Sião: 'Reina o teu Deus'". Lc 2,14, no natal de Cristo a voz dos que louvavam, dizia: "Glória a Deus no mais alto dos céus, e paz na terra aos homens de bem-querença!" E em Is 53,5, o evangelho é chamado doutrina de paz, envolvido na disciplina para salvação e cura. Is 59,8 chama a *justiça* de caminho da paz: "Não conhecem o caminho da paz, e a justiça não corre nas suas veredas". Mq 5,4-5, falando do Messias, diz: "Ele permanecerá firme e governará com a força do Senhor [...]. Viverá em paz, porque então ela será grande, até os extremos confins da terra; e tal será a paz". Pr 3,1-2: Meu filho, não olvides os meus ensinamentos [minha lei], e guarda no teu coração os meus preceitos, porque te proporcionarão longos dias, anos de vida e prosperidade" (paz).

4. No que concerne à primeira lei, abolir a *comunidade de todos os bens* e introduzir o *meu* e o *teu,* percebemos, em primeiro lugar, quanto é nociva à paz essa comunidade pelas palavras de Abraão a Ló. Gn 13,8-9: "Oh! não haja rixas entre mim e ti, entre os meus pastores e os teus [...]. Não tens diante de ti toda a região? Separa-te, pois, de mim". A lei de distinção entre o *nosso* e o *alheio é* confirmada por todos aqueles textos que proíbem a invasão dos bens alheios, como *Não matarás, Não furtarás, Não cometerás adultério.* Supõem suprimido o direito de todos a todas as coisas.

5. Os mesmos preceitos estabelecem a segunda lei de natureza, *guardar fidelidade.* A expressão "Não tomarás o alheio" não é outra coisa que - não tomarás posse daquilo que deixou de ser teu por teu pacto. Lê-se expressamente no Sl 14,5, à pergunta "Ó Senhor, quem se hospedará na vossa tenda?" - responde o salmista: "Se ele jura ainda quando o prejudique, não retrata o juramento". Em Pr 6,1-2: "Meu filho, se ficaste fiador por teu próximo - ligaste-te por tuas próprias palavras".

6. Os textos seguintes confirmam a terceira lei, da *gratidão.* Dt 25,4: "Não porás mordaça ao boi enquanto debulha", que São Paulo em 1Cor 9,9 interpreta aplicando também aos seres humanos. Pr. 17,13: "Quem retribui mal por bem jamais verá a desventura afastar-se de sua casa". Dt 20,10-11: "Quando te aproximares de tua Cidade para a tomar, oferece-lhes a paz; e se te der resposta e te abrir as portas, toda a população que estiver nela se tornará sujeita à tua servidão". Pr. 3,29: "Não trames mal algum contra o teu próximo, enquanto vive contigo sem suspeitas".

7. Os seguintes preceitos conformam-se à quarta lei, da condescendência, ou acomodação. Ex 23,4-5: "Se encontrares o boi ou o burro do teu amigo extraviados, os levará de volta. Se vires o burro de quem te odeia sucumbir debaixo da carga, não o desampares, mas socorre-o juntamente com ele". Ex 23,9: "Não oprimirás o estrangeiro". Pr 3,30: "Não alterques com ninguém sem motivo, se ele não te fez mal algum". Pr 12,26: "O justo avantaja-se ao seu companheiro". Pr 15,18: "O homem iracundo atiça litígios, o longânime pacifica as disputas". Pr 18,24: "Há amigos que servem simplesmente para fazer companhia; mas também há os mais afeiçoados do que um irmão". Confirma-se em Lc 10, com a parábola do samaritano que teve compaixão de um judeu, ferido pelos ladrões; e em Mt 5,39, com o mandamento de Cristo: "Eu, porém, vos digo que não resistais à malvadeza; mas, a quem te bater na face direita, oferece-lhe também a outra" etc.

8. Quanto à quinta lei, são inúmeros os textos que a comprovam. Eis alguns: Mt 6,14-15: "Porque, se vos perdoardes aos homens suas ofensas, também vosso Pai celeste perdoará as vossas ofensas [...]". Mt 18,21-22: "Senhor, se meu irmão pecar contra mim, quantas vezes lhe devo perdoar? Até sete vezes? Disse-lhe Jesus: Não te digo até sete vezes, mas até setenta vezes sete". Quer dizer: todas as vezes.

9. Para confirmar a sexta lei servem todos aqueles textos que nos mandam praticar a *misericórdia,* como os seguintes: Mt 5,7: "Bem-aventurados os misericordiosos, porque alcançarão misericórdia". Lv 19,18: "Não tomarás vingança nem guardarás rancor contra os teus concidadãos". Julgam alguns autores que esta lei não só não é confirmada pela Sagrada Escritura como é até por ela desabonada, pelo fato de os maus serem castigados com pena eterna após a morte, quando não restará mais lugar para o arrependimento ou a desculpa do mau exemplo. Respondem à objeção outros, dizendo que Deus, por não estar atado por lei alguma, tudo faz redundar em sua glória (o que não é lícito ao homem fazer), como se Deus tivesse glória ou satisfação na morte do pecador. Resposta mais correta seria dizer que a instituição da pena eterna foi antes do pecado, visando unicamente a que os homens se arreceassem de cometê-lo no futuro.

10. A sétima lei é comprovada pelas palavras de Cristo em Mt 5,22: "Eu, porém, digo-vos: todo aquele que se irar contra o seu irmão será submetido a juízo [...] e quem lhe chamar 'doido' será submetido ao fogo da geena". Também Pr 10,18: "aquele que dissemina calúnias é um insensato". Pr 14,21: "Aquele que despreza o próximo comete pecado". Pr 15,1: "uma palavra pungente acende a cólera". Pr 22,10: "Expulsa o petulante e com ele irão as discórdias, cessarão litígios e agravos".

11. Os textos seguintes estabelecem a oitava lei; isto é, reconhecer a igualdade natural, ou *humildade* da natureza humana. Mt 5,3: *"Bem-aventurados os pobres, de espírito, porque o Reino dos Céus é para eles".* Pr 6,16-19: "Estas seis coisas o Senhor odeia, ou melhor, sete são as que abomina: olhos altivos [...], e quem semeia discórdia entre os irmãos". Pr 16,5: "Deus aborrece toda alma altiva, cedo ou tarde será punida". Pr 11,2: "Atrás da soberba vem a ignomínia, mas com os modestos segue a sabedoria". Assim também em Is 40,3-4, onde se anuncia a vinda do Messias como preparação de seu Reino, a voz do que clama no deserto é esta: "Desimpedi no deserto o caminho para o Senhor, aplainai na estepe a estrada para o nosso Deus. Todo vale será enchido, todo monte ou outeiro será abaixado", expressões sem dúvida dirigidas aos homens, não a montes ou desertos.

12. A *equidade,* que pusemos em nono lugar, é a lei de natureza que manda todos os homens atribuírem aos outros os mesmos direitos que desejam reservar para si, e que contém em si todas as demais leis, é a mesma que Moisés propõe em Lv 19,18: "Amarás o teu próximo como a ti mesmo", da qual disse nosso Salvador que é o compêndio da lei moral. Mt 22,36-40: "Mestre, qual é o maior mandamento da lei? Respondeu Ele: 'Ama o Senhor teu Deus [...]. Este é o primeiro e o maior mandamento. O segundo é semelhante a este: Ama o teu próximo como a ti mesmo. A estes dois mandamentos reduz-se toda a lei e os profetas'". Amar o próximo como a nós mesmos quer dizer consentir em que lhe seja concedido tudo que exigimos que seja igualmente concedido para nós.

13. A décima lei proíbe a *acepção de pessoas,* como proíbem os textos seguintes. Mt 5,45: "[...] para serdes filhos de vosso Pai que está nos céus, o qual faz nascer o seu sol sobre os maus e bons, e chover sobre justos e injustos". Cl 3,11: "Por isso, já não há grego nem judeu, circunciso nem incircunciso, bárbaro, cita, escravo ou homem livre, mas Cristo é tudo e está em todos". At 10,34: "Na verdade, eu [Pedro] reconheço que Deus não faz distinção de pessoas". 2Cr 19,7: "[...] porque, no Senhor, nosso Deus, não há injustiça, nem acepção de pessoas". Eclo 35,12: "porque Ele é um Deus justo, e junto a Ele não há distinção de pessoas". Rm 2,11: "pois em Deus não há acepção de pessoas".

14. Quanto à décima primeira lei, que manda *possuir em comum as coisas que não podem ser divididas,* ignoro se há ou não referência diretas na Sagrada Escritura. Mas sempre ocorreu em toda parte a praxe do uso comum de poços, estradas, rios, objetos e lugares sagrados etc.; sem esse uso não teria sido possível a vida humana.

15. Dissemos, em 12º lugar, que é lei de natureza atribuírem-se por sorte às pessoas aquelas coisas que não podem ser divididas nem possuídas em comum. Pode confirmá-lo o exemplo de Moisés que, por ordem de Deus (cf. Nm 34), deu posse de partes da Terra da Promissão às tribos de Israel por sorte. Ou o exemplo dos apóstolos (cf. At 1,24-26) ao receberem Matias em vez de Justus Barsabás no número dos doze, lançado sorte e dizendo "Tu Senhor, conhecedor do coração de todos, indica-nos quem destes dois escolheste [...]". O mesmo colhe-se em Pr 16,33: "No regaço lançam-se as sortes, mas é Deus quem decide".

Quanto à décima terceira lei, referente à primogenitura, é certo que o direito de sucessão era devido a Esaú como primeiro filho de Isaac, se ele não o tivesse barganhado (cf. Gn 25,33), ou o pai tomado outra disposição.

16. São Paulo, escrevendo aos coríntios (cf. 1Cor 6), repreende os cristãos da Cidade por pleitearem entre si nos tribunais forenses perante juízes gentios, seus inimigos, dizendo que era falta grave não preferirem eles sofrer alguma injustiça ou prejuízo. Aquele comportamento era contrário à lei que nos manda adaptar-nos, em condescendência mútua. Mas, que se deverá fazer, se a questão for em torno de coisas necessárias? O Apóstolo responde (vers. 5): "Para vossa vergonha é que falo assim! Não existe pois, no meio de vós, um único homem sábio capaz de julgar entre irmão e irmão?" Com estas palavras ele confirma a lei de natureza décima quinta, em nossa enumeração; isto é, quando não for possível evitar pendências, deve-se constituir, por consenso entre as partes, algum árbitro, e este novamente um terceiro homem, de tal modo que - eis a décima sexta lei - nenhuma das partes litigantes seja juiz em causa própria.

17. Que o juiz ou árbitro não deve receber recompensa alguma por sentença sua, conforme a décima sétima lei, os textos seguintes fazem-no saber claramente. Ex 23,8: "Não aceitarás presentes, porque o presente cega os mais clarividentes e subverte as palavras dos justos"; e Eclo 20,29: "Dádivas e presentes cegam os olhos dos sábios". O árbitro, portanto, não está ligado a uma parte mais que à outra; e esta é a 19ª lei, confirmada também em Dt 1,17: "Não façais acepção de pessoas em juízo, ouvi o humilde do mesmo modo que o grande"; e todas aquelas que foram citadas contra a acepção de pessoas.

18. No julgamento de uma questão de fato, segundo a lei décima nona, é preciso aduzir testemunhas - é o que a Sagrada Escritura não só confirma como exige que sejam mais de um. Dt 17,6: "Por depoimento de duas ou três testemunhas será condenado a morrer o réu de morte". O mesmo se repete em Dt 19,15.

19. A ebriedade, que por último colocamos entre as violações da lei natural, porque impede o uso da reta razão, é proibida na Sagrada Escritura por este mesmo motivo. Pr 20,1: "Petulante é o vinho, alvoroçador o licor; e todo o que a eles se entrega não é sábio". Pr 31,4-5: "Não convém aos reis beber vinho, nem a quem governa sorver bebidas embriagadoras. Do contrário, bebe e esquece as leis, e pospõe o direito de todos os infelizes". Para mostrar que a deformidade específica deste vício não está na quantidade da bebida, mas no seu efeito, que é perturbar o discernimento da razão, o versículo seguinte acrescenta: "Dai uma bebida embriagadora ao mísero e o vinho ao aflito; bebe e esquece sua miséria, e já não se lembra de suas mágoas". Cristo recorre ao mesmo motivo para proibir a ebriedade, em Lc 21,34: "Tende cuidado convosco, não se tornem pesados os vossos corações com a crápula, a embriaguez".

20. A prova de que a lei de natureza é eterna, como dissemos no capítulo anterior, está em Mt 5,18: "Porque, em verdade vos digo: antes que passe o céu e a terra, nem um só jota ou um só til da lei passará [...]. E no Sl 118,160: "[...] e para sempre duram os vossos justos decretos".

21. Dissemos também que as leis de natureza pertencem ao foro da *consciência*; isto é, que é um *justo* o indivíduo que põe todo o esforço em observá-las. Ao contrário, quem praticou todas as ações no âmbito da obediência externa, conforme a lei manda, mas não pela própria lei e sim por temor à pena com ela associada, ou por causa da glória - este é *injusto*. Ambas as colocações são confirmadas na Sagrada Escritura. Primeiro, em Is 55,7: "Aparte-se o ímpio do seu proceder e o iníquo dos seus pensamentos; e volte ao Senhor, e Ele se compadecerá dele [...]". Ez 18,31: "Sacudi de cima de vós todos os delitos nos quais caístes, e forjai-vos um coração novo e um espírito novo. E por que quereríeis morrer, ó casa de Israel?" À luz desses textos e outros semelhantes pode-se entender que Deus não haverá de punir as ações daqueles cujo coração é reto. Segundo Is 29,13-14: "O Senhor disse: Visto que este povo com palavras fica perto e me honra com os lábios, mas o seu coração vai para longe de mim; portanto, farei ainda [...]. Também Mt 5,20: "Porque eu vos digo que, se a vossa virtude não sobrepujar a dos escribas e dos fariseus, não entrareis no Reino dos Céus".

Nas passagens seguintes nosso Salvador explica como os mandamentos de Deus são violados não só por fatos, mas também por atos internos da vontade. Escribas e fariseus observavam a lei rigorosamente por meio de fatos externos, mais por motivo de vanglória; não fosse por isso, a violariam. Além dessas ocorrem em toda a Sagrada Escritura inúmeras passagens que ensinam com a maior clareza que Deus recebe do homem a vontade de fazer em lugar do efeito, seja nas boas ações como nas más.

22. Para mostrar que é fácil observar a lei de natureza basta a palavra de Cristo em Mt 11,28-30: "Vinde a mim todos os que estais afadigados e sobrecarregados, e eu vos aliviarei. Tomai sobre vós o meu jugo e aprendei de mim, que sou manso e humilde de coração, e assim encontrareis conforto para as vossas almas, pois o meu jugo é suave e o meu peso é leve".

23. Por fim, encontra-se enunciada por nosso Salvador quase nos mesmos termos aquela regra segundo a qual se pode conhecer se é ou não contra a lei de natureza uma ação que se pretende fazer; isto é, *Não faças a outrem o que não queres que te faça.* Mt 7,12: "Tudo aquilo, portanto, que quereis que os homens façam a vós, fazei-o também a eles".

Assim como a lei de natureza é divina em toda a sua extensão, assim, vice-versa, a lei de Cristo, como está exposta em Mt 5-7, também é em toda sua extensão doutrina natural. Eu excetuaria unicamente o mandamento que proíbe desposar a mulher que foi repudiada por causa de adultério, e que Cristo aduziu como explicação da lei divina positiva contra os judeus que não interpretavam corretamente a lei mosaica. Referi-me à lei de Cristo, exposta nos mencionados capítulos, não a toda doutrina de Cristo, pois uma parte da doutrina cristã é a *fé,* e *fé* não está compreendida sob o título de *lei.* As leis são impostas para regular as *ações,* produto de nossa vontade, não as *opiniões* nem a *fé,* que estão fora do nosso alcance, sobretudo a *fé,* que não é produto de nossa vontade.

SEÇÃO II
PODER

5
DAS CAUSAS E INÍCIO DA SOCIEDADE CIVIL

1. Que as leis naturais não são suficientes para a preservação da paz. 2. Que as leis naturais em estado de natureza se calam. 3. Que a segurança de viver segundo as leis de natureza consiste na concórdia de muitas pessoas. 4. Que esta concórdia de muitas pessoas não é suficientemente firme para estabelecer uma paz permanente. 5. Por que a concórdia mantém a ordem entre certos animais irracionais e por que nao o governo dos homens. 6. Que para estabelecer a paz entre os homens exige-se não somente o consenso, mas também a união. 7. O que é união. 8. Na união o direito de todos é transferido a um só. 9. O que é uma sociedade civil. 10. O que é uma pessoa civil. 11. O que é ter o poder supremo, e o que é súdito. 12. Duas espécies de sociedades civis: a natural e a instituída.

1. É tão evidente que as ações dos homens procedem de uma vontade, que por sua vez procede da esperança e do medo, que, quando lhes parece adquirirem um *bem maior* ou sofrerem um *mal menor* antes pela violação do que pela observância das leis, eles as violam sem cerimônia. A esperança de segurança e de conservação para todos consiste em poder cada qual antecipar-se ao seu próximo fazendo uso da força ou com habilidade, às claras ou por meios ocultos. Compreende-se que as leis naturais não oferecem a ninguém condições de segurança no momento mesmo em que são conhecidas. Consequentemente, enquanto não houver garantia contra a invasão alheia, todo homem continuará exercendo o primitivo *direito* de autodefesa por todos os meios em seu poder e ao seu alcance, que é o *direito a todas as coisas*, ou o *direito de guerra*. Para cumprir a lei natural é suficiente que o homem tenha o ânimo preparado para assumir a paz quando for possível.

2. É um lugar comum dizer que *as leis não se fazem ouvir em meio às armas.* E é verdade não somente com relação às leis civis, como também às leis naturais, contanto que o adágio se refira não às intenções, mas às ações dos homens (cf. cap. 3, art. 27). Entendo também ser uma referência à guerra de todos contra todos, como é o *mero estado de natureza.* Na guerra de uma nação contra outra costuma-se observar certa moderação. Nos tempos antigos existiu uma forma de vida, como se fosse uma economia; ou *viver de rapina,* e que não era contra a lei de natureza. Naquele contexto [pré-histórico] não deixava de dar certa fama aos que levavam essa vida com violência, mas sem crueldade. Esses homens rapinavam tudo, mas poupavam as vidas e abstinham-se dos instrumentos de agricultura e dos bois de arado. Não é preciso pensar que assim fizessem por observância à lei de natureza, mas sim porque visavam à fama de não serem acusados de medo por excesso de crueldade.

3. Sendo o exercício da lei natural necessário à preservação da paz, e a segurança, ao exercício da lei natural, vale a pena considerar o que é que pode produzir essa segurança. Tudo que se pode dizer é que cada qual procure premunir-se de meios capazes de tornar a agressão de um contra o outro tão perigosa que ambas as partes fiquem convencidas de que é melhor conter-se do que ir às vias de fato. É claro que o consenso de dois ou três não produz absolutamente esta segurança, pois o acréscimo sobre a outra parte de mais um ou uns poucos homens basta para ela obter vitória, certa e segura, e anima o adversário a atacar. É necessário, portanto, para obter a segurança pretendida, que o grupo dos que buscam ajuda mútua seja tão numeroso que o acesso de uns poucos ao partido inimigo não represente para ele uma chance ponderável de vitória.

4. E por maior que seja o número dos que se unem para a defesa comum, nada conseguirão se não concordarem entre si sobre a maneira mais adequada para isso, evitando que cada um faça a seu modo uso de suas forças. Divididos em suas opiniões, irão embaraçar-se uns aos outros. Decidindo tomar suas iniciativas por esperança de vitória, ou de despojos, ou de vingança, eles, mais tarde, devido à diversidade de gênios e intenções, ou à competição e inveja, que fazem os homens altercarem entre si naturalmente, se afligirão de tal sorte que deixarão de prestar ajuda recíproca, e não desejarão mais manter-se em paz uns com os outros, senão coagidos por força de um medo comum.

Conclui-se daí que o *consenso* de muitos indivíduos (consistindo isso apenas em que todos concentrem suas ações a um mesmo fim e ao *bem comum*) - isto é, uma sociedade de ajuda recíproca -, não confere aos associados ou unidos por consenso aquela segurança que se busca, a segurança de observarem entre si as leis de natureza acima mencionadas. E preciso fazer alguma coisa mais para que, os que deram uma vez o seu consentimento à paz e à ajuda recíproca em vista do *bem comum,* sejam impedidos de recair mais tarde em dissensões por medo, quando algum *bem* particular vier a ser discrepante do *bem comum.*

5. Aristóteles põe no número dos animais que ele chama políticos (sociais) não apenas o homem, mas muitos outros, como inseto, formiga, abelha etc. Estes, embora privados da razão, que lhes permitiria fazer pactos e submeter-se a algum governo, entretanto pelo consentimento - isto é, perseguindo ou fugindo coisas idênticas - dirigem tão bem as ações ao fim comum que seus grupos não ficam sujeitos a nenhum tipo de dissensão. Tais grupos não são *sociedades,* nem se pode dizer que se trata de animais *políticos,* uma vez que seu governo é apenas um consentimento ou concurso de muitas vontades instintivas para um só objeto, e não, como é necessário num governo civil, uma vontade única. A verdade é que nessas criaturas, que vivem somente pelos sentidos e pelo apetite, tal consentimento é tão duradouro, que de nenhuma outra coisa elas precisam para consolidá-lo, e, por conseguinte, conservar a paz entre si, afora o seu instinto natural.

Com os homens é diferente. Em primeiro lugar, a disputa entre eles é por honra e dignidade, e entre os animais, não; daí existirem entre os homens e não entre os animais o ódio e a inveja, fonte de dissensões e de guerra. Em segundo lugar, o instinto natural das abelhas e semelhantes é uniforme e apetece o bem comum, que entre eles não é diferente do bem particular. Já o homem dificilmente considera um bem aquilo que não tenha para ele algo de especial e excelente em comparação com o que os outros possuem. Terceiro: os animais, privados de razão, não veem defeitos, ou parecem não ver, na administração de suas repúblicas; já numa sociedade de homens, muitos são os que, supondo-se mais sábios do que os outros, tentam inovar, e inovadores diversos atuam de modos diversos - resultando a separação e a guerra civil. Quarto: os brutos, de qualquer modo que possam fazer algum uso da voz para significar entre si os instintos, contudo carecem da arte da palavra que se exige necessariamente para excitar as emoções da alma; isto é, que faz representar o bom como sendo melhor e o mau como sendo pior do que é na realidade. Mas a língua do homem é uma trombeta de guerra e de distúrbios. Disse alguém que Péricles com seus discursos fazia trovejar, fulminar e sacudir toda a Grécia. Quinto: os animais não distinguem entre *injúria* e *dano*; assim, enquanto as coisas correm normais, uns não incomodam os outros. Mas, entre os homens, os que mais perturbam a república são os que mais gozam de lazer, pois não costumam batalhar por postos públicos antes de conquistar vitória na luta contra a fome e o frio. Por fim: enquanto o consenso daquelas criaturas irracionais é natural, o dos homens é somente convencional; isto é, artificial.

Não é, pois, de admirar que haja necessidade de algo mais para os homens viverem em paz. Consenso, ou sociedade instituída, sem alguma forma de poder, mediante o qual cada indivíduo seja governado por medo à punição, não basta para garantir a segurança, que é exigida para o exercício da justiça.

6. Como, pois, a *concentração* de muitas vontades num só fim não basta para a preservação da paz e a defesa estável, exige-se a presença de uma *só vontade* de todos com relação aos meios necessários à paz e à defesa. Isto, porém, é inviável se cada indivíduo não submeter sua vontade a *uma* outra vontade - por exemplo, de um *homem,* ou de um *conselho* -, de tal modo que, tudo que essa vontade quiser em relação aos meios necessários para a paz comum, seja aceito como da vontade de todos e de cada um. A esse grupo de muitos homens que deliberam sobre o que é preciso fazer ou não fazer para o bem comum de todos denominamos *conselho,* ou *corte.*

7. Cria-se esta *submissão* das vontades de todos esses homens à *vontade de um só homem,* ou de um *conselho,* ou corte, quando cada um deles por pacto se obriga a cada um dos outros a não resistir *à vontade* daquele *homem* ou daquele *conselho* a que se submeter. Isto é, não lhe negará o uso dos próprios recursos contra quaisquer outros, enquanto o *conselho* por sua vez se reserva o direito de defender-se contra a força. Entende-se por *vontade do conselho* aquela que é *vontade da maior parte* dos homens que compõem o conselho.

8. Embora *vontade* não possa ser dita voluntária, mas é somente princípio de ações voluntárias - pois, não queremos *querer*, mas queremos *fazer*; por isso, nada tem a ver com deliberação e pactos -, quem submete sua vontade à vontade de um outro *transfere* para este o *direito* ao uso de *suas forças e recursos.* À medida que os demais fazem o mesmo, o indivíduo a quem se submeteram terá tanta força, que poderá moldar a vontade de cada um dos outros indivíduos para a unidade e a concórdia

9. A união assim obtida chama-se *Cidade,* ou *sociedade civil,* ou ainda *pessoa civil.* Com efeito, sendo a vontade de todos uma *só,* esta deve ser considerada *uma pessoa*; há de ser conhecida e distinguida, em relação a todos os indivíduos particulares, mediante *um só* nome, mantendo seus direitos e propriedades. Deste modo, nem o cidadão isolado nem todos ao mesmo tempo, à exceção daquele cuja vontade representa a de todos, podem ser tomados como *Cidade.* Definindo, portanto, Cidade é uma *pessoa* cuja vontade, resultante do pacto de muitos homens, é aceita como *vontade* de todos os homens a fim de poder ela utilizar a força e os recursos de cada um para a meta, com o objetivo de paz e da defesa comum.

10. Mas, ainda que toda *Cidade* seja uma *pessoa civil,* não vale a recíproca, que toda *pessoa civil* seja uma *Cidade.* Pois, pode acontecer que muitos cidadãos, por permissão de sua Cidade, se juntem, formando *uma outra pessoa* para realizar determinadas coisas. Ora, tais grupos são *pessoas civis,* como as companhias comerciais e inúmeros tipos de corporações, mas não são cidades, porque não se submeteram à vontade do grupo de forma absoluta e para todos os efeitos, mas só em relação a certas coisas que a Cidade determinou, anto assim que qualquer um deles pode legalmente demandar em juízo diante de outros contra o próprio corpo do grupo. O que não é de modo algum permitido a um cidadão contra a idade. Tais sociedade são, portanto, *pessoas civis* subordinadas à Cidade.

11. Em toda Cidade esse *homem*, ou esse *conselho*, a cuja vontade cada um dos indivíduos submeteu sua vontade, como foi dito, tem um *poder soberano* ou exerce o *governo soberano*; ou seja, a *dominação*. Este *poder* e *direito de governar* consiste no fato de terem os cidadãos transferido toda sua força e potencial para um *homem* ou *um grupo*. Assim agindo, abdicaram do seu direito de resistir. O *cidadão*, ou toda *pessoa civil subordinada*, chama-se *súdito* em relação àquele que exerce o *governo soberano*.

12. Do exposto resulta claro de que modo e em que graus as muitas *pessoas naturais*, pelo desejo de se preservar e por medo recíproco, formam em conjunto *uma pessoa civil* que denominamos *Cidade*. De resto, os que se submetem a outro por medo, ou fazem-no submentendo-se a ele, que eles temem, ou a outro diferente, a quem se confiam para serem protegidos. Da primeira maneira agem os que foram batidos na guerra para poupar sua vida; da segunda, os que ainda não foram batidos, para continuar a sobreviver.

A primeira maneira caracteriza o início da Cidade por forças naturais, e pode chamar-se *origem natural da Cidade;* a segunda tem início no *conselho e na constituição* por parte dos que formam a sociedade, e esta é *origem institucional*. Daí serem duas as espécies de cidades, uma *natural* como a sociedade *paternal* e *despótica*; outra, *institucional*, que também pode ser chamada de *política*. Na primeira, o soberano reserva os *cidadãos* para si conforme sua vontade; na segunda, os *cidadãos*, a seu arbítrio, impõem a si mesmos um soberano, quer seja *um homem só*, quer seja um *grupo* de homens, ou um colegiado, revestido da *autoridade soberana de governo*. Trataremos antes da *Cidade institucional*, e em seguida, da *natural*.

6

DO DIREITO DE QUEM EXERCE O PODER SOBERANO NA CIDADE, QUER SEJA UM CONSELHO OU UM SÓ INDIVÍDUO

1. Que não se pode atribuir à multidão fora da sociedade civil nenhum direito nem ação alguma que não tenham recebido o consentimento dos indivíduos. 2. Que o direito do número maior de consentimentos individuais dá início a uma Cidade. 3. Que todo homem exerce o direito de defender-se a seu arbítrio enquanto não houver providências para sua segurança. 4. Que o poder coercitivo é necessário à segurança. 5. O que é espada da justiça. 6. Que a espada da justiça está nas mãos de quem tem o poder soberano. 7. Que a espada da guerra pertence ao mesmo. 8. Que todo o judiciário também lhe compete. 9. Que o legislativo igualmente lhe compete. 10. Que cabe ao mesmo a nomeação dos magistrados e dos ministros da Cidade. 11. Que também lhe compete examinar o ensino. 12. Que ele tem impunidade em tudo que fizer. 13. Que lhe foi dado pelos cidadãos o poder absoluto, e qual grau de obediência lhe é devido. 14. Que ele não está sujeito às leis da Cidade. 15. Que ninguém pode alegar inteira propriedade contra aquele que tem o poder soberano. 16. Que são as leis civis que dão conhecimento do que é furto, homicídio, adultério e injúria. 17. Sobre a opinião dos que pretendem estabelecer uma Cidade onde não haja ninguém investido no poder absoluto. 18. Quais as características do poder soberano. 19. Que, comparando a Cidade com o homem, aquele que exerce o governo soberano está para a Cidade como a alma humana está para o próprio homem. 20. Que o poder soberano não há de ser dissolvido legitimamente por consenso daqueles cujos pactos o constituíram.

1. Há que considerar, antes de tudo, o que é esta multidão[23] de homens que se reúnem por sua livre vontade para formar a Cidade, a saber: não é um ajuntamento qualquer, mas são muitos homens, cada um dos quais tem sua própria vontade e seu próprio modo de julgar todas as propostas. Embora por contratos particulares cada indivíduo tenha seu direito e sua propriedade, de tal modo que um diga que esta coisa é sua e outro diga que é aquela, contudo não existe nenhuma coisa a respeito da qual toda a multidão, como *pessoa* distinta de um indivíduo qualquer, possa dizer "isto é meu" com maior razão do que "isto é de outro"! Não há nenhuma ação que deva ser atribuída à multidão como ação sua; se todos os indivíduos ou muitos deles concordam, não será uma ação, mas tantas ações quantos os homens. Pois, embora numa

23. A doutrina do poder da Cidade sobre os cidadãos, ou política, depende quase totalmente do conhecimento da diferença que há entre multidão (pluralidade) de homens que governa e multidão que é governada. É da natureza da Cidade que a multidão ou massa de cidadãos não só comande como também se sujeite a um comando, mas isso em sentidos diferentes. Julgava eu que esta diferença estivesse suficientemente explicada neste primeiro artigo. Mas, pelas objeções de várias pessoas contra certos pontos da sequência do capítulo, percebo que as coisas estão diversamente. / Multidão é uma palavra coletiva que significa uma pluralidade de coisas, sendo multidão de homens o mesmo que muitos homens. A mesma palavra por estar no singular significa uma coisa só; isto é, uma multidão. Mas, nem num sentido nem no outro entende-se que a multidão possui uma vontade, dada pela natureza, mas cada sentido tem a sua. Portanto não se lhe há de atribuir uma ação, qualquer que seja. Por isso multidão não pode prometer, pactuar, adquirir direito, transferir direito, agir, ter, possuir, e semelhantes, a não ser cada indivíduo por si, separadamente ou um por um, de sorte que tantas sejam as promessas, pactos, direitos, ações, quantos são os homens. Multidão, portanto, não é pessoa natural. Mas, se essa mesma multidão passar a celebrar um pacto de uns com outros no sentido de serem tidas por vontade geral a vontade de um homem ou as vontades concordes de maior parte deles, então ela se torna pessoa, pois está dotado de uma vontade, pode praticar atos voluntários, quais sejam comandar, fazer leis, adquirir e transferir o direito etc., e se chama mais frequentemente povo do que multidão. Deve-se, pois, fazer essa distinção; por povo, ou multidão, sempre que dizemos "o povo quer, o povo manda, o povo age", entende-se a Cidade; é esta que manda, quer e age pela vontade de um homem, ou pelas vontades concordantes de muitos homens, e isto é impossível dar-se a não ser em assembleia. Mas toda vez que se diz que uma multidão de homens (uma pluralidade grande ou pequena) fez alguma coisa sem contar com a vontade daquele homem, ou daquela assembleia, entende-se que isso foi obra de povo reprimido – isto é, dominado por um número de cidadãos particulares juntos; não é fruto de uma vontade só, mas de muitas vontades de muitos homens, os quais são cidadãos e são súditos, mas Cidade não são.

grande insurreição comumente se diga que o povo da Cidade tomou as armas, isso só é verdade dos que pegam em armas ou com eles concordam. A *Cidade,* que é uma *pessoa,* não pode pegar em armas contra si mesma.

Aquilo que a multidão fizer deve ser entendido como sendo feito pelos indivíduos que a compõem. Aquele que, encontrando-se nessa multidão, não concordou com os fatos nem participou deles, deve ser julgado como não imputável. Além disso, a multidão, ainda não reunida numa só pessoa do modo como foi explicado, continua no mesmo *estado de natureza* em que *todas as coisas* são de *todos,* e na qual não tem lugar aquele "*meu* e *teu*", que se chama *domínio* e *propriedade,* pela simples razão de que ainda não vigora a segurança que acima demonstramos ser exigida para a prática das *leis naturais.*

2. É preciso observar, em seguida, que cada um dos envolvidos na multidão deve, ao iniciar-se o processo de constituição da Cidade, pôr-se de acordo com os demais, a fim de que aquilo que a maior parte dos membros quer seja aceito como vontade de todos, nas matérias propostas por qualquer membro da assembleia. De outro modo, jamais conseguiria firmar-se a vontade de uma multidão de homens cujos gênios e desejos diferem tanto em uns e nos outros. E se alguém não quer concordar, os demais entre si constituirão a Cidade sem ele. A consequência é que a Cidade manterá contra o discordante o seu direito primitivo - isto é, o *direito de guerra* - e passa a tratá-lo como inimigo.

3. Dissemos no capítulo precedente (art. 6º) que são exigidos para a segurança dos homens não só o consentimento, mas também a submissão das vontades no que concerne aos meios necessários à paz e à defesa, e que a natureza da *Cidade* consiste nessa *união* ou submissão. Resta-nos ver, neste lugar, quais dentre as propostas a discutir e a decidir numa assembleia de homens, cujas vontades estão contidas todas na vontade da maioria, as que trazem os requisitos necessários à paz e à defesa comum.

E, antes de tudo, *necessário à paz* que o indivíduo esteja tão protegido contra a violência dos outros que possa viver em segurança; isto é, sem nenhum motivo real para temer os outros, enquanto não lhes causarem alguma injúria. Mas, de fato, é impossível proteger os homens contra os danos recíprocos a ponto de ficarem livres de se machucarem ou de se baterem à morte, nem isto pode ser matéria de deliberação. Mas pode-se pensar numa situação em que não há causas reais para se ter medo. Segurança é o fim que faz os homens se submeterem uns aos outros. Não havendo segurança, compreende-se que ninguém se submete a ninguém nem renuncia ao direito de defender-se como bem lhe parecer. Mas, ao contrário, não se compreende que o indivíduo esteja obrigado a prestar algo ou tenha renunciado a seu direito a todas as coisas antes de serem tomadas providências para sua segurança contra o medo.

4. Para adquirir esta segurança não basta que cada um dos que se unem para formar a Cidade faça acordo com os demais, por palavra ou por escrito, obrigando-se a não matar, não roubar, a observar leis semelhantes. E a todos manifesta a maldade do espírito humano; e por experiência é demasiadamente sabido quão pouco os homens se deixam prender ao dever pela consciência de suas promessas, quando não forem ameaçados de punição. É preciso, pois, prover a segurança não por meio de *acordos,* mas mediante *punições.* Esta providência é suficiente quando, para cada uma das injúrias, são estabelecidas penas em proporção tal, que resulte claro para o infrator que cometer injúrias é um mal maior do que não cometê-las. Pois, todos os homens, por necessidade de natureza, escolhem o que aparece a seus olhos *como um bem.*

5. Entende-se que o direito de punir seja dado a alguém, enquanto que cada qual se compromete por acordo a não prestar auxílio ao que será punido. Chamarei a este *direito espada da justiça.* O mais das vezes os homens observam bem tais pactos, a não ser quando se trate de punição deles próprios ou de seus próximos.

6. Como é necessário para a segurança individual e, portanto, para a paz comum, que o *direito* de usar a *espada* para punição seja dado a algum *homem* ou *conselho,* entende-se também ser necessário que esse *homem,* ou *conselho* exerça, por direito, o *poder soberano* na Cidade. Quem, pois, tem o direito de punir como melhor julgar, tem o direito de coagir a todos a fazerem tudo o que ele quiser, com uma autoridade maior do que qualquer outro que se possa imaginar.

7. Mas cultivar a paz no próprio meio seria um trabalho frustrado daqueles que não unem suas forças para poderem defender-se contra os estrangeiros e proteger-se deles. Por isso, é necessário para garantir a conservação de cada indivíduo haver algum *conselho* ou um *homem* único, que tenha o direito de armar, congregar e unir, em caso de perigo e noutras ocasiões, tantos cidadãos quantos for preciso engajar para a defesa comum contra o sem-número imprevisível de inimigos e de forças; e ainda, fazer a paz com os inimigos toda vez que se fizer vantajoso.

Há de entender-se, portanto, que cada indivíduo da Cidade transferiu todo este *direito de guerra* e *de paz* para *um homem* ou um *conselho*. Este direito, que podemos chamar de *espada da guerra*, compete ao mesmo *homem* ou *conselho* ao qual compete a *espada da justiça*. Ninguém, pois, pode legitimamente convocar às armas os cidadãos, e mantê-los às custas do erário de guerra senão aquele que tem o direito de punir a quem não obedecer. Ambas as *espadas*, portanto, a da *guerra* e a da *justiça*, pela própria constituição da Cidade e essencialmente, pertencem à autoridade soberana.

8. Como, porém, o *direito da espada não é* outra coisa que poder usar legitimamente a espada segundo o próprio julgamento, segue-se que esse *juízo* sobre o uso oportuno da espada compete a uma mesma pessoa. Se o *poder de julgar* estivesse com um e o poder de executar, com outro, não se chegaria a bom termo. Quem não fizesse executar suas ordens, exerceria o julgamento em vão; se as fizesse executar por direito de outro, não seria ele realmente que tem o direito de espada, mas sim o outro, de quem é apenas ministro. Toda judicatura, pois, na Cidade, compete ao que detém as *espadas*; isto *é, ao* que tem o *poder soberano*.

9. Além disso, não menos, até muito mais, conduz à paz o prevenir o surgimento de brigas do que reprimi-las quando começadas. Por outro lado, todas as discussões nascem das diferenças de opiniões entre os homens sobre o *meu e* o *teu*, o *justo e* o *injusto*, o *útil* e o *nocivo*, o *bom e* o mau, o *honesto* e o *desonesto*, e semelhantes, todas, coisas que cada qual julga de acordo com o seu modo de pensar. Assim, compete à mesma autoridade soberana apresentar regras ou medidas comuns, e declarar de público quais as que fazem o indivíduo saber o que deve chamar *seu, e* o que *é alheio;* o que é *justo e* o que é *injusto;* o que *honesto* e o que *é desonesto,* o que *bom e* o que mau; em suma, o que se deve *fazer* ou *evitar* no dia a dia.

Essas *regras,* ou medidas, costumam ser chamadas *leis civis,* ou seja, leis da Cidade, como sendo os *mandamentos* daquele que exerce *a autoridade soberana* na Cidade. Tentando definir, *leis civis* nada mais são do que os mandamentos daquele que está investido no poder soberano da Cidade, para controle das ações futuras dos cidadãos.

10. Ademais, sendo impossível a um só homem ou a um conselho administrar todos os negócios de guerra e de paz na Cidade sem ajuda de *ministros* e *oficiais subalternos;* e como é assunto concernente à paz e defesa que possam cumprir bem suas obrigações aqueles a quem cabe julgar com justiça as controvérsias, vigiar as intenções das cidades vizinhas, conduzir a guerra com prudência e atender de todos os modos ao bem-estar da Cidade - é perfeitamente lógico que tais ministros e oficiais sejam escolhidos por quem é depositário da *autoridade soberana,* tanto em *guerra* como na *paz,* e dele dependam.

11. É evidente que nossas ações voluntárias têm início e dependem necessariamente da vontade; mas a vontade de fazer ou não fazer depende da opinião de *bom* ou de *mau, compensador,* ou *punitivo,* que cada qual forma do fato ou de sua omissão. De tal modo que as ações dos homens são governadas pelas opiniões de cada um. Por isso, é uma conclusão necessária e evidente, ser de grande interesse para a paz comum que não se proponham aos cidadãos opiniões ou doutrinas inculcando-lhes que podem legitimamente não obedecer *às leis* da Cidade; às ordens do *homem* ou *conselho* a quem foi confiado o *poder soberano;* ou por outra, que lhes é licito resistir ao mesmo sob alegação de que, prestando obediência, lhes tocará um castigo pior do que negando obediência.

Se um senhor nos manda fazer uma coisa sob pena de morte, e outro proíbe sob pena de morte eterna, cada um com direito próprio, se seguirá que não só os cidadãos, embora inocentes, podem ser punidos legitimamente, mas a Cidade inteira poderá vir a ser destruída. Pois, ninguém pode servir a dois senhores; aquele a quem cremos dever obedecer por medo à condenação eterna, não é menos senhor do que aquele a quem obedecemos por medo à morte temporal. Talvez o seja até mais. Segue-se, portanto, que este centro *único,* quer seja o *homem* ou a *corte,* a quem foi confiado pela Cidade o *poder soberano,* exerce também o direito não só de julgar quais as opiniões[24] e doutrinas contrárias à paz pública, como também de proibir que sejam ensinadas.

12. Por último, pelo fato de ter cada cidadão submetido sua vontade à vontade daquele que detém o poder soberano na Cidade, tal que não pode usar suas forças contra ele, segue-se claramente que, nada do que for ele praticado, é passível de qualquer

---

24. Não há quase nenhuma doutrina, nem no contexto do culto divino nem no das ciências humanas, que não possa dar origem a dissensões, acompanhadas de discórdias, brigas e até guerras. E isso não acontece por causa da falsidade dessa doutrina, mas por causa da disposição natural dos homens; quando se consideram sábios, eles querem ser também considerados sábios pelos outros. Embora não se possa impedir que apareçam dissensões desse tipo, contudo podem ser coibidas pela ação do poder supremo para não causarem obstáculos à paz pública. Não falei aqui, portanto, desse tipo de opiniões. Há algumas opiniões formadas, como convicção dos cidadãos – isto é, de que podem, legitimamente, e até devem negar obediência à Cidade e lutar contra os governantes e as autoridades superiores; como há outras que defendem de maneira direta e clara, ou menos clara e sub-reptícia, o dever da obediência para com outros homens que não os detentores do poder supremo. Não negarei que isto é uma alusão ao poder que muitos atribuem ao chefe da Igreja romana em Cidade estrangeira; e também ao poder que em algumas regiões fora da Igreja romana os bispos reclamam para si em sua Cidade; e é finalmente uma referência à liberdade que, a pretexto de religião, até cidadãos de baixa condição se arrogam. Com efeito, que guerra civil jamais houve em nosso mundo cristão que não tenha nascido ou crescido a partir dessa raiz? Aqui atribuo, portanto, ao poder civil a função de julgar se as doutrinas contradizem ou não à obediência civil, e, no caso de contradita, o poder de proibir que sejam ensinadas. Pois, como não há ninguém que não conceda à Cidade o julgamento das coisas que têm relação com a paz e a defesa civil e como obviamente as opiniões que já citei têm relação com a paz da Cidade, segue-se necessariamente que o exame para averiguar se essas opiniões são, ou não, tais como aquelas citadas, tem que reportar-se à Cidade; isto é, àquele em cujas mãos se acha o supremo poder da Cidade.

punição. Pois, como não pode puni-lo naturalmente quem não tem forças suficientes para isso, assim também não pode puni-lo legitimamente quem não tem o direito e o poder bastante.

13. É da maior evidência, pelo que foi dito acima, que em toda Cidade perfeita - onde nenhum cidadão tem o *direito* de usar suas forças a seu talante para preservar a si mesmo, ou onde está excluído o *direito de espada privado* - existe o poder supremo concentrado numa pessoa, o mais alto poder legitimamente conferido pelos homens, ou o maior que um ser humano pode ter sobre os ombros. Essa autoridade, a maior que pode ser transferida por homens para o homem, chama-se *poder absoluto*[25]. Submeter a própria vontade à vontade da Cidade para que

---

25. O estado popular exige claramente um governo absoluto e os cidadãos não lhe são contrários. Pois até mesmo os ignorantes veem na reunião de muitos homens o aspecto externo da Cidade e percebem que as coisas aí marcham por deliberação de um grupo. Mas monarquia não é menos Cidade do que democracia; os reis absolutos têm os seus conselheiros e querem ser assistidos por eles; suas ordens, em matérias da maior importância, são por eles avaliadas, embora não revogadas. É, porém, menos claro para a maioria, que a Cidade esteja na pessoa do rei. / Objeta-se por isso contra o governo absoluto em primeiro lugar, que, se algum homem tivesse tal direito, a condição dos cidadãos seria miserável, pois o imaginam roubando, pilhando, matando, e para si já é uma grande coisa não se sentirem esbulhados e assassinados. - Mas por que o governo faria isso? Não é porque pode, pois se não quer não faz. Será que quer espoliar todo mundo para favorecer a uns poucos? Primeiro, por direito poderia - isto é, sem fazer injúria a ninguém -, mas não o faria segundo o modo da justiça - isto é, sem violação das leis naturais e sem ofensa a Deus. Assim, do juramento cobrado aos príncipes surge alguma segurança para os súditos. Depois, se esse governo pudesse fazê-lo segundo justiça, ou menosprezasse o juramento, não se vê razão nenhuma para ele espoliar seus súditos, já que não tira disso proveito algum. Não se há de negar que às vezes o príncipe pode ter ânimo de praticar injustiças. Mas suponha que você lhe deu um poder não absoluto, e só o tanto suficiente para defender você das injúrias dos outros (e é necessário que lhe dê, se você quer estar a salvo), não há, no caso, a temer os mesmos inconvenientes? Pois, quem tem forças suficientes para proteger a todos, não terá também bastante poder para oprimir a todos? Portanto, nada há de difícil aqui senão o aceitar que as coisas humanas não deixam de ter algum inconveniente. E este mesmo inconveniente procede dos cidadãos, não do poder governante. Pois, se os homens soubessem governar a si mesmos, cada qual com os próprios meios de poder - isto é, soubessem viver segundo as leis da natureza -, não seria em absoluto necessária a Cidade nem a força coercitiva comum para governá-los. / Objeta-se em segundo lugar que no mundo cristão não existe nenhum governo absoluto. Mas isto não é verdade, pois todas as monarquias e todos os outros estados o são. Embora os que têm o poder supremo não façam tudo o que desejam e sabem que é útil à Cidade, todavia o

ela possa *agir impunemente, fazer leis, julgar processos, infligir penas,* usar a seu arbítrio a *força e* os *recursos* de todos, e tudo isso legitimamente - é na verdade dar o máximo de direito que é possível dar.

Isto se comprova com o que se tem observado em todas as cidades atuais e do passado. Embora às vezes haja dúvida sobre quem é que detém o poder supremo na Cidade, *homem* ou *conselho,* sempre porém um tal comando existe e é exercido, salvo em tempo de insurreição e guerra civil, quando, então, surgem de um só dois *poderes soberanos.* Os sediciosos, que contestam a autoridade absoluta, em geral não se dão tanto ao trabalho de destruí-la quanto ao de passá-la para outros. Sabem que se for retirado o poder, rui toda a Cidade e se estabelece a confusão geral. Há de corresponder ao direito absoluto do detentor do poder soberano uma tal obediência por parte dos cidadãos quanto for necessário para o governo da Cidade; isto é, tal que não fique frustrado o ato de dar aquele direito.

A esta espécie de obediência, que às vezes por algumas razões pode ser negada legitimamente, vamos chamá-la obediência *simples,* porque não se dá em grau mais alto. A obrigação de prestar essa obediência nasce não diretamente do pacto pelo qual transferimos todo o nosso direito à Cidade, mas indiretamente do fato de que sem ela o direito sobre a Cidade seria frustrado e, por conseguinte, não se constituiria Cidade alguma. Uma coisa é se digo: *Dou-te o direito de mandar o que quiseres*; e outra: *Farei tudo o que quiseres.* E a ordem dada pode ser tal que eu prefira morrer a executá-la. Como ninguém está obrigado a querer a própria morte, muito menos está obrigado ao que para ele é pior que a morte. Se eu receber ordem de suicidar-me, não estou obrigado a fazê-lo. Embora eu me negue, não está frustrado o direito da Cidade, uma vez que pode haver outros que não se recusarão a fazê-lo se forem

---

motivo deste fato não está na ausência do direito, mas na consideração de que os cidadãos, às vezes, preocupados com os seus interesses particulares e esquecidos das coisas que têm relação com a vida pública, não se obrigam a cumprir os deveres cívicos sem pôr em perigo a Cidade. De sorte que os governantes abstêm-se de vez em quando do exercício do seu direito, privando-se, de maneira prudente, de certas coisas, sem, porém, abrir mão de seu direito.

mandados. Eu não me recuso a fazer o que por pacto prometi fazer. De modo semelhante, se o depositário do poder soberano ordenar a alguém que o mate, este não está obrigado a fazê-lo, pois não se concebe que isso esteja incluído no pacto. Nem se ele der ordem a um filho para tirar a vida do próprio pai, seja inocente ou culpado ou condenado por lei, pois existem outros que, uma vez incumbidos, o fazem. Um filho prefere morrer a viver infame e odiado por todos.

Há muitos outros casos em que, sendo, as ordens dadas, vergonhosas para uns e não o sendo para outros, a obediência pode legitimamente ser prestada por estes e negada por aqueles, ressalvando-se com isso o direito absoluto que foi cedido ao soberano. Pois, em nenhum caso lhe é arrebatado o direito de fazer morrer os que se negarem a obedecer. De resto, os que podem tirar a vida, embora por direito concedido a eles por quem o exerce, usando, contudo, esse direito de modo diverso do que exige a reta razão, pecam contra as leis naturais; isto é, contra Deus.

14. Nenhum homem pode dar a si mesmo alguma coisa, pois supõe-se já possuir o que dá. Nem obrigar a si mesmo, pois, sendo a mesma pessoa o *obrigado e* o *obrigante,* e tendo este o poder de liberar aquele, seria um gesto vão ligar-se enquanto pode desligar-se a seu critério, pois isto mostra que ele já está livre de fato. Por onde se vê que a própria Cidade não está ligada às *leis civis,* uma vez as leis civis são leis da Cidade, e se a Cidade se ligasse com essas leis, estaria se ligando a si mesma.

Também, ela não pode ligar-se ao cidadão, porque se este quiser, poderá liberá-la de sua obrigação, e ele o quer quantas vezes ela quiser - porque a vontade de todo cidadão está totalmente compreendida na vontade da Cidade. Assim, está livre quando quiser; isto é, ela é livre de fato. A vontade do *conselho* ou do *homem,* a quem foi dado o *poder soberano, é* a vontade da Cidade; abrange, portanto, as vontades dos cidadãos individualmente. A *autoridade soberana* não está ligada por *leis civis* - seria como obrigar-se consigo - nem a nenhum dos cidadãos.

15. Foi dito acima que antes da instituição da Cidade *todas as coisas* eram de *todos,* não havendo nenhuma coisa que alguém dizia ser de tal modo *sua* que um outro qualquer com o mesmo direito não a reivindicasse; todas as coisas eram comuns, ninguém podia ter nada *próprio*. Conclui-se que a *propriedade* teve início[26] juntamente com as cidades, e que é própria de todo homem aquela coisa que ele pode reservar para si por meio das leis e do poder de toda a Cidade; isto é, daquele a quem o comando soberano foi conferido. Compreende-se que cada um dos cidadãos tem algo de *sua propriedade* a que nenhum dos concidadãos tem direito, porque estão ligados pelas mesmas leis. Mas ninguém tem sua propriedade a tal ponto que à mesma não tenha direito e acesso aquele que exerce o *poder soberano*, cujas ordens são as próprias leis, em cuja vontade estão incluídas as vontades individuais dos cidadãos, e que foi constituído pelo mesmo juiz supremo.

Embora haja muitas coisas que a Cidade permite aos cidadãos, e entre elas, que se possa às vezes ir a juízo contra o depositário *do poder supremo*, contudo tal ação não pertence ao *direito civil* mas à *equidade natural*. Não diz respeito ao que o soberano, legitimamente, pode fazer[27], mas ao que ele quis se fizesse, e por isso ele será o próprio juiz, na suposição de que, sendo-lhe conhecida a equidade da causa, não haveria de pronunciar um juízo iníquo.

16. O *roubo*, o *homicídio*, o *adultério*, e toda sorte de *injúrias*, são proibidos pelas leis de natureza, mas o que se deve

---

26. Não tem consistência a objeção de que, segundo alguns, já antes da fundação das cidades existia propriedade de bens em mãos dos pais de família, pois dissera eu que a família é uma pequena Cidade. Com efeito, os filhos de família têm a propriedade sobre suas coisas por concessão dos pais, que é, decerto, distinta da dos demais filhos da mesma família, mas não da propriedade do próprio pai. Mas os diversos pais de família, que não estão submetidos a um pai comum ou a um senhor comum, têm direito comum a todas as coisas.

27. Sempre que é concedido ao cidadão mover ação legal contra o governante supremo - isto é, contra a Cidade -, a questão não é, nessa ação, se a Cidade pode possuir por direito a coisa sob discussão, mas se, por leis feitas anteriormente, quis possuí-la: pois, lei é a vontade declarada do governante supremo. A Cidade pode exigir dinheiro da parte dos cidadãos, tanto a título de tributo quanto a título de dívida. No primeiro caso, não se concede ação legal, pois não é questão se a Cidade tem direito de exigir tributo, mas no segundo caso, concede-se, porque a Cidade nada quer retirar dos cidadãos por meio de pretextos, mas sim abertamente, e se preciso for, até tudo. Quem, portanto, criticou a afirmação acima, dizendo que com essa doutrina os príncipes facilmente liquidam suas dívidas, criticou sem razão.

chamar, num cidadão, roubo, homicídio, adultério, ou injúria, será determinado não pela *lei natural* mas pela *lei civil.* Nem toda ação de tomar uma coisa que outro possui é roubo, mas somente quando é ação de tomar um *bem alheio.* Compete à *lei civil* dizer o que *é nosso* e o que é *alheio.* Igualmente, nem toda ação de dar morte a um homem é homicídio, mas somente a morte daquele que é proibida pela *lei civil;* nem toda união carnal com mulheres *é adultério,* mas só a que as leis civis proíbem. Finalmente, a violação de uma promessa é *injúria* quando o prometido é lícito; quando não há o *direito* de fazer pacto, aí nenhuma transação legítima existe, por isso também não resulta *injúria* alguma, como foi dito no cap. 2, art. 17. Mas o que podemos pactuar e o que não podemos, depende da *lei civil.*

A Cidade dos lacedemônios (Esparta) ordenava com razão que seriam impunes os jovens que furtassem certas coisas de outras pessoas de modo a não serem apanhados em furto. Não se tratava de outra coisa que fazer lei do fato de mudar em *seu* o *alheio* que fosse adquirido daquela forma. Em toda parte também se mata com razão, como na guerra e por necessidade da própria defesa. Assim também, a coabitação que numa Cidade é *casamento,* noutra será julgada *adultério,* ou vice-versa. Também aqueles pactos que constituem casamento para um cidadão não fazem o mesmo efeito para um outro, talvez da mesma Cidade. O motivo é que, quem está proibido pela Cidade - isto é, pelo *homem* ou *conselho* que exerce o poder soberano - de realizar qualquer pacto, não tem mesmo esse direito; portanto, o pacto feito não é válido, e por conseguinte não há casamento. Mas o contrato de quem não recebeu nenhuma proibição é válido, e assim o *matrimônio.* Não acrescenta validade nenhuma a quaisquer pactos ilícitos realizá-los com juramento[28] ou com o sacramento; pois

---

28. Não é intenção deste tratado discutir se o matrimônio é ou não sacramento no sentido em que a palavra é empregada pelos teólogos. Digo apenas que o contrato legítimo - isto é, concedido pela lei civil -, entre o homem e a mulher para coabitação, quer seja sacramento, quer não, certamente é matrimônio legítimo; e que a forma de coabitação entre pessoas tal como a Cidade proibir não é matrimônio, uma vez que pertence à essência do matrimônio ser um contrato legítimo. Houve em muitos lugares, como entre judeus, gregos e romanos, matrimônios legítimos que, no entanto, podiam ser dissolvidos. Entre os povos que

estes também nada acrescentam à firmeza dos pactos, como foi dito acima (cap. 2, art. 22). Portanto, o que *é roubo, homicídio, adultério*, e em geral o que é *injúria*, vamos conhecer por meio da *lei civil*; isto é, pelos editos de quem exerce a *soberania* ou o *poder supremo* na Cidade.

17. Parece tão desagradável à maioria das pessoas esse *poder soberano* e *absoluto* que passam elas a odiar até os seus nomes. Isto acontece principalmente por falta de conhecimento a respeito da *natureza humana* e das *leis naturais*, e em parte por culpa daqueles que, uma vez investidos nessa grande autoridade, abusam dela a seu bel-prazer. Para afastar-se desta espécie de *autoridade suprema*, alguns creem estar a Cidade suficientemente planejada quando os futuros cidadãos, reunindo-se, chegam ao consenso em torno de certas cláusulas, apresentadas, discutidas e aprovadas nessa ocasião, e dão ordens para que elas sejam observadas, e que sejam aplicadas penas aos que as violarem.

Para esse projeto e também para rechaço dos inimigos externos, aqueles planejadores impõem uma compensação certa e limitada, com a condição, caso esta não seja suficiente, de se convocar nova convenção dos grupos. Quem não vê, numa Cidade assim constituída, que o grupo convencional, que prescreveu todas aquelas disposições tinha um poder absoluto? Se, pois, esse *grupo* continua, ou celebra de tempos em tempos, em dia e lugar determinado, novas assembleias, temos aí que esse *poder* será permanente. Se se dissolverem os grupos, dissolve-se juntamente a Cidade (e assim tudo volta ao *estado de guerra*), ou restará nalgum lugar o poder de punir os que transgredirem as leis, seja quem for e sejam quantos forem os transgressores. Neste caso, nada é possível sem um poder absoluto. Quem recebeu legitimamente tamanha força que pode coagir com punição

---

não permitem tais contratos senão com a condição de nunca serem dissolvidos, é óbvio que o matrimônio não pode ser dissolvido. A razão é, não porque seja sacramento, mas porque é a Cidade que proíbe sua dissolução. Assim, talvez, pertença só aos eclesiásticos presidir as cerimônias das núpcias a serem realizadas na Igreja, abençoar os cônjuges, ou, por assim dizer, consagrá-los. Tudo o mais, a saber, forma do contrato de casamento, pessoas, épocas etc., é da competência da lei da Cidade.

quantos cidadãos for preciso, esse terá um poder acima do qual os cidadãos não têm o que oferecer.

18. Ficou claro que em toda Cidade há *um homem,* ou *conselho* ou *corte,* que detém, legitimamente, um poder tão grande sobre cada um dos cidadãos quanto o que cada homem tem sobre si mesmo fora da vida de Cidade - isto é, *supremo* e *absoluto* - que só pode ser limitado pelas forças da Cidade, e por nenhum outro ser do mundo. Se o poder dele fosse limitado, isso decorreria necessariamente de um poder maior, pois quem determina limites, deve ter poder maior do que quem está dentro deles confinado. Ora, esse poder limitante ou é sem limites ou é delimitado por outro ainda maior. E assim prosseguindo, se chegaria a um poder sem outro limite além de si mesmo, que é o termo final das forças de todos os cidadãos conjuntamente. Este poder chama-se *poder supremo;* se entregue a um conselho, chama-se *corte suprema,* se a um homem só, este será o *príncipe,* ou o soberano, ou *senhor supremo da Cidade.*

São características do *poder supremo: fazer* e *ab-rogar leis;* determinar *guerra* e *paz; conhecer* e *julgar* todos os *processos* judiciais, por si ou mediante *juízes* nomeados; escolher todos os *magistrados, ministros e conselheiros.* Enfim, se há um homem que pode cumprir legitimamente qualquer ação que a nenhum cidadão em particular nem a todos em conjunto é permitida, mas só a ele é lícita - este homem é o detentor do poder soberano da Cidade. Certas ações que não podem ser legitimamente executadas por um nem por muitos, somente a própria Cidade pode fazer. Quem realiza essas coisas usa o direito da Cidade: que é o poder supremo.

19. Os que costumam comparar a Cidade e os cidadãos com o corpo humano e os membros, geralmente dizem que quem detém o *poder soberano* na Cidade está em relação com o todo da Cidade como a cabeça está para o todo do homem. Aliás, do acima exposto resulta que quem está investido nesta autoridade, seja um *indivíduo* seja a *corte,* tem para com a Cidade, não uma relação de cabeça, mas a de alma do corpo. Pois, é pela alma que o homem tem vontade; isto é, pode querer e não querer. Assim, é por aquele que detém o *poder supremo,* e não de outro modo, que a Cidade tem uma vontade, e pode querer e não querer. Melhor compara-se com a cabeça a corte de conselheiros, ou um conselheiro de cujo conselho unicamente se serve o soberano (se tiver de tomar de alguém), nas matérias de maior importância, para governar a Cidade. A cabeça dá conselhos, a alma dá ordens.

20. Suposto que o *poder supremo* está constituído em virtude dos pactos que cidadãos ou súditos fazem entre si individualmente, e que todos os pactos, assim como recebem força da vontade dos contraentes, assim também perdem força e se desfazem pelo consenso deles - alguém talvez queira concluir que se pode retirar a *autoridade suprema* por consenso de todos os súditos ao mesmo tempo. Mesmo que seja isto verdade, não vejo que perigo possa legitimamente surgir daí para os *governantes supremos.* Como se supõe que cada qual se tenha obrigado um ao outro, se se recusam a isso alguns dos cidadãos, todos os demais estão obrigados, seja qual for o seu grau de consenso. Nenhum homem pode fazer sem *injúria* contra mim o que se obrigou a não fazer por pacto comigo. Não é de crer um dia aconteça que todos os súditos juntamente, sem exceção de um só, venham a conspirar contra a *autoridade suprema.* Não há perigo de que os soberanos sejam despojados legitimamente de sua autoridade. Se, porém, se conceder que o direito deles depende somente do pacto que cada um faz com os seus concidadãos, facilmente poderia acontecer que os soberanos fossem despojados do poder sob pretexto de *direito.*

Muitos acham que o consenso de todos está contido nos votos consentidos da parte maior, quer se trate de cidadãos convocados pelo governo da Cidade, quer de ajuntamento de amotinados. Mas isto é falso. Não provém da natureza o fato de que o consenso da parte maior seja considerado consenso de todos. Isto também não se verifica em tumultos. Procede, sim, de instituição civil, e somente se verifica quando esse *homem* ou *corte* que detém o *poder supremo,* ao convocar os cidadãos, por causa do grande número quer que os eleitos tenham o poder de falar pelos que os elegeram, e quer que a parte maior dos que falam, em matérias propostas pelo soberano para discussão, seja tão válida quanto o todo. Não se pode conceber que o depositário do *sumo poder* tenha jamais convocado os cidadãos para discutirem sobre seu direito, a não ser que, desgostoso de tudo, renuncie ao governo em termos precisos. E porque muitos homens por ignorância consideram ser consenso de toda a Cidade não só o da parte maior de cidadãos, mas também o de um grupelho de poucos, gente que seja da mesma opinião e partido, poderia então parecer-lhes que a *suprema autoridade é* legitimamente ab-rogada, na condição de que isso seja feito em alguma grande assembleia de cidadãos por meio do maior número de votos.

Mas, embora um governo supremo constitua-se pelos pactos de uns indivíduos com outros, o direito de governo, porém, não depende só dessa obrigação: existe uma outra obrigação para com o depositário do poder. Todo cidadão, ao fazer pacto com outro cidadão, diz: *Eu transfiro o meu direito a este a fim de que transfiras tu o teu ao mesmo.* O direito, portanto, que cada homem tinha de usar suas forças em benefício próprio, foi inteiramente transferido para um certo homem ou conselho para benefício comum. Assim, mediante pactos, com os quais os homens obrigam-se uns com outros, e mediante doação de direito, a ratificar a qual eles se obrigam com o governante, o governo soberano está reforçado com duas obrigações dos cidadãos: uma, destes para com os próprios concidadãos, outra, de todos para com o seu príncipe. Os cidadãos, portanto, por numerosos que sejam, não poderão de modo legítimo, sem consentimento do próprio soberano, despojá-lo de seu poder.

7

DAS TRÊS ESPÉCIES DE GOVERNO: DEMOCRACIA, ARISTOCRACIA, MONARQUIA

1. Que há somente três espécies de governo: democracia, aristocracia, monarquia. 2. Que oligarquia não é uma forma de governo distinta de aristocracia, e que anarquia não constitui forma alguma. 3. Que a tirania não é forma de governo diversa da monarquia legítima. 4. Que não existe forma de governo resultante da mistura das ditas espécies. 5. Que a democracia não subsiste se não se estabelecerem certos tempos e lugares para assembleias. 6. Que numa democracia convém sejam breves os intervalos entre as assembleias, ou que se conceda a alguém o uso do poder soberano nesses intervalos. 7. Na democracia, os indivíduos comprometem-se particularmente a obedecer ao povo, o povo mesmo a ninguém obedece. 8. De que atos se constitui a aristocracia. 9. Numa aristocracia os notáveis não fazem pacto algum e não se obrigam a nenhum cidadão nem ao povo como um todo. 10. Os notáveis da Cidade necessitam fixar dias de convocação. 11. De que atos se constitui a monarquia. 12. Que o monarca, em vista do poder recebido, a ninguém se obriga por pactos. 13. Que o monarca está sempre em condições de exercer de imediato todos os atos exigidos para a governança. 14. Que espécie de pecado há e que pessoas são culpadas quando a Cidade não cumpre seus deveres para com os cidadãos, ou os cidadãos não cumprem os seus para com a Cidade. 15. Que e monarca posto a governar sem limite de tempo, pode escolher seu sucessor. 16. Dos monarcas de tempo limitado. 17. Que não se concebe que um monarca, o qual mantém o direito de soberania, tenha transferido por alguma promessa o direito aos meios necessários para exercer a governança. 18. De que modos o cidadão se liberta de sua condição de obediência.

1. Até aqui falou-se da Cidade em geral, criada *por instituição;* resta agora tratar de suas espécies. A diferença entre as cidades é considerada a partir da diferença entre as pessoas a quem foi entregue o *poder supremo.* O *poder supremo é* entregue ou a um *só homem* ou a *um conselho,* ou *corte,* de muitos homens. Por sua vez o *conselho de muitos homens* ou é de todos os cidadãos, de modo que qualquer deles tem direito de voto e pode tomar parte nas discussões, se quiser, ou é somente de parte deles. Daí surgirem três espécies de Cidade: uma, quando o *poder supremo* reside num *conselho,* em que qualquer cidadão tem direito de voto, e chama-se democracia; outra, quando o *poder supremo* está no *conselho,* em que, porém, não todos, mas uma certa parte tem voto, e chama-se aristocracia; a terceira, quando o *poder supremo* repousa *numa só pessoa,* e chama-se monarquia. Na primeira, assume o poder de governar o povo (*demos*); na segunda, assumem os notáveis; na terceira, o monarca.

2. É certo que antigos escritores de matéria política apresentaram três outras espécies de governo opostas a essas, a saber, *anarquia,* ou confusão, oposta à democracia; *oligarquia,* ou governo de alguns poucos, à aristocracia; e *tirania, à* monarquia. Acontece que não são, estas, três espécies distintas; são, antes, três denominações diversas, dadas às espécies verdadeiras por aqueles a quem estas formas de governo, ou os governantes, não agradaram. Por meio de nomes os homens costumam significar ao mesmo tempo não somente as coisas, mas também as próprias *paixões,* como *amor, ódio, ira.* Por isso, a mesma coisa que é *democracia* para um é *anarquia* para outro; a que para estes é *aristocracia,* para aqueles é *oligarquia;* quem é chamado *rei* por um, é tachado de *tirano* por outro. De sorte que essas denominações não designam *espécies diversas* de Cidade, mas *opiniões diversas* dos súditos a respeito da fonte de poder.

Em primeiro lugar, quem não vê que a *anarquia* se opõe igualmente a todas as espécies mencionadas? Esse vocábulo significa inexistência total de governo; isto é, que nem Cidade existe. E como é possível que a *anti-Cidade* seja uma espécie de Cidade? Depois, que diferença significativa há entre *oligarquia,* que é *governo de poucas pessoas* ou de magnatas, e *aristocracia,* que é *governo dos optimatas,* homens bons, ou dos melhores, quando os homens diferem tanto entre si que até coisas idênticas não são boas para todos. E assim, pessoas ou coisas que são ótimas para uns, parecem péssimas para outras.

3. Já persuadir as pessoas de que *reino e tirania* não são espécies diversas de cidades é mais difícil em razão das paixões humanas. Os homens, embora prefiram a Cidade sob a dominação de um *só à* dominação de *muitos,* não a consideram bem governada se não for em conformidade com seu julgamento. Mas, deve-se procurar saber que diferença há entre *rei e tirano* de modo racional, e não passional.

Primeiramente, não diferem por ter este poder maior do que aquele, pois por definição não há poder maior do que o poder supremo. Nem por ter um deles poder limitado e o outro não, pois quem tem autoridade limitada não é *rei,* e sim *súdito de quem o limita.* E depois, não há diferença entre eles pelo modo de adquirirem o poder de governar. Pois, se na Cidade *democrática* ou *aristocrática* um cidadão qualquer conquistasse pela força o poder supremo e obtivesse o consentimento de todos os cidadãos, ele se tornaria *monarca* legítimo; mas não obtendo o consentimento, ele é um *inimigo,* não um *tirano.* A diferença, portanto, está unicamente no exercício do poder, de tal sorte que *rei é* quem bem governa, e *tirano,* quem faz ao contrário.

Voltamos ao ponto: ao *rei* legitimamente constituído no *poder supremo,* os cidadãos decidem chamar *rei* se lhes parece exercer bem o poder; caso contrário, chamam-no *tirano. Reino e tirania* não são, na realidade, espécies de Cidade, mas é o mesmo *monarca* que recebe o nome de *rei* para sua honra, ou de *tirano* para sua vergonha. Os relatos pejorativos contra tiranos encontrados com frequência nos livros foram divulgados por escritores gregos e regime romanos que eram súditos de um regime de *povo* ou de *notáveis,* e por isso eram levados a odiar não só os tiranos, como os próprios reis.

4. Alguns consideram realmente necessário que na Cidade exista de algum modo um poder *supremo*; mas afirmam, se tal poder se concentrasse *num só homem ou num só conselho,* se seguiria que todos os cidadãos fossem escravos. Para evitar essa condição, julgam possível existir uma forma mista de Cidade, resultante das três espécies mas diferente de cada uma, e que chamam *monarquia mista, aristocracia mista, ou democracia mista,* conforme privilegiam uma das três espécies sobre as demais. Por exemplo, se a nomeação dos magistrados e a declaração de guerra e de paz coubessem ao *rei,* o julgamento dos processos, aos mais *eminentes* da Cidade, as contribuições pecuniárias, ao *povo,* e o poder de fazer leis, *a todos* indistintamente, a esta espécie de estado chamariam *monarquia mista.* Mas se fosse possível a existência de tal estado, ele em nada atenderia aos interesses de liberdade dos cidadãos. Enquanto todos estão de acordo uns com os outros, a submissão de cada cidadão é completa até onde não possa ser mais; mas se caem na discórdia, volta a guerra civil e impõe-se o *direito da espada* particular, que é pior do que qualquer submissão. Foi, aliás, demonstrado suficientemente no capítulo precedente, art. 6º, 7º, 8º, 9º, 10, 11 e 12, que não se pode dividir o poder supremo[29].

5. Passemos a analisar o papel dos que tornam realidade cada uma das espécies de Cidade. Os que se foram reunindo para constituir uma Cidade, no próprio ato de se reunirem são uma *democracia.* Pelo fato de se terem reunido voluntariamente, entende-se que estão obrigados ao que for determinado pelo consenso da maioria. Enquanto durar ou até que for reconvocada assembleia para determinados dias e lugares; isto é *democracia.* Essa assembleia, cuja vontade é a vontade de todos os cidadãos, tem o *poder soberano.* Como se supõe que nessa reunião todos têm direito de voto, segue-se que é *democracia* conforme a definição dada

---

29. A maioria das pessoas acha que não é conveniente dividir o poder do governo; bastaria moderá-lo e mantê-lo dentro de alguns limites. Sem dúvida, isso é correto. Mas se, quando dizem moderar e limitar, entendem dizer dividir, a distinção é inepta. Eu, na verdade, desejaria que não só os reis, mas também aqueles grupos que participam do poder supremo se abstivessem de toda malversação, preocupados, no que concerne aos seus deveres, em manter-se dentro dos limites das leis naturais e divinas. Mas os que sustentam a seu modo a distinção acima, querem que sejam outros a imporem limites e controle aos governantes supremos. Como isso não é possível sem que aqueles agentes do controle tenham alguma parte do poder por meio da qual possam exercê-lo, o poder supremo fica dividido, não simplesmente moderado.

no art. 1º deste capítulo. Se voltarem a separar-se, a reunião se desfaz e nada ficou combinado sobre tempo e lugar para novas assembleias, a Cidade volta *à anarquia* e ao estado em que todos se encontravam antes de se reunirem em Cidade; isto é, ao estado da guerra de todos contra todos.

O *poder supremo* do povo já não subsiste sem que haja dias e lugares certos, publicamente conhecidos e estabelecidos, para que todos possam encontrar-se. Se essa condição não for conhecida e estabelecida, as pessoas poderão encontrar-se nos mais diversos lugares e ocasiões; isto é, em facções, ou mesmo nem se encontrar. Já não se tratará de *demos*, ou *povo*, mas de uma multidão dispersa, à qual não se pode atribuir nenhuma ação ou direito. Duas coisas, portanto, constituem a *democracia:* uma, a permanente convocação (indicção) de reuniões, que constitui o *demos* (o povo); outra a pluralidade de sufrágios, que constitui *tó kratos*, o poder.

6. Ademais, não basta para manter o *poder supremo* que o povo tenha conhecimento das ocasiões e lugares certos para assembleias, se também os intervalos de tempo entre uma e outra reunião não forem tão breves que não sobrevenha nesse ínterim coisa alguma capaz de pôr em risco a Cidade, por causa da ausência do *poder supremo*. Ou, se pelo menos não for concedido o uso do poder supremo a um homem, ou a um conselho, nesse tempo intermediário. Fora dessas condições as precauções tomadas para defesa e paz dos cidadãos particulares não foram suficientes, nem a Cidade merecerá esse nome, visto que nela cada qual, por falta de segurança, retoma o direito de defender-se a seu arbítrio.

7. *Democracia* não se estabelece por meio de atos de cidadãos particulares com o povo, mas de pactos recíprocos de uns com outros. Por isso, em todo pacto, primeiramente as pessoas devem existir antes do próprio pacto. Ora, antes da constituição da Cidade ainda não existia *povo;* não havia uma pessoa civil, mas uma multidão de indivíduos: logo, não tinha lugar para nenhum pacto entre o *povo* e o *cidadão*. Mas depois de constituída a Cidade, em vão o *cidadão* faz pacto com o *povo*, porque na vontade do *povo* está contida a desse *cidadão*, a quem se supõe estar obrigada, e por isso pode liberar a si mesma como lhe aprouver e, por conseguinte, é já efetivamente livre.

Em segundo lugar, deduz-se que os cidadãos fazem pactos uns com os outros do seguinte. Toda a constituição da Cidade se frustraria se os cidadãos não fossem obrigados por nenhum pacto a fazer e omitir o que a Cidade ordenasse fazer ou omitir. Portanto, como se entendem tais pactos necessários à constituição da Cidade, e como nenhum tem lugar entre o *cidadão* e o *povo,* conforme mostramos, segue-se que eles são feitos entre os cidadãos os, a saber, um dos cidadãos faz pacto prometendo submeter sua vontade à vontade da maior parte, com a condição de que os demais também façam o mesmo, como se cada um assim se expressasse: *Eu transfiro meu direito ao povo por tua causa, para que tu transfiras o teu ao povo por minha causa.*

8. *Aristocracia,* ou *conselho de pessoas de escol (Notáveis) revestidas do poder supremo,* origina-se da *democracia,* a qual transfere seu direito para ela. Deve-se, aqui, entender que determinados homens, a serem distinguidos dos outros por seus títulos, linhagem, ou algum outro caractere, são apresentados ao povo e eleitos com certo número de sufrágios. Todo o direito de todo o *povo* ou *Cidade é* transferido aos eleitos, de sorte que é agora a *corte dos notáveis,* eleitos, que poderá, *legitimamente,* efetuar o que antes o *povo* podia fazer. Assim sendo, é claro que não mais existirá povo como pessoa, tendo sido transferida a autoridade suprema para eles.

9. Assim como na democracia o *povo é* livre de toda obrigação, assim na *aristocracia* o é a *corte dos notáveis.* Como, pois, os cidadãos, que não faziam pacto com o povo, mas, por pactos recíprocos entre si obrigavam-se a tudo que o *povo* fizesse, estavam também obrigados ao ato com que o *povo* transferia o direito de Cidade para os *Notáveis.* Mas esta *corte de escol,* embora eleita pelo povo, a nada podia ser obrigada por ele, pois, uma vez eleita, ao mesmo tempo dissolve-se o povo, como foi dito acima, e desaparece aquela autoridade que tinha, como *pessoa.* Desaparece também e dissolve-se juntamente a obrigação que era devida *à pessoa.*

10. A *aristocracia* tem ainda dois elementos em comum com a *democracia.* Primeiramente, sem a determinação de tempos e lugares para que a *corte dos notáveis* possa reunir-se, já não se tem *corte* alguma nem *pessoa,* mas sim uma multidão dispersa sem o poder supremo. Em segundo lugar, as ocasiões ou tempos designados para realização de assembleias não podem separar-se por longos intervalos com preservação do poder supremo se este não for transferido para um só homem. As razões por que isto acontece são as mesmas que expusemos no art. 5º.

11. A *monarquia,* como a *aristocracia,* deriva do poder do *povo;* o povo transfere o seu direito, ou seja, sua *autoridade suprema* para um homem. Aqui também devemos entender que um *homem* determinado, por nome ou por outra característica, é proposto para ser reconhecido da parte de todos os demais; e que para ele é transferido todo o direito do *povo* pela Confluência dos sufrágios dos muitos, de tal modo que tudo que o povo podia fazer antes de ser ele eleito, a mesma coisa ele poderá, legitimamente, fazer agora, depois de eleito. Concluído este estágio, o *povo* deixa de ser *uma pessoa* e torna-se uma multidão dispersa. Sua unidade anterior mantinha-se unicamente em virtude do poder supremo, agora transferido de sua esfera para esse homem.

12. O *monarca,* portanto, não se obriga por pacto algum a ninguém em razão do poder recebido. Recebe do povo o poder, mas o *povo,* como mostrei acima, logo que se dá o fato deixa de ser *pessoa;* desaparecendo a *pessoa,* desaparece toda obrigação para com a *pessoa.* Por isso, os cidadãos estão obrigados a prestar obediência ao *monarca* somente na matéria daqueles pactos pelos quais se obrigavam reciprocamente a cumprir tudo que o *povo* ordenaria que se fizesse; isto é, a obedecer ao *monarca* que fosse por ele constituído.

13. *Monarquia* diverge tanto de *aristocracia* como de democracia pelo fato de que ambas precisam dispor de certos tempos e lugares para realizar assembleias nas quais possam deliberar, consultar, decidir; isto é, exercer de fato o poder. Na *monarquia* delibera-se e consulta-se a qualquer tempo e em qualquer lugar. O *povo* e os notáveis, por não formarem uma *unidade natural,* precisam reunir-se; o *monarca,* que é uma unidade física, sempre está em condições de exercer os atos de governo.

14. Conforme declaramos acima (art. 7º, 9º e 12), os que detêm o *poder supremo* na Cidade não se obrigam por nenhum pacto a ninguém. Daí se segue que eles não podem cometer *injúria* alguma aos cidadãos. *Injúria,* conforme definição acima oferecida (cap. 3, art. 3º, não é outra coisa que violação de pactos, por isso, onde não foram feitos pactos, não pode haver *injúria* alguma. Entretanto, o *povo, a corte de notáveis* e o *monarca* podem pecar de diversas maneiras contra as outras leis naturais, cometendo atos de *crueldade, iniquidade, ofensas* morais e de outros vícios, que não cabem com rigor na significação restrita de *injúria.*

Mas se o cidadão não prestar obediência à autoridade suprema, será com propriedade castigado réu de injúria tanto para com os concidadãos (porque todo homem por pacto comprometeu-se com o outro a prestar obediência) quanto para com o depositário do *poder supremo,* retomando sem seu consentimento o direito que lhe fora dado. E se no sistema. de poder do *povo* ou no de poder da *corte de notáveis* for decidida alguma matéria contrariamente a uma *lei natural,* não peca a própria Cidade - isto é, a pessoa civil -, mas pecam aqueles cidadãos que sufragaram tal decisão. O pecado é consequência da vontade natural expressa, não da vontade política, que é artificial; se fosse este o caso, pecariam também aqueles a quem a decisão desagradou. Na *monarquia,* porém, se o *monarca* decidiu em matéria contrária às leis naturais, ele peca, porque nele vontade civil e vontade natural é uma só coisa.

15. O povo que vai escolher um *monarca* pode ou simplesmente dar-lhe *a soberania do poder,* sem limite de tempo, ou por tempo certo e limitado. Se sem limite de tempo, entende-se ser o poder daquele a quem é dado como era antes o poder do *povo* que o deu. Pela mesma razão com que o *povo* pode, *legitimamente,* fazê-lo monarca, o monarca pode fazer um *outro* monarca, de sorte que competirá a ele, que simplesmente recebeu o poder, o *direito* não só de *posse* mas também de *sucessão,* podendo declarar o sucessor como lhe aprouver.

16. Mas se o poder foi dado somente por tempo determinado, é preciso levar em conta outras condições afora esse fato. Primeiramente, se o povo, ao transmitir o poder ao monarca, *reservou* para si o *direito* de reunir-se em tempos e lugares certos e determinados, ou não. Em segundo lugar, caso tenha reservado para si esse poder, se, também, reservou para si o poder de assembleia, antes que expire o tempo por ele estabelecido para que o *monarca* exercesse o poder supremo. E em terceiro, se aceitou ser convocado às assembleias a juízo daquele *monarca* temporário, e não de outro modo.

Suponhamos, agora, que *o povo* tivesse entregue o *poder supremo* a um homem para exercê-lo pelo tempo da vida. Após essa eleição, digamos, em primeiro lugar, que cada qual tenha se afastado do grupo sem que nada fosse decidido sobre o lugar onde o povo depois da morte do *monarca devesse* se reunir para nova eleição. Neste caso, é evidente (cf. art. 5º deste capítulo), que o *povo* já não é *pessoa*, e sim uma multidão dispersa, em que é permitido, por igual direito - isto é, direito natural - a todos e a cada um se reunir indiscriminadamente em tempos diversos, em lugares de sua preferência, ou empalmar o poder para si, se puder.

Todo *monarca*, pois, que detém o poder nessas condições, é obrigado por *lei natural* (cf. cap. 3, art. 8º: *Não pagar com o mal o bem),* a providenciar para que, por sua morte, a Cidade não venha a dissolver-se, a saber, estabelecendo dia e lugar determinados, em que os cidadãos que o quiserem possam reunir-se, ou nomeando, ele, seu sucessor, conforme a alternativa que lhe parecer melhor orientada para o bem comum dos cidadãos. Quem, pois, recebeu, do modo acima referido, o *poder supremo* para o resto da vida, detém poder absoluto, e há de dispor do poder de sucessão.

Em segundo lugar, se supomos que o *povo* não se tenha disperso após a eleição do *monarca temporário* sem ter decidido tudo sobre assembleia em dia e lugar determinado, depois da morte dele: então, morto o monarca, confirma-se o poder do *povo,* não por um novo ato dos cidadãos, mas em virtude do direito precedente. Por todo o tempo interposto, o *poder supremo,* como *domínio* ou propriedade, estava no *povo;* mas o *uso,* ou *exercício do poder,* estava somente no *monarca temporário,* como *usufrutuário.*

Mas se o *povo,* após a eleição do *monarca temporário,* se retirar da corte com a certeza de que lhes serão designados tempos e lugares para assembleias durante o prazo prescrito, como se faziam outrora os *ditadores* entre os romanos, não se deve considerar tal homem como *monarca* e sim como primeiro-ministro do povo. O povo poderá, se lhe parecer, privá-lo de suas funções, mesmo antes do prazo (como fez o povo romano, dando a Minutius, comandante da cavalaria, um poder igual ao de Quintus Fabius Maximus, a quem antes fizera ditador). A razão disso é que não se pode conceber que um homem ou um grupo que detém potencial para agir de imediato, de tal modo prende em si esse poder que não passa a usá-lo efetivamente. Poder não é outra coisa que o direito de comandar tantas vezes quantas for naturalmente possível.

Em último lugar, se o *povo*, após declarar o *monarca temporário*, separa-se da corte em termos tais que não lhe será mais permitido realizar novas assembleias sem ordem do *monarca* declarado, entende-se que o povo está imediatamente dissolvido, e a autoridade daquele que assim foi declarado é absoluta. É que não está em poder dos cidadãos restaurarem a Cidade se não o desejar aquele que detém sozinho o poder. Não interessa prometer que convocará os cidadãos em tempos determinados, pois essa pessoa a quem for feita a promessa já não existe se não em sua opinião.

O que acima dissemos sobre os quatro casos em que o *povo* elege o *monarca temporário*, obterá mais ampla explicação por meio da comparação com o *monarca absoluto* que não tem herdeiro ostensivo. O povo é o *senhor* dos cidadãos de maneira tal que não pode ter herdeiro senão a quem ele próprio nomeia. Ademais, os intervalos entre os tempos de assembleia dos cidadãos podem ser comparados com os tempos em que o *monarca* dorme. Nos dois casos cessam os *atos* de comando, mas o *poder* (potencial) permanece. Afinal, dissolver uma assembleia de tal modo que não possa novamente realizar-se, é a morte do povo, como é a morte do homem dormir a ponto de nunca mais acordar. Se, portanto, um rei que não tem herdeiro e que vai dormir sem nunca mais poder acordar – isto é, vai morrer –, entregar a alguém o poder supremo para que o exerça até despertar, por conseguinte, está entregando-lhe a sucessão. Do mesmo modo também o povo que, elegendo o monarca temporário, não reserva para si o poder de reunir-se, entrega às mãos dele o domínio da Cidade.

Além disso, como o rei que vai dormir por algum tempo dá a alguém o poder supremo para administrá-lo e, ao acordar, recebe o mesmo: assim o *povo* que retém, após eleito o *monarca temporário,* o direito de assembleia em dia e lugar certo, recebe nesse mesmo dia o seu poder. E como o rei que confiou a outrem a administração do poder, mas, por conservar-se vigilante nesse meio tempo, pode de novo chamá-la a si quando quiser: assim o *povo* que, durante o tempo estabelecido para o *monarca temporário,* realiza legitimamente as assembleias, poderá destituí-lo do poder, se assim o quer. Por fim, o rei que entrega o poder a outrem para que o administre enquanto dorme, mas não poderá acordar se o administrador não consentir, perde juntamente com a vida o poder; assim também, o *povo* que confiou o poder ao *monarca temporário,* a ponto de não mais ter acesso a novas assembleias sem sua autorização, *está totalmente dissolvido, e o poder resta em* mãos do eleito *do* povo.

17. Se o monarca prometer dar alguma coisa a um ou a muitos cidadãos em conjunto, e em consequência disso o exercício do poder supremo vier a sofrer impedimento, tal *promessa* ou *pacto,* feito com ou sem juramento, é nulo. *Pacto* é transferência de direito, a qual exige, conforme o que foi dito no cap. 2, art. 4º, sinais idôneos da vontade do transferente. Quem, porém, exprime suficientemente sua vontade de manter um propósito, declara com isto que não abdica do direito aos meios necessários a esse fim. Ora, quem prometeu dar algo que é necessário ao *poder supremo,* mas mantém esse *poder,* dá sinais bastante idôneos de não ter prometido de outro modo; isto é, a não ser na medida em que o *poder supremo* possa ser preservado sem aquilo. Toda vez que constar, portanto, que não pode ser cumprida a promessa respeitando-se a integridade do *poder supremo,* deve-se considerar o prometido como não prometido; isto é, a promessa é inválida.

18. Vimos de que modo os cidadãos, sob o ditame da natureza, se obrigaram por acordos recíprocos a obedecer ao *poder soberano.* Resta ver agora que modos tornam a eles possível libertarem-se dos vínculos desse tipo de obediência. Em primeiro lugar, a *abdicação;* isto é, quando alguém rejeita ou abandona o seu *direito ao poder* sem transferi-lo a outra pessoa. Pois, aquilo que se rejeita fica igualmente exposto à rapina de todos. Disso, novamente vemos que, por direito natural, cada cidadão pode cuidar da própria conservação a seu critério. Em segundo lugar, se a Cidade vier a cair em poder dos inimigos, de tal sorte que a resistência se torne impossível, entende-se ter já perdido o *poder supremo* aquele que antes o detinha. Pois, os cidadãos, fazendo todos os esforços para não caírem nas mãos do inimigo, cumpriram os pactos estabelecidos uns com os outros sobre o dever da obediência. Agora todos os seus esforços vão concentrar-se nos compromissos que tomaram depois de vencidos, para escapar à morte. Em terceiro lugar, na *monarquia* (o *demos* e a *corte dos notáveis* não podem falhar em seus sistemas), se não aparecer nenhum sucessor, todos os cidadãos estão liberados de suas obrigações, pois, não se concebe estar alguém vinculado a outrem se desconhece a quem esteja vinculado, uma vez que em tal caso seria impossível prestar serviço.

Por esses três modos todos os cidadãos retornam da submissão civil para fruir da liberdade de todos para todas as coisas; isto é, a liberdade natural e selvagem. Com efeito, estado de natureza está para o estado civil, que é a liberdade do súdito, assim como a concupiscência está para a razão, ou os brutos para o homem. Afora isso, cada um dos cidadãos pode legitimamente se libertar da submissão civil, por vontade daquele em que está o poder supremo – isto é, mudar de país –, o que se pode dar de dois modos: ou por permissão quando alguém, obtendo licença, vai morar noutro lugar; ou por banimento, que é o caso do exilado. Nos dois casos, o cidadão está livre das leias da primeira Cidade pela razão de estar sujeito às leis de nova.

8
DO DIREITO DOS SENHORES SOBRE OS SERVOS

1. O que é senhor e o que é servo. 2. Distinção entre servos que, em confiança, gozam de liberdade natural, e os que são mantidos presos em cárcere ou acorrentados. 3. A obrigação do servo nasce do fato de que lhe é concedida pelo senhor liberdade do corpo. 4. Que os servos mantidos presos não estão obrigados ao senhor por nenhum pacto. 5. Que os servos não têm propriedade de bens contra o senhor. 6. Que o senhor pode vender ou alienar o servo por testamento. 7. Que o senhor não pode cometer injúria contra o servo. 8. Que quem é senhor do senhor é também senhor dos servos. 9. Por quais modos os servos são libertados. 10. O domínio sobre os animais é de direito natural.

1. Nos dois capítulos imediatamente precedentes tratamos da *Cidade institucional,* a saber, originada do consenso de muitos indivíduos que se obrigaram por pactos entre si e promessas feitas reciprocamente. A seguir, vamos tratar da *Cidade Natural,* que também se diz *adquirida,* por ser obtida pela força e com o poder natural. Mas é preciso saber, antes de tudo, de quantos modos pode-se adquirir o direito de *domínio* sobre as *pessoas* dos homens. Onde tal direito foi adquirido, aí existe *um pequeno reino.* Ser rei não é outra coisa que ter *domínio* sobre muitas *pessoas;* de modo que *grande família é reino,* e *pequeno reino é família.*

Se voltamos ao estado de natureza e consideramos os homens como que brotando da terra de repente e crescendo à maneira dos fungos, sem nenhuma obrigação de um para com o outro, são apenas três os modos de ter *domínio* sobre a pessoa do outro. O primeiro, quando por pactos recíprocos feitos entre si, em vista da paz e mútua defesa. Os homens se entregaram voluntariamente ao poder e à *autoridade* de algum homem ou de um grupo de homens. Deste primeiro modo já tratamos. O segundo modo, quando alguém, prisioneiro de guerra ou vencido, ou sentindo-se abatido e fraco, para evitar a morte promete ao vencedor ou ao mais forte pôr-se ao seu *serviço*; isto é, fazer tudo que lhe for mandado. Nesse contrato, o bem que o vencido ou o fraco recebe é o dom de viver, que por direito de guerra no estado natural dos homens lhe podia ser tirado; e o bem que promete é o serviço e a obediência. Em força desta promessa, portanto, são devidos por parte do vencido ao vencedor o serviço e uma obediência absoluta no que for possível e não repugne as leis divinas. Com efeito, quem está obrigado a obedecer às ordens de alguém antes de saber o que ele vai ordenar, está obrigado simplesmente a todas as ordens sem restrição. Ora, quem está obrigado nestes termos chama-se *servo*, e aquele a quem o servo está obrigado chama-se *senhor*. O terceiro modo, quando se adquire o direito sobre as pessoas por geração. Sobre este modo de aquisição trataremos no capítulo seguinte.

2. Não está entendido que todo prisioneiro de guerra que teve sua vida poupada tenha feito algum pacto com seu senhor. É fato que não se tem confiança no indivíduo a ponto de ser-lhe permitida tanta liberdade natural que ele possa, querendo, fugir, ou abandonar o serviço, ou urdir alguma trama ou dano contra o *senhor*. Tais prisioneiros decerto prestam serviço, mas dentro de prisões ou postos a ferro, pelo que são chamados não apenas pelo nome comum de *servos*, mas também pelo nome peculiar de *escravos*. Em nossos tempos, têm significações diversas *serviteur*, *serf* ou *esclave*.

3. A obrigação, pois, de um *servo* para com seu *senhor* não nasce da simples doação da vida, mas por não mantê-lo preso ou encarcerado. Obrigação provém de um pacto; não há pacto sem fidelidade, como consta do cap. 2, art. 9º, onde está definido que pacto é a promessa daquele em quem se confia. O benefício, portanto, da doação da vida está acompanhado da confiança com que o *senhor* deixa em liberdade corporal, de modo que se não interviessem a obrigação e os vínculos do pacto, o servo poderia não somente fugir mas até mesmo tirar a vida do *senhor* que preservou a sua.

4. A espécie dos *servos*, pois, que vivem reprimidos em cárceres, ergástulos e sob ferros, não estão compreendidos na definição de servos dada acima, porque eles não prestam serviço por pacto mas por medo ao castigo. Por isso, se fugirem ou matarem o senhor, nada praticam contra as leis naturais. Prender um homem com cadeias é um sinal de que quem prende supõe que quem está preso não está suficientemente ligado por nenhuma outra obrigação.

5. O *senhor*, portanto, não tem menos direito e menos domínio sobre um servo *que não está preso* do que sobre um *preso*, pois tem poder supremo sobre ambos, e pode dizer do servo não menos do que de uma coisa qualquer, animada ou inanimada: *isto é meu*. Segue-se daí que tudo que era do *servo* antes do estado de servidão passa a ser do *senhor* depois, e tudo que o *servo* adquirir passa a ser aquisição do *senhor*. Quem legitimamente dispõe da *pessoa* do homem, disporá de todas as coisas de que podia dispor tal *pessoa*. Nada, pois, poderá o *servo* reter como seu contra a vontade do *senhor*, mas por distribuição do *senhor* terá propriedade e domínio sobre *seus* bens. De modo que um *servo* pode reter e defender tais bens contra um *companheiro* de servidão, da mesma maneira, já antes explicada, como o cidadão que nada tem de propriamente *seu* contra a vontade da *Cidade*, ou de quem retém o poder supremo. Todo cidadão tem *seus* bens contra o concidadão.

6. Como o próprio *servo* e todos os bens que tem pertencem ao *senhor*, e como cada indivíduo por direito natural pode dispor do que é seu do modo que quiser, o *senhor* poderá vender, empenhar ou transferir por testamento o seu domínio sobre o *servo*, segundo o próprio critério.

7. Ora, o que foi antes explicado sobre súditos numa *Cidade institucional*, a saber, que quem detém o supremo poder da Cidade não pode causar a eles *injúria* alguma, é igualmente verdade em relação aos *servos*, porque estes submeteram sua vontade à vontade do *senhor*. Tudo que este fizer, é feito com o consentimento de suas vontades. Ora, não se causa injúria a quem consente.

8. Se, porém, acontecer que um *senhor* se torne servo ou *súdito* de outro *senhor* em cativeiro, ou por sujeição voluntária, esse outro não só será seu *senhor* mas também de todos os servos dele; isto é, senhor supremo de uns e senhor *imediato* do primeiro. Como não só o *servo* mas também as coisas que possui pertencem ao *senhor*, assim os *servos* daquele são servos deste; o *senhor mediato* não poderá dispor dos servos diversamente do que bem parecer ao *senhor supremo*. Por isso, como às vezes em certas cidades os *senhores* tinham um poder absoluto sobre os *servos*, supõe-se que este poder tenha derivado do direito de natureza, e não tenha sido estabelecido por lei civil, mas somente tolerado por ela.

9. O *servo* liberta-se da *servidão* do mesmo modo que o *súdito* se liberta da submissão numa *Cidade institucional*. Em primeiro lugar, quando o *senhor* lhe dá franquia, pois o mesmo direito sobre sua pessoa, que o *servo* transferira ao *senhor*, poderá ser de novo devolvido ao *servo* pelo *senhor*. Esta doação de liberdade chama-se manumissão, e assemelha-se ao fato de uma Cidade permitir ao cidadão transferir-se a outra Cidade. Em segundo lugar, quando o *senhor* rechaça o *servo*; o que corresponde a *banimento* numa Cidade. Não difere de *manumissão* quanto ao efeito, mas quanto ao modo, pois, num a liberdade é dada como punição, e na outra, como graça. Em ambos os casos há renúncia ao domínio. Em terceiro lugar, se o *servo* for capturado, a *velha* servidão é abolida em força da nova; pois, como todas outras coisas, assim também servos são adquiridos na guerra, e é justo que o *senhor* os proteja se quer conservá-los como seus. Em quarto lugar, o servo fica livre por falta de conhecimento seu sobre quem seja o sucessor - por exemplo, por morte do *senhor* –, sem testamento e *sem* herdeiro. Supõe-se que ninguém está obrigado se não sabe a quem deva prestar um serviço. Finalmente, o *servo* que é lançado em cadeias ou, de qualquer modo, é privado de sua liberdade corporal, está liberado da obrigação que há em pactos. Pois, um pacto subsiste somente enquanto os que o contraem confiam entre si. Não é possível violar uma confiança que não houve. Já o *senhor* que serve, ele próprio, a outro senhor, não pode libertar seus servos a ponto de se subtraírem ao poder do senhor supremo. Como mostramos acima, tais servos não são seus, mas do senhor supremo.

10. Adquire-se direito sobre as criaturas irracionais do mesmo modo que sobre as pessoas, a saber, pela própria força e pelas forças naturais. Pois, se no estado natural, por causa da guerra de todos contra todos, é lícito ao indivíduo subjugar e até mesmo matar homens tantas vezes quanto isto lhe parecer contribuir ao seu bem-estar. Com maior razão isso será lícito contra os brutos - isto é, está a critério de o indivíduo reduzir à servidão os animais que, devido à índole, podem ser domesticados ou adaptados ao uso do homem -, ou destruir numa guerra perpétua os que são perigosos. O *domínio* do homem sobre os animais tem origem na *lei de natureza,* e não no *direito divino positivo.* Pois, se não existisse tal direito antes da promulgação da lei na Sagrada Escritura, ninguém teria direito de matar um animal para seu alimento, sem dúvida numa condição de inferioridade para os homens em relação aos animais; estes poderiam atacar sem injúria, enquanto que eles não poderiam fazê-lo. Como, portanto, é de direito natural que o animal mate o homem, será do mesmo direito que o homem mate o animal.

9
DO DIREITO DOS PAIS SOBRE OS FILHOS E DO REINO PATRIMONIAL

1. Que o domínio paterno não vem da geração. 2. Que o domínio sobre as crianças pertence àquele que primeiramente as tem em seu poder. 3. Que o domínio sobre as crianças pertence originariamente à mãe. 4. Que a criança exposta pertence àquele por quem foi preservada. 5. Que o filho de um súdito e de um genitor que detém o supremo poder pertence ao detentor do poder. 6. Que os nascidos da união de um casal em que marido e mulher não têm poder um sobre o outro, pertencem à mãe, a não ser que esteja determinado diversamente por pacto ou por lei civil. 7. Os filhos são sujeitos aos pais não menos que os servos aos senhores e os cidadãos à Cidade. 8. Da honra devida aos pais e aos senhores. 9. Em que consiste a liberdade e qual a diferença que há entre os cidadãos e os servos. 10. Que há no reino patrimonial um mesmo direito sobre os cidadãos que no institucional. 11. Que a questão do direito de sucessão somente tem lugar na monarquia. 12. Que o monarca pode por testamento dispor sobre o poder supremo da Cidade: 13. ou doá-lo, ou vendê-lo. 14. Presume-se, sempre, que o monarca ao morrer sem fazer testamento quer que o sucessor seja um monarca; 15. e seja um dos seus filhos; 16. seja um filho varão, antes que mulher; 17. o mais velho dos filhos, antes que mais novo; 18. e, se não tem descendente, um irmão, antes que quaisquer outros. 19. Que do mesmo modo que se faz a sucessão no reino, assim se faz a sucessão no direito de sucessão.

1. *Sócrates é homem, logo também animal:* é uma argumentação correta e de total evidência, porque não é necessário reconhecer a verdade da consequência senão compreender a palavra *homem. Animal* está na própria definição de *homem,* e qualquer um de nós pode suprir a proposição que ficou subentendida, a saber, *o homem é animal.* O seguinte raciocínio: *Sofronisco é pai de Sócrates, logo também senhor,* contém uma inferência correta, mas não tem toda evidência. Porque *senhor* não está na definição de *pai,* por isso, para que surja a evidência, é necessário explicar melhor a conexão entre *pai e* senhor.

Os que até agora tentaram comprovar o domínio dos pais sobre os filhos não aduziram outro argumento que o da *geração,* como se fosse evidente ser meu o que foi gerado por mim. Seria o mesmo que julgar ver imediatamente num dado triângulo, sem um novo raciocínio, que seus ângulos são iguais a dois retos. Aliás, sendo o *domínio* - isto é, o poder *soberano* - indivisível, tal que ninguém pode servir a dois senhores, e concorrendo para a geração duas pessoas de sexo diferente, é inteiramente impossível que o domínio seja adquirido somente pela geração. Por isso, a origem do *domínio paterno* deve, neste lugar, ser investigada com maior diligência.

2. Voltemos a considerar o estado natural em que, devido à igualdade de natureza, todos os homens de idade adulta devem ser tidos por iguais entre si. Nesse estado, o *vencedor* é, por *direito de natureza, senhor do vencido.* Por *direito de natureza,* portanto, o domínio sobre a *criança* pertence em primeiro lugar ao que, por primeiro, a mantém em seu poder. E evidente, por outro lado, que o *recém-nascido* está em poder da mãe antes de qualquer outra pessoa, de tal modo que ela pode a seu talante legitimamente educá-lo ou expô-lo [à sorte].

3. Se ela o educa, dado que o estado de natureza é o estado de guerra, entende-se que o faça com a condição de o filho não se tornar seu inimigo quando adulto; isto é, com a condição de obedecer à mãe. Como todos nós por uma necessidade natural *queremos* aquilo que a *nossos olhos* aparenta ser bom, não é concebível que alguém tenha dado a vida a outrem em termos tais que este possa ao mesmo tempo crescer em forças com a idade e ser com direito seu inimigo. É inimigo do outro todo aquele que não lhe obedece nem lhe dá ordens. No estado de natureza toda mulher parturiente torna-se ao mesmo tempo *mãe* e *senhora.* Nada significa o que dizem alguns que no caso é o *pai*, e não a *mãe*, que se torna *senhor*, por causa da preeminência do sexo.

Há razão para afirmar o contrário, pois a desigualdade de forças naturais não é tanta que o *homem* possa conquista o domínio sobre a *mulher* sem guerra. A observação dos fatos confirma, pois as *mulheres* outrora, refiro-me às Amazonas, faziam guerra a seus inimigos, e dispunham livremente de seus *filhos*. Hoje em dia, em vários lugares *mulheres* estão investidas no *poder supremo*. Não são os *maridos* que decidem sobre os filhos, mas são *elas*, e isto fazem sem dúvida por *direito de natureza*, na medida em que não está obrigado a leis civis quem detém o *poder supremo*, como se viu anteriormente. Acrescente-se que, em estado de natureza, não é possível saber de que *pai é* o *filho* a não ser pelo testemunho da mãe. O filho, portanto, é daquele que a *mãe* quer que seja, e assim é dela. O domínio original sobre os *filhos*, pois, pertence à *mãe*; entre os seres humanos, não menos que entre os outros animais, o fruto segue o ventre.

4. De diversos modos o domínio passa da mãe para outras pessoas. Primeiro: se abandonar ou rejeitar seu direito, *expondo o filho*. Aquele que educar a criança *exposta* terá o mesmo domínio que tinha a *mãe*. A mãe, *expondo* o filho, tira a vida que lhe dera durante a *nutrição* (não a que dera pela *geração*); por isso, a obrigação nascida da doação da vida desaparece com a *exposição*. A criança recolhida tudo deve a quem a preservou e alimentou, na condição de filho que deve *à mãe* e na de *servo* que deve ao seu *senhor*. Embora a mãe, em estado de natureza, no qual tudo é de todos, possa recuperar de novo o filho, aliás com o mesmo direito que qualquer outro poderia fazê-lo, contudo o *filho* não pode, legitimamente, transferir-se de novo à mãe.

5. Segundo: se a *mãe* foi feita prisioneira, o *filho* pertence ao seu captor, porque quem tem *domínio* sobre a *pessoa*, tem *domínio* sobre o que lhe pertence, portanto sobre o *filho*, colo foi dito no capítulo precedente, art. 5º. Terceiro: Se a mãe é cidadã de uma qualquer Cidade, aquele que na Cidade tem o poder supremo terá o *domínio* sobre o que dela nascer, pois ele é também *senhor* da *mãe*, que está obrigada a obedecer em tudo ao soberano. Quarto: se a mulher se entregar ao homem para formar uma sociedade de convivência com a condição de que a autoridade esteja com o *marido, o que nascer de ambos* é do pai por causa da autoridade sobre a *mãe.* Mas se uma *mulher que detém o poder* tiver filhos com um *súdito,* os filhos pertencem à mãe. Do contrário, a mulher não poderia ter filhos preservando seu poder. Geralmente, se a sociedade do *homem* e da *mulher* for uma *união* em que se submete à autoridade do outro, os filhos pertencem a quem detém *o poder.*

6. No estado de natureza, se o *homem* e a *mulher* formam uma sociedade de modo que nenhum dos dois está sujeito ao poder do outro, os *filhos* de ambos pertencem *à mãe,* pelas razões acima expostas no art. 3º, a não ser que tenha sido determinado diversamente por pactos. A *mãe* pode dispor de seu direito como melhor entender, como acontecia outrora com as Amazonas que dentre os filhos que tinham concebido de seus vizinhos, combinavam por pacto lhes enviar os homens e reservar para si as mulheres. Mas se numa Cidade houver contrato para coabitação entre um homem e uma mulher, os filhos gerados pertencem ao *pai,* porque em todas elas - isto é, cidades constituídas de *pais de família,* e não de *mães de família* –, o governo doméstico compete ao homem. Tal contrato, se feito conforme as leis civis, chama-se Matrimônio. Mas se o contrato é somente de concubinato, os filhos são do *pai* ou da *mãe* conforme as diversas leis civis nas diversas cidades.

7. Sendo a mãe de acordo com o art. 3º, originariamente *senhora dos filhos,* e depois dela o *pai* ou qualquer outro por direito derivado, é evidente que os *filhos* estão não menos sujeitos àqueles que os alimentam e os educam do que os *servos* aos senhores, e os *súditos* ao que detém o *poder supremo* na Cidade. É certo também que nenhum dos pais pode fazer injúria ao *filho* enquanto o filho estiver sob seu poder. O *filho* por sua vez liberta-se da sujeição do mesmo modo como o *súdito* e o *servo. Emancipação é* o mesmo que *manumissão,* e *abdicação,* o mesmo que *exílio* ou *banimento.*

8. O *filho emancipado* ou o *servo alforriado* passam a temer menos o *pai* ou o *senhor,* uma vez privados estes do pátrio poder e do poder heril, e os *honram* menos do que antes, no que se refere à verdadeira honra, a interior *honra* não é outra coisa que a estima do poder alheio; por isso, quem tem menor poder, sempre terá menor *honra.* Mas não é o caso de se pensar que o manumitente ou o emancipador tenham entendido igualar a si o alforriado ou o emancipado a ponto de este nem sequer reconhecer um benefício e em tudo comportar-se como um igual. E preciso, portanto, sempre entender e que quem é libertado de sujeição, quer seja *servo, filho,* ou uma inteira *colônia,* promete prestar todos aqueles sinais, pelo menos externos, com que os superiores costumam ser *honrados* pelos inferiores. Disso se segue que é de *lei natural* o preceito *Honrar pai e mãe,* não só a título de *gratidão* mas também em virtude de um *pacto.*

9. Alguém perguntará: Qual é a diferença entre o *filho,* o *cidadão e* o *servo?* Ao que sei, nenhum escritor explicou o que *é liberdade e* o que é *servidão.* Vulgarmente, *liberdade é* fazer todas as coisas segundo o próprio critério e sem prestar contas, e considera-se servidão não ter poder para tal. Mas isso é coisa inviável numa Cidade e incompatível com a paz do gênero humano, pois não há Cidade sem governo e sem o direito de coagir.

Tentando definir, *liberdade* nada mais é que a *ausência de obstáculos ao movimento:* a água contida num vaso não está livre porque o vaso impede que se derrame, mas ela se liberta quando se quebra o vaso. Todo homem tem *liberdade* maior ou menor conforme é maior ou menor o espaço em que ela se apresenta; aquele que está encerrado numa prisão espaçosa tem maior *liberdade* do que quem está numa cela apertada. Um homem pode estar livre para um lado e não estar livre para outro, como se caminhasse cercado, de cá e de lá, por sebes e paredes para não pisotear a vinha e a plantação, próximas à estrada.

Tais tipos de obstáculos são externos e absolutos, e neste sentido todos os *servos* e *súditos* que não estão presos e encarcerados são *livres.* Outros são arbitrários, e não impedem de modo algum o movimento, mas só acidentalmente, ou seja, por nossa própria escolha; assim, quem está num barco, não está tão impedido de atirar-se ao mar, se puder querer. Também nesse sentido, quantos modos mais tem o homem para movimentar-se, tanto maior *liberdade* terá. Nisto consiste a *liberdade* civil. Ninguém, quer seja *súdito, filho o servo,* está tão impedido por punições infligidas pela Cidade, *pai* ou *senhor*, por duros que estes sejam, de fazer as coisas e aplicar-se a captar todos os meios necessários à preservação de sua vida e saúde.

Não vejo como poderá um servo qualquer queixar-se da falta de *liberdade* senão por considerar grande desgraça ter de ficar preso para não prejudicar a si mesmo, e obedecer para receber em troca, juntamente com a comida e todas as coisas necessárias à preservação da vida e da saúde, aquela vida que perderia na guerra, ou por infortúnio ou por sua indolência. De fato, quem sofre essas punições para não fazer tudo o que quer, não está sendo oprimido pela *servidão*, mas na verdade é governado e sustentado. O privilégio, porém, que em toda Cidade e família em que há *servos*, os *cidadãos livres e* os *filhos* desfrutam, acima dos *servos, é* o de poder pleitear empregos mais honrosos e possuir mais bens supérfluos. E é nisto que se encontra a diferença entre o *cidadão livre* e o *servo*: o *livre* serve somente à Cidade, o *servo* serve também ao cidadão particular. Qualquer outra liberdade é isenção das leis da Cidade, e é reservada só ao governante.

10. Chama-se família a reunião do pai com seus *filhos* e *servos* numa só pessoa civil, em virtude da autoridade paterna. A mesma vem a chamar-se reino patrimonial, se se tornar numerosa pelo crescimento da *prole* e por aquisição de *servos*, a ponto de não poder ser dominada sem a intervenção incerta da luta armada. Este reino, adquirido pela força, embora diferente de uma *monarquia institucional*, na origem e no modo de constituição, contudo, uma vez formado, possui as mesmas características, e o direito de autoridade nos dois casos é o mesmo, tornando-se assim desnecessário tratar separadamente os dois assuntos.

11. Falou-se do direito pelo qual os poderes supremos são constituídos; diremos agora brevemente sobre o direito pelo qual continuam em vigor. O direito pelo qual continuam é o que se chama direito de sucessão. E como na *democracia* o poder supremo está com o *povo*, assim, enquanto existirem cidadãos, estará o poder com a mesma pessoa, pois o povo não tem *sucessor*. De modo semelhante dá-se na *aristocracia:* ao morrer um dos notáveis algum outro é posto em seu lugar pelos demais; por isso, a não ser que desapareçam ao mesmo tempo, o que se supõe nunca acontecer, não há o caso de sucessão. A questão do direito de sucessão, portanto, tem lugar tenuma monarquia *absoluta,* pois os que exercem a autoridade suprema apenas por algum tempo não são *monarcas* mas sim *ministros* da Cidade.

12. Primeiramente, se o monarca indicar por testamento o seu *sucessor,* a pessoa designada o *sucederá.* Pois, caso fosse o *povo* a indicá-lo, ele teria sobre a Cidade todo o direito que o povo tinha, como foi demonstrado no cap. 7, art. 2º. Ora, se o *povo* pôde eleger, podia também cora o mesmo direito eleger outro. Mesmo no *reino patrimonial* os direitos são idênticos aos do *reino institucional.* Portanto, todo monarca pode por testamento fazer seu *sucessor.*

13. Mas o que um homem pode por testamento transferir a outro, poderá em vida, com o mesmo direito, dar ou vender. Portanto, a todo aquele que o monarca entregar o poder supremo, seja em doação ou a preço, a transferência é legítima.

14. Se, entretanto, nem por testamento nem por outros meios declarou em vida sua vontade quanto ao *sucessor,* supõe-se, em primeiro lugar, que não era seu desejo que a Cidade voltasse à anarquia, ou ao estado de guerra – isto é, à destruição dos cidadãos –, seja porque não podia fazê-lo sem violação das leis naturais, que o obrigavam em consciência a buscar por todos os meios adequados a paz; seja também porque, se fosse esse seu desejo, não lhe teria sido difícil manifestá-lo claramente. Em segundo lugar, como se transmite o direito conforme a vontade, do pai pode-se ajuizar sobre o *sucessor* mediante os sinais da vontade dele. Entende-se, portanto, que ele quis os súditos sob um regime *monárquico* de preferência a qualquer outro, porque ele mesmo, governando, aprovou antes aquela forma de governo com seu exemplo, e não a condenou depois com nenhum fato novo ou palavra.

15. Ademais, por necessidade natural, todos os homens querem mais o bem daquelas pessoas por meio das quais lhes advém honra e glória, do que o de outras. Por outro lado, honra e glória, após a morte das pessoas, são reconhecidas mais pela ação dos filhos do que por influência de quaisquer outros homens: conclui-

-se que um pai prefere promover os seus filhos a qualquer outro. Compreende-se, portanto, que a vontade do pai falecido sem deixar testamento era que algum de seus filhos deva sucedê-lo. E assim se há de compreender, se não existirem outros sinais mais claros em contrário. Depois de muitas *sucessões,* pode confirmar-se o costume dessa espécie. E quem não menciona a sucessão, supõe-se aceitar os costumes do reino.

16. Entre os filhos são preferidos os do sexo masculino, a princípio, talvez, porque o mais das vezes (embora nem sempre) são mais aptos para realizar grandes empreendimentos, especialmente a condução da guerra; depois, quando isso se transformou em costume, foi para não contrariar o costume. A vontade do rei, portanto, deve ser interpretada em favor dos filhos homens, a não ser que outro costume ou sinal venha claramente se lhe contrapor.

17. Como os filhos são iguais e o poder não há de ser dividido, *sucederá* o que for mais velho. Se a idade traz alguma diferença, é de supor ser mais digno da escolha o mais velho. Disso a natureza é juiz: o que tem mais idade (porque é o que costuma acontecer) tem mais prudência. Não há outro juiz. E se os irmãos são todos tidos por iguais, o *sucessor* será escolhido por *sorte.* A *primogenitura é* já uma *sorte natural,* pois o filho mais velho goza dessa prerrogativa. Não há ninguém que tenha o poder de julgar se é por esta ou por outra espécie de sorte que a questão deve ser mais bem decidida. E a razão que milita em favor do primeiro filho é a mesma em favor da primeira filha.

18. Se o soberano não tiver filhos, o poder passa aos irmãos e irmãs pela mesma razão com que os filhos *sucederiam* se existissem. Pois, supõe-se que os que são próximos pelo sangue, são unidos pelo afeto. São favorecidos mais os irmãos do que as irmãs, e os com mais idade do que os com menos. E a razão é a mesma que vale para os filhos.

19. Ademais, o modo de *sucessão* ao poder é o mesmo de sucessão ao *direito de sucessão.* Com efeito, se o primogênito morre antes do pai, a suposição é de que ele transferiu aos próprios filhos seu direito de *sucessão,* a não ser que o pai tenha determinado diversamente. Os sobrinhos e sobrinhas têm prioridade na *sucessão* sobre os próprios tios. Diria que todas essas questões assim se encaminham se não vier a impedi-las o costume do lugar, que se supõe ter sido aceito pelo pai, uma vez que não o contrariou.

10
COMPARAÇÃO ENTRE AS TRÊS ESPÉCIES DE CIDADES COM RELAÇÃO A INCOMODIDADES DE CADA UMA

1. Comparação do estado natural com o estado civil. 2. Que o soberano e os súditos têm as mesmas comodidades e os mesmos incômodos. 3. Elogio da monarquia. 4. Que o governo de uma só pessoa não é iníquo pelo fato de um ter mais poder do que todos os outros. 5. Recusa da opinião dos que dizem não poder um senhor com seus servos formar uma Cidade. 6. Que as exações são maiores e mais pesadas sob o governo do povo do que sob o do monarca. 7. Que os súditos honestos são menos sujeitos a punição sob o monarca do que sob o povo. 8. Que a liberdade de cada cidadão não é menor sob o monarca do que sob o governo do povo. 9. Que não é desvantagem para os cidadãos o fato de não serem todos admitidos às deliberações públicas. 10. Que é um erro confiar as deliberações civis a grandes grupos de pessoas por causa do despreparo de grande parte delas; 11. por causa da eloquência; 12. por causa das facções; 13. por causa da instabilidade das leis; 14. por causa da falta de discrição. 15. Que esses inconvenientes são encontradiços na democracia na medida em que os homens se comprazem naturalmente com a estima de seus talentos. 16. Dos inconvenientes da Cidade derivados da menoridade do rei. 17. Que o poder castrense é sinal da excelência de uma monarquia. 18. Que a melhor condição de uma Cidade aquela em que os cidadãos são patrimônio do soberano. 19. Que a aristocracia é tanto melhor quanto mais se aproxima da monarquia, e tanto pior quanto mais dela se afasta.

1. Dissemos o que são *democracia, aristocracia* e *monarquia.* Resta ver pela comparação entre elas qual a mais apta para conservar a paz dos cidadãos e fazê-los cuidar de suas conveniências. Mas antes vamos verificar as vantagens e desvantagens de uma Cidade em geral, para que ninguém considere preferível viver cada um conforme seu capricho, em vez de estabelecer uma forma qualquer de Cidade.

Fora da condição de Cidade todos gozam sem dúvida de uma liberdade completa mais infrutuosa, porque quem faz tudo o que quer em virtude de sua liberdade, tem de suportar tudo o que vem da vontade alheia em razão de idêntica liberdade dos outros. Numa Cidade constituída, todo cidadão reserva para si tanto de liberdade quanto lhe basta para viver bem e tranquilamente; dos outros tira-se apenas aquele tanto que faz temê-los. Fora da Cidade todos têm direito a tudo, mas de modo a não poderem desfrutar coisa alguma, enquanto na Cidade todos gozam, com segurança, seu direito limitado. Fora da Cidade o indivíduo pode ser despojado de seus direitos ou assassinado por qualquer um; na Cidade somente por um. Fora da Cidade protegemo-nos só com nossas próprias forças; na Cidade com a força de todos. Fora da Cidade a ninguém está assegurado o fruto de seu trabalho; na Cidade a todos está. Enfim, fora da Cidade campeia a força das paixões, a guerra, o medo, a pobreza, a vergonha, a solidão, a barbárie, a ignorância, a brutalidade; na Cidade reina o poder da razão, a paz, a segurança, a riqueza, a beleza, a convivência, a compostura, a ciência, a amizade.

2. Aristóteles (*Política,* livro VII, cap. 14) diz que há duas espécies de governo: uma refere-se à comodidade do *governante;* outra dos *súditos.* Ele parecia identificar uma espécie de Cidade com um tratamento mais severo dos cidadãos, e *outra,* com um mais suave - opinião que deve ser rejeitada. Pois, todas as incomodidades e comodidades que nascem de um governo são comuns e recaem sobre o *governante e* os *súditos.* Os incômodos que tocam ao cidadão por infortúnio, estultícia, omissão, indolência ou luxúria, podem bem ser separados dos que afligem um governante; não são defeitos propriamente do governo, defeitos que podem encontrar-se em qualquer Cidade.

Se tais coisas acontecem desde os primórdios da fundação da Cidade, decerto hão de chamar-se incômodos da administração, mas são comuns ao governante e aos governados, do mesmo modo como as comodidades são comuns. Mas a primeira e a maior comodidade - a paz e a defesa - cabe igualmente aos dois setores, pois governante e governados para defesa de suas vidas utilizam ao mesmo tempo as forças de todos os concidadãos. Na pior desgraça que pode acontecer a uma Cidade - isto é, a chacina de cidadãos em tempo de anarquia -, estão igualmente envolvidos tanto o que detém o poder supremo como qualquer um dos cidadãos. E se o soberano exige dos cidadãos tais somas de dinheiro que eles ficam impedidos de sustentar-se com suas famílias e de conservar o vigor do corpo, o incômodo deles não é mais grave do que o do governante. Mesmo contando com a maior riqueza possível, ele não seria capaz de manter sua autoridade e as próprias riquezas sem o concurso dos cidadãos. Mas se exigir o quanto for suficiente para administração pública, isto será igualmente do interesse dele e dos cidadãos, que é a paz e a defesa comum.

Não é, pois, verdade que o tesouro *público* venha a ser um incômodo para os cidadãos particulares, quando estes não ficam tão esgotados que se torne impossível adquirir, por sua iniciativa, o necessário ao sustento de suas forças físicas e espirituais. Com efeito, esta espécie de inconveniente não pouparia o próprio mandatário, nem seria fruto de instituição ou organização, porque em qualquer tipo de governo de uma Cidade pode haver opressão sobre os cidadãos. Teria, sim, origem na má administração de uma Cidade bem estabelecida.

3. Vamos mostrar que a monarquia das mencionadas espécies de Cidade, *democracia, aristocracia, monarquia, é* a melhor pela comparação das comodidades e incomodidades [ou seja, aspectos mais positivos ou menos positivos] de cada uma. Pomos de lado certos argumentos que, embora mostrem a *monarquia* como a mais recomendável, são contudo omitidos porque não recorrem a razões mas a exemplos e testemunhos. Eis alguns deles: que o *universo é* governado por *um* Deus; que os antigos preferiam o estado *monárquico* aos demais, atribuindo o governo dos deuses apenas a Júpiter; que no *começo* da organização das nações a vontade dos príncipes servia de lei; que a autoridade paterna, instituída por Deus na criação, era *monárquica;* que os demais tipos de governo, mais tarde, resultaram da conglutinação, por artifício dos homens[30], dos escombros da *monarquia*, arruinada pelas sedições; que o povo de Deus esteve sob a jurisdição dos reis.

4. Há os que rejeitam o governo de *um só* pela simples razão de que é de *um só*, como sendo iníquo, no meio de tantas pessoas, sobressair *uma* com tamanho poder que venha dispor de todas as outras a seu talante. Os que assim pensam desejariam subtrair-se, se isto fosse possível, ao governo de Deus, que é *um só*. Mas é a inveja dos que veem um só possuir o que todos cobiçam que sugere essa restrição contra o fato de ser um só.

Teriam o mesmo motivo para julgar também iníquo o fato de uns *poucos* governarem se eles não fizerem parte ou esperarem fazer parte desse número. Pois, se é iníquo não terem todos um direito igual, também é iníquo o governo de notáveis, a aristocracia. Mas, como já mostramos que o estado de igualdade é estado de guerra, e que por isso a desigualdade foi introduzida por consenso de todos, tal desigualdade, em que mais possui o indivíduo a quem mais nós damos voluntariamente, não pode mais ser considerada coisa iníqua. Os inconvenientes que acompanham o governo de um *só homem* não provêm de sua *unicidade* mas de sua situação de *homem*. Resta-nos ver, pois, se é o governo de *um* homem ou o de *muitos* que traz maiores incômodos aos cidadãos.

5. Mas antes é preciso refutar a opinião dos que dizem não existir em absoluto uma Cidade formada com um número qualquer de servos debaixo de um mesmo senhor. Definimos no cap. 5, art. 9º, que *Cidade é* uma pessoa feita de muito homens, cuja von-

---

30. Parece que os antigos, ao inventar o mito de Prometeu, tocavam nesse ponto. Conta-se que Prometeu roubou do sol um raio de fogo e com barro fez um homem, mas foi por isso castigado pela ira de Júpiter a sofrer para sempre a dilaceração do fígado. Quero dizer, a criatividade dos homens (representada por Prometeu) tomou da monarquia por imitação as leis e a justiça, em virtude das quais, como por um fogo arrebatado à sua fonte natural, a multidão, feita do lodo e das escórias humanas, foi reanimada e reformada numa pessoa civil, que toma o nome de aristocracia ou de democracia. Mas os autores ou promotores da empresa, que teriam podido viver em segurança e repousadamente sob a dominação tranquila de seus reis, incorrem agora no castigo de viverem atormentados por contínuas inquietações, por suspeitas e desavenças, à vista de todos em lugar elevado.

tade, em virtude de seus pactos, é considerada a vontade de todos eles, tal que ela possa usar as forças e os meios de cada um para a paz e a segurança comum. *A pessoa é uma,* conforme o artigo citado, quando as vontades de muitos estão contidas na vontade de um só. Ora, a vontade de cada servo está contida na vontade do senhor, como foi mostrado no cap. 8, art. 5º, de tal modo que este pode utilizar como quiser as forças e capacidades dos servos. Segue-se, portanto, que é uma espécie de Cidade aquela que se constitui do *senhor* e de muitos *servos.* Não se pode alegar uma razão em contrário que não sirva também para negar a *Cidade* constituída de *pai* e *filhos,* pois para um *senhor* que não tem *filhos* os *servos* tomam o lugar deles, e são a honra e a segurança do *senhor.* Os *servos* não estão sujeitos a seus *senhores* mais do que os *filhos* a seus *pais,* como vimos acima, no cap. 8, art. 5º.

6. Um dos incômodos da autoridade suprema é que o governante pode exigir, além do dinheiro necessário para as despesas públicas - isto é, manutenção dos ministros, construção e segurança das fortificações, condução da guerra, digno sustento da residência governamental -, também, se ele quiser, outro dinheiro, mais em termos de luxo e prazer, com o qual poderá enriquecer *filhos, parentes, favoritos* e até mesmo *aduladores.* Admitimos tratar-se de um incômodo, mas este é do número dos que se encontram em toda espécie de Cidade e são mais suportáveis na *monarquia* do que na *democracia,* pois, quando o *monarca* quer enriquecer alguns, os gratificados são poucos, porque o são por um só.

Já numa democracia tantos são os *demagogos* – isto *é, tribunos* ou políticos de grande prestígio entre o povo, que já são numerosos e cada dia se reproduzem mais - quantos são os que têm *filhos, parentes, amigos e aduladores* para gratificar. Todos eles querem não só fazer suas famílias quanto possível opulentas e ilustres, mas também prender com favores as pessoas para melhor se prevenir. O monarca em grande parte pode satisfazer seus auxiliares e amigos (porque não são numerosos) sem despesas para os cidadãos, confiando-lhes cargos militares e outras funções de paz. Na *democracia,* em que há muitos a satisfazer e sempre novos clientes, isso é impossível sem oprimir os cidadãos. O *monarca,* embora possa promover pessoas sem merecimento, muitas vezes, porém, não o quer fazer; mas na *democracia* entende-se que todos os *tribunos* populares, os políticos, sempre o querem fazer, porque precisam promover, do contrário, em sua opinião, o poder em centros isolados cresceria a ponto de se tornar temível não só a esses grupos populares, mas também à Cidade.

7. Outro incômodo do poder supremo provém do velho medo da morte do qual necessariamente cada homem participa, quando considera consigo mesmo que o governante pode não somente infligir as penas que quiser, para as transgressões que julgar, mas também dar morte, em sua ira ou desregramento, a cidadãos inocentes ou que nada fizeram contra as leis. Sem dúvida onde isso acontece, seja qual for a espécie de Cidade, o inconveniente é grave. Aliás, o inconveniente está em acontecer, e não em poder acontecer. Mas a deficiência é do governante, e não do tipo de governo. As ações do imperador *Nero* não são todas essenciais à *monarquia.*

Entretanto, há cidadãos condenados injustamente com menor frequência no governo de um *homem* do que no do *povo.* Pois, os reis ficam irados somente contra aqueles que os importunam com conselhos impertinentes ou palavras injuriosas ou lhes fazem direta oposição; mas com isso influem para que o excesso de poder que um desses cidadãos venha a ter sobre outro se torne inofensivo. Por isso, ao reinar um *Nero* ou um *Cangulo,* somente irão sofrer imerecidamente os que são conhecidos do rei, a saber, os palacianos ou os ocupantes de algum cargo eminente, e nem serão todos, mas só os que possuem algo que ele cobiça, pois os que lhe são importunos e injuriosos são punidos merecidamente. Na *monarquia,* pois, quem quer viver discretamente, seja quem for o que reina, está fora de perigo. Sofrem somente os ambiciosos. Os demais estão protegidos das injúrias dos mais poderosos. Já sob *a dominação popular* pode haver tantos *Neros* quantos são os *tribunos* que o *povo* adula. Cada um destes tem o mesmo poderio que tem o próprio povo. Para livrar da punição os que deram vazão a seus maus instintos e ódios privados, matando injustamente seus concidadãos, eles cedem reciprocamente à cobiça um do outro, como que unidos entre si por um pacto secreto: *Hoje está para mim, amanhã, para ti* [ou: *Hoje é meu, amanhã é teu*].

Ademais, há um limite para o poder privado além do qual ele resultará nocivo à Cidade. Em vista desse poder, os *monarcas* precisam às vezes tomar medidas a fim de que a coisa pública não receba dano da parte dele. Quando esse poder residia nas riquezas, eles, os reis, o fizeram diminuir pela diminuição delas; mas se consistia na aura do aplauso *popular*, suprimiam-no suprimindo a própria pessoa do poderoso, mesmo não acusada de crimes. O mesmo sói acontecer nas democracias. Os *atenienses* condenavam ao banimento *(ostracismo)* as pessoas poderosas sem culpa ou crime, unicamente por terem o poder. Em Roma eram condenados à morte, como se ambicionassem tomar o poder, os que tentassem captar por meio de benefícios o favor da plebe. *Democracia* e *monarquia* são iguais neste ponto, mas tiveram fama desigual, porque a fama é criada pelo povo, e o que é feito por muitos é por muitos elogiado. Por isso, um gesto que partiu dos *monarcas* os membros do povo consideram feito por ódio às suas virtudes; se o gesto que partiu do povo for idêntico, será tido em conta de gesto político.

8. Alguns há que consideram a monarquia mais incômoda do que a democracia porque nela se goza de menos liberdade do que na outra. Se por liberdade entendem isenção da submissão que é devida às leis ou mandamentos do povo, não existe nem na *democracia* nem em qualquer outra espécie de Cidade liberdade alguma. Se supõem consistir a *liberdade* em haver poucas leis e poucas proibições, entre as quais algumas indispensáveis para que exista paz, então nego que haja mais *liberdade* na *democracia* do que na *monarquia.* Tanto uma como a outra pode coexistir corretamente com a liberdade. Mesmo que a palavra *liberdade* esteja escrita com as maiores letras sobre os portões e torres de uma Cidade qualquer, essa *liberdade* não é a de qualquer cidadão, mas a da *Cidade.* Essa palavra não ornamenta com maior direito a Cidade governada pelo povo do que a governada pelo *monarca.* Mas quando os cidadãos privados, ou *súditos,* clamam por liberdade, eles pedem sob o nome de liberdade não *liberdade,* e sim, o poder soberano, ou a *dominação,* mas sua ignorância não os deixa tomar nenhuma consciência disso. Pois, se todo indivíduo concedesse aos outros a mesma liberdade que exige para si, conforme foi determinado pela lei de natureza, retornaria aquele mesmo estado natural (em que todos legitimamente podem fazer tudo), que todo mundo rejeitaria como pior do que qualquer sujeição às leis civis. Mas se alguém somente deseja estar livre enquanto os outros estão presos, que outra coisa deseja, senão a *dominação?* Pois, quem está livre de todo vínculo, domina como *senhor* de todos quantos estão sob vínculos.

Não é, portanto, maior a liberdade dos cidadãos num estado *popular* do que num estado *monárquico.* o que ela impõe é *a participação* igual nos cargos públicos e na governança. Pois, quando o poder é do *povo* cada um dos cidadãos *participa* na medida em que todos são partes de um povo que governa, e igualmente participam dos cargos públicos na medida em que têm iguais sufrágios para eleger magistrados e ministros públicos. Isto visava Aristóteles dizer, cedendo ele também ao costume da época, ao chamar liberdade ao invés de dominação (*Política,* livro VI, cap. 2°): "no Estado popular há liberdade por suposição; o que comumente se diz, significando que não haveria ninguém livre fora desse Estado". É lícito concluir, de passagem, que os cidadãos que lamentam a perda da liberdade numa *monarquia* sentem-se indignados somente por um motivo: é que não são aproveitados em cargos de direção do Estado.

9. Mas talvez alguém dirá que o *estado popular* goza de muito maior preferência do que a *monarquia* pela razão mesma de que, nesse tipo de Estado - isto é, onde todos podem tratar de negócios públicos - todos têm a oportunidade de mostrar publicamente sua prudência, ciência e eloquência nas deliberações sobre matéria da maior importância e dificuldade. Todas essas coisas que, devido ao desejo de louvor da natureza humana, estão entre as mais agradáveis a todos os que se destacam pelas qualidades correspondentes, ou creem a seus olhos destacar-se dos outros. Mas na *monarquia* está fechado à maior parte dos cidadãos este caminho para alcançar o louvor e as dignidades. Se este não é um incômodo, o que o seria? Posso enumerar: ver a opinião de alguém que desprezamos preferida à nossa; ser posta de lado em nossa presença nossa sabedoria; num embate incerto por uma pequena glória, lograr inimizades certíssimas (infalivelmente isso acontece, quer se leve a melhor, quer a pior); odiar e ser odiado por causa de diferença de opiniões; expor à vista de todos, quando inoportuno e sem nenhum propósito, nossos planos e ideais; descuidar de nossa própria família - a tudo isso chamo incômodos. Mas estar ausente a um debate de inteligências, embora tais lutas sejam agradáveis às pessoas eloquentes, não chega a ser um incômodo, a não ser que também se diga incômodo para os homens de armas serem proibidos de lutar, porque eles têm prazer nisso.

10. Além disso, há muitas razões pelas quais são menos corretas as deliberações feitas em grandes assembleias do que quando tomadas entre poucos conselheiros. Uma delas é que, para se deliberar sobre todas as medidas que conduzem ao bem-estar da Cidade, é necessário conhecer não só seus aspectos internos como também suas extensões ao exterior. Quanto ao interior, quais os meios de subsistência e de defesa da Cidade, e de onde são captados; quais os lugares apropriados para levantar guarnições; meios para recrutar e manter soldados; postura e sentimentos dos cidadãos para com o os governantes do país; e muitos problemas semelhantes. No nível de assuntos exteriores, a quanto montam e em que consistem as forças de cada uma das cidades vizinhas; vantagens e desvantagens que delas resultam para nós; que disposições elas têm para conosco e entre si; colher diariamente notícias de seus planos. Como são muito poucas as pessoas que conhecem esses assuntos, em meio a tantos grupos de povo, o mais das vezes ignaros, para não dizer incapazes de tais conhecimentos - que outra contribuição esse número de conselheiros, com suas opiniões impertinentes pode trazer à tomada de decisões, a não ser bloqueio e impedimentos?

11. Outra razão pela qual uma assembleia grande presta-se menos à deliberação é que cada um dos que apresentam sua opinião tem necessidade de usar da palavra constantemente, e de torná-la, por meio da eloquência, o quanto possível rica e agradável aos ouvintes para granjear estima. O ofício da retórica consiste em fazer aparecer maiores ou menores do que na realidade são o *bem* e o *mal*, o *útil* e o *nocivo*, o *honesto* e o *desonesto*, fazer parecer *justo* o que é *injusto*, conforme a intenção e os fins dos oradores. Persuadir é isto. Embora eles raciocinem, não o fazem a partir de princípios verdadeiros, mas de *endóxoi*, que são opiniões vulgarmente aceitas, e que costumam ser na maior parte falsas; não procuram acomodar seu discurso à natureza das coisas que dizem, mas às paixões dos ouvintes. Acontece então que não se formam juízos de acordo com a reta razão, mas ao sabor do instinto. Este vício, porém, não é do *mero* orador e sim da própria *eloquência*, pois, como nos ensinam todos os mestres de retórica, ela tem por fim não a verdade, a não ser acidentalmente, e sim a vitória; seu ofício não é ensinar, mas persuadir.

12. A terceira causa que explica por que deliberar em grandes assembleias traz menos utilidade, é que nascem daí *facções* na Cidade, e das *facções* nascem as revoltas e a guerra civil. Quando oradores de igual valor estão envolvidos com opiniões e discursos contrários, o vencido passa a odiar o vencedor juntamente com todos os que seguiam o seu partido, como se tivessem desprezado as opiniões e a sabedoria dele, vencido, e procura de todos os modos pôr os projetos do adversário em choque com os interesses da Cidade, parecendo-lhe com isso que a glória lhe viria a ser restituída, e ao outro, a ser eliminada. Ademais, quando os sufrágios não são tão desiguais que não reste aos vencidos alguma esperança de poderem, numa outra reunião, com acréscimo de alguns poucos indivíduos da mesma opinião, alcançar uma posição superior, os principais do partido convocam os demais, deliberam em separado sobre como ab-rogar a decisão tomada determinam entre si comparecer à próxima reunião, numerosos e espertos; combinam o que cada um deve dizer e em que ordem para que as mesmas conclusões voltem a ser discutidas e a matéria que foi antes aprovada pelo número de adversários presentes, agora a mesma fique em boa parte anulada para estes ausentes, por negligência.

Esta espécie de indústria e diligência que os vencidos sabem usar para *fazer o povo* costuma-se chamar *facção* (ato de fazer). E quando a *facção* que tem menor número de votos é superior em forças, ou não muito inferior, então o que seus membros não conseguiram com artifícios ou com o poder da palavra, tentam com as armas, e chega-se à guerra civil. Alguém dirá que tais coisas não acontecem necessariamente, nem são frequentes. Mas o mesmo indivíduo poderia dizer que os tribunos não são necessariamente desejosos de vanglória e que os grandes tribunos não estão frequentemente em desacordo nas grandes questões.

13. Disso se segue que, quando o supremo poder de fazer leis (legislativo) está entregue a tais grupos, as leis devem ser instáveis, e devem mudar não de acordo com alterações na situação geral dos negócios ou pela natural mutabilidade dos ânimos, mas conforme engrossa o número de homens desta ou daquela *facção* que correm para a corte. Nesse meio, as leis flutuam de cá para lá, como que ao sabor das ondas.

14. Em quarto lugar, as deliberações no seio de grandes grupos têm também isto de inconveniente - que os planos da Cidade do maior interesse, o mais das vezes mantidos em segredo, são mostrados aos inimigos antes de levados a efeito. O estrangeiro está tão bem informado sobre o que a Cidade pode e o que não pode, o que quer e o que não quer, quanto ao *povo que governa.*

15. Estes inconvenientes, encontradiços nas deliberações em meio a grandes grupos, levam-nos à convicção de que a *monarquia é* tanto melhor quanto, na *democracia,* a discussão de assuntos de maior importância é confiada a esse tipo de assembleias maior número de vezes do que na *monarquia.* Não é fácil ser de outro modo. Pois, não há razão alguma para que um indivíduo não prefira ocupar-se de sua *vida familiar* a ocupar-se da vida *pública* senão por ver aqui o lugar para expandir sua eloquência e adquirir a fama de sabedoria e prudência, e ao voltar a casa poder comemorar o sucesso de suas iniciativas com os amigos, parentes e esposa. Como outrora foi todo o prazer de Marcus Coriolanus, após suas façanhas guerreiras, ver a mãe gratificada com os louvores ao filho.

Mas se numa *democracia* o *povo* quisesse oferecer a uma só pessoa ou a bem poucas o poder de deliberar sobre guerra e paz e o de legislar, contentando-se em nomear magistrados e ministros públicos - isto é, reservando-se a autoridade sem o exercício -, então deve-se confessar que neste particular *democracia* e *monarquia* seriam iguais.

16. As vantagens ou desvantagens que se encontram mais numa do que na outra espécie de Cidade não procedem do fato de que o próprio poder ou os negócios do governo são mais bem confiados à administração de um do que à de muitos indivíduos; ou, ao contrário, mais bem confiados à administração de muitos do que à de uns poucos. O poder consiste na capacidade de governar, e a administração é o *ato* de exercer o governo. O *potencial* reside igualmente em toda espécie de Cidade; só os *atos* são diferentes; isto é, os *movimentos* e iniciativas da Cidade enquanto provêm das deliberações de muitos ou de poucos, de pessoas preparadas ou despreparadas. Daqui, entendermos que as comodidades ou incomodidades não dependem daquele em quem reside a autoridade, mas dos ministros do poder. Por isso, nada impede que a Cidade seja bem governada, quer o monarca seja mulher, um adolescente ou criança, contanto que tais pessoas, revestidas de funções e cargos públicos, se mostrem aptas para os negócios.

O ditado *Infeliz do reino cujo rei é uma criança* não quer dizer que a condição da monarquia é inferior à do estado popular, mas ao contrário, que é um inconveniente acidental ao reino acontecer às vezes, na *menoridade do rei,* quando muitos indivíduos, por ambição e pela força, intrometem-se nos conselhos públicos, que a Cidade seja administrada por métodos *democráticos,* resultando daí aquelas desgraças que quase sempre acompanham a *dominação do povo.*

17. Um sinal evidentíssimo de que a *monarquia mais absoluta é* o melhor tipo de governo é que, não só os reis, mas também as cidades que são governadas pelo povo e pela *aristocracia,* entregam todo o comando militar durante a guerra a uma só pessoa, do modo mais absoluto. De passagem vale observar que, nenhum rei concede ao comandante autoridade sobre o exército maior do que a que ele próprio pode exercer, legitimamente, sobre todos os cidadãos. A *monarquia,* portanto, em campanha, é o melhor regime de todos. E que outra coisa são essas muitas nações ou repúblicas, senão outros tantos acampamentos fortificados com guarnições e armas, uns contra os outros? Não deve, esta condição, ser considerada estado natural; isto é, estado de guerra? Pois, elas não são reprimidas por nenhuma força comum, quaisquer que sejam os períodos de paz que se intercalam como breves tréguas.

18. Finalmente, como era necessário à nossa preservação estarmos submetidos a algum *homem ou grupo,* a condição ótima é poder submeter-nos a quem se interessa por nossa segurança e bem-estar. Isto acontece quando somos patrimônio do governante, pois cada homem procura espontaneamente garantir sua herança. A riqueza dos príncipes não consiste nas terras e no dinheiro dos cidadãos, mas no vigor de corpo e espírito da população. É fácil concordar com isto, observando os altos valores que o preço de uma propriedade atinge em cidades pequenas, e quanto é mais fácil ao homem adquirir dinheiro do que ao dinheiro produzir homens. Por outro lado, não ocorre facilmente o exemplo de um súdito que, sem culpa de sua parte, tenha sido, por seu soberano, unicamente por abuso de poder, despojado da vida e dos bens.

19. Até agora fizemos a comparação do estado *monárquico* com o *popular.* Não tratamos da *aristocracia.* Mas, pelo que foi dito sobre as duas espécies, pode-se concluir, aplicando à terceira, o seguinte. A que, sendo hereditária, contenta-se com a eleição dos magistrados; que coloca as deliberações aos cuidados de poucos indivíduos, mas dentre os mais capazes; e que simplesmente mais se aproxima do tipo de governo dos *monarcas* e menos imita o modelo de governo do *povo – esta, para cada cidadão, é melhor e mais duradoura do que as demais formas.*

11

TEXTOS E EXEMPLOS DA SAGRADA ESCRITURA QUE PARECEM CONCORDAR COM O ACIMA DITO SOBRE O DIREITO DO REINO

1. Que a Cidade institucional tem origem no consentimento do povo. 2. Que os assuntos judiciais e bélicos dependem do arbítrio do soberano. 3. Que não podem legitimamente ser punidos os que têm o poder supremo. 4. Que sem um poder supremo não há Cidade, e sim anarquia. 5. Que servos e filhos devem obediência simples a seus senhores. 6. Que com a maior evidência comprova-se o poder absoluto nos textos do Antigo como do Novo Testamento.

1. No cap. 6, art. 2º, fizemos derivar, em sua origem, a Cidade institucional, ou política, do consenso do grande número, de modo que ficou claro ser necessário que todos se decidam, ou a dar consentimento, ou a ser considerados inimigos. Assim foi no início o governo de Deus sobre os hebreus, instituído por Moisés: “Pois bem, se ouvirdes atentamente a minha voz [...] e vós constituireis para mim um reino de sacerdotes [...]. Foi, pois, Moisés e chamou os anciãos do povo [...]. E todo o povo respondeu a uma voz, dizendo: ‘Tudo o que o Senhor disse nós o faremos” (Ex 19,5-8). *Assim também* teve início o governo de Moisés, recebendo de Deus uma espécie de vice-reino: “Todo o povo percebia os trovões, os relâmpagos [...]. E disseram a Moisés: ‘Fala tu conosco e nós te ouviremos’” (Ex 20,18-19). Início semelhante teve o reinado de Samuel: “Vendo que Naás, rei dos amonitas, punha-se em marcha contra vós, dissestes-me: ‘Não; mas que reine um rei sobre nós!’ No entanto, o Senhor vosso Deus, é o vosso rei. Aí tendes, pois, o rei que quisestes e pedistes” (1Sm 12,12-13). Como não concordaram todos, mas a maior parte - pois, conforme 1Sm 10,27, havia também "alguns perversos [que] disseram: 'Em que nos poderá ajudar este?' 'e não lhe deram valor'" - os que se negaram ao consenso foram perseguidos para morrer como inimigos. "Quais são, disse o povo a Samuel, os que disseram: 'Saul não deve reinar sobre nós'. Entrega-nos esses homens para que os matemos" (1Sm 11,12).

2. No mesmo cap. 6, art. 6º e 7º, mostramos que tanto o exercício *da judicatura* como a conduta da *guerra* dependem da vontade daquele que detém o supremo poder na Cidade; isto é, do poder de um *monarca* ou *rei na monarquia.* O que se confirma por juízo do próprio povo: "[...] e seremos também nós como todas as nações; um rei que nos governe, marche à nossa frente e combata as nossas guerras" (1Sm 8,20). Confirma-se também pelo testemunho do Rei Salomão no que concerne aos assuntos judiciais e a todas as matérias que dependem da discussão se são *boas* ou *más:* "Dai, pois, ao vosso servo um coração dócil para governar o vosso povo, para discernir entre o bem e o mal" (1Rs 3,9); e o testemunho de Absalão: "Não há quem te atenda da parte do rei" (2Sm 15,3).

3. Que os reis não podem ser punidos por seus súditos, como vimos no cap. 6, art. 12, confirma-o o Rei Davi que, embora perseguido de morte por Saul, absteve-se de matá-lo, e proibiu Abisaí de fazê-lo, dizendo: "Não o mates, pois quem estendeu sua mão contra o ungido do Senhor e se foi livre?" (1Sm 26,9). Tendo cortado a orla do manto de Saul, disse: "Não permita Deus que eu faça tal coisa ao meu senhor, ao ungido de Deus, que eu estenda a minha mão contra ele" (1Sm 24,7). Fez morrer o amalecita que por sua causa tinha matado Saul (2Sm 1,15).

4. O que diz o Jz 17,6: "Naquele tempo não havia rei em Israel e cada qual fazia o que lhe agradava" - como a indicar que onde não há *monarquia* deve haver *anarquia*; ou seja confusão de todas as coisas - poderia ser aduzido para provar a excelência do reino sobre todas as outras formas de Cidade, não fosse que pelo vocábulo *rei* pode-se talvez entender não só um homem, como também uma corte, contanto que esta inclua o poder supremo. Se este for tomado resultará que, sem um poder supremo absoluto (conforme tentamos provar em todo cap. 6), será a todos permitido tudo o que lhes agradar, ou, seja, tudo que lhes parecer justo – condição esta incompatível com a conservação do gênero humano. Por isso, por lei de natureza, entende-se o poder supremo como que existente em alguém em qualquer espécie de Cidade.

5. Dissemos no cap. 8, art. 7º e 8º, e cap. 9, art. 7º, que os servos devem obediência simples aos *senhores* assim como os *filhos* aos *pais*, respectivamente. O mesmo diz São Paulo em referência aos servos: "Escravos, obedecei em tudo aos vossos senhores terrenos, não só sob o seu olhar, como se servísseis para agradar aos homens, mas com simplicidade de coração, por temor de Deus" (Cl 3,22). Em referência aos filhos: "Filhos, obedecei em tudo aos pais, porque isso é agradável ao Senhor" (Cl 3,20). Assim como entendemos por obediência simples tudo o que não é contra as leis de Deus, assim também nos citados textos de São Paulo devemos subentender na expressão *em tudo*, a exceção *o que não é contra as leis de Deus.*

6. Mas para não descer a detalhes ao tratar do direito dos príncipes, apresento agora os textos que conjuntamente se prestam a estabelecer todo o poder, a saber, que os súditos lhes devem obediência simples e absoluta. Em primeiro lugar, do Novo Testamento. "Na cadeira de Moisés sentaram-se os escribas e os fariseus. Fazei, portanto, e guardai *tudo* quanto vos disserem" (Mt 23,2-3). "Fazei tudo" quer dizer: obedecei simplesmente. Por quê? Porque "sentaram-se na cadeira de Moisés"; isto é, de um *príncipe secular,* não de Arão, sacerdote. "Submeta-se cada pessoa às autoridades constituídas; porque não há autoridade que não venha de Deus, e as que, de fato, existem, foram estabelecidas por Deus. Assim, pois, quem resiste à autoridade, opõe-se à ordem estabelecida por Deus, e os que a ela se opõem atraem sobre si uma sentença de condenação [...]" (Rm 13,1s.). Portanto, se os poderes que existiam no tempo de São Paulo eram estabelecidos por Deus, e se todos os reis daquela época exigiam de seus súditos inteira obediência, segue-se que esse poder é estabelecido por Deus. "Sede submissos a toda instituição humana, por amor do Senhor, seja ao rei como soberano, seja aos governadores, como enviados por Ele para punirem os malfeitores e encomiarem os bons. Tal é a vontade de Deus" (1Pd 2,13-15). Novamente São Paulo, em Tt 3,1: "Recorda-lhes que sejam submissos às autoridades constituídas, que sejam obedientes". A quais autoridades constituídas? Não é aos príncipes daqueles tempos, que exigiam obediência simples.

Em seguida, para vermos o exemplo do próprio Cristo, a quem cabia, por direito hereditário como descendente de Davi, o reino dos judeus, ele, que vivia à maneira de súdito, não só pagava o tributo a César, como o declarava ser devido a César: "Dai, pois, a César, disse, o que é de César e a Deus o que é de Deus" (Mt 22,21). Ele mesmo, quando lhe aprouve agir como rei, exigiu inteira obediência. "Ide, disse, àquela aldeia que está lá adiante e logo achareis uma jumenta presa e com ela um jumentinho; desatai-a e a trazei. E se alguém vos disser alguma coisa, respondereis: 'O Senhor precisa dela'" (Mt 21,2-3). Assim fez por direito de *senhor* ou de rei dos judeus. Retirar de um súdito seus bens a título de que "o Senhor precisa deles" é poder absoluto.

Os textos do Antigo Testamento com maior evidência são os seguintes: "Aproxima-te tu e ouve *tudo* o que diz o Senhor, nosso Deus; depois nos transmitirás o que o Senhor, nosso Deus, te tiver dito, e nós escutaremos e obedeceremos" (Dt 5,27). Ora, nesse vocábulo *tudo* está contida integralmente a obediência. Novamente o povo a Josué: "Eles responderam a Josué: 'Faremos tudo o que nos ordenares e iremos para onde quiseres que nos mandes. Assim como obedecemos a Moisés em todas as coisas, assim também obedeceremos a ti; basta-nos que o Senhor, teu Deus, esteja contigo, como esteve sempre com Moisés. Quem te resistir e não obedecer às tuas palavras, em qualquer coisa que lhe ordenares, será morto'" (Js 1,16-19). Vale notar o apólogo do espinheiro em Jz 9,14-15: "Então todas as árvores disseram ao espinheiro: 'Vem tu e reina sobre nós'. E o espinheiro respondeu às árvores: 'Se realmente quereis ungir-me vosso rei, vinde e ponde-vos à minha sombra, e, se não, que saia fogo do espinheiro e devore os cedros do Líbano'". O sentido é que nós devemos assentir às palavras daqueles que deveras constituímos reis sobre nós, se não quisermos ser devorados pela fogueira da guerra civil.

Mas o poder do rei é descrito de modo particular pelo próprio Deus em 1Sm 8,9s.: "Declara-lhes o direito do rei, que reinará sobre eles [...]. Este será o direito do rei, que reinará sobre vós: Tomará os vossos filhos e os empregará nos seus carros [...]. E fará de vossas filhas suas perfumistas [...]. Tomará os melhores [...] dos vossos olivais para dá-los aos seus servos [...]". Não é isto poder absoluto? No entanto é chamado *direito do rei* pelo próprio Deus. E, parece, não houve ninguém entre os judeus, nem mesmo o *sumo sacerdote,* que tivesse sido isento desta obediência. E quando em 1Rs 2,26-27 se lê que "disse o rei [Salomão] a Abiatar, o sacerdote: 'Retira-te para Anatot, à tua propriedade, pois és digno de morte, mas hoje não te farei morrer, porque carregaste a arca do Senhor Deus, diante de Davi, meu pai, e porque participaste de todas as vicissitudes de meu pai'. Assim Salomão depôs Abiatar do cargo de sacerdote do Senhor". Nenhum argumento se pode tirar daí para concluirmos que esse fato tenha desagradado a Deus, como também não se lê em outro lugar que Salomão tenha sido repreendido ou que sua pessoa a esse tempo fosse menos aceita a Deus.

12
DAS CAUSAS INTERNAS DE DISSOLUÇÃO DA CIDADE

1. Que é opinião subversiva dizer que cabe ao indivíduo julgar o que é bem e o que é mal. 2. Que é opinião subversiva dizer que os súditos pecam, obedecendo a seus príncipes. 3. Que é opinião subversiva dizer que o tiranicídio é lícito. 4. Que é opinião subversiva dizer que são também sujeitos às leis civis os que têm o poder supremo. 5. Que é opinião subversiva dizer que o poder supremo pode ser dividido. 6. Que é opinião subversiva dizer que fé e santidade são adquiridas não com o estudo e a razão, mas sempre por infusão e inspiração sobrenatural. 7. Que é opinião subversiva dizer que todos os cidadãos têm propriedade ou domínio absoluto dos bens que possuem. 8. Que ignorar a diferença entre povo e multidão predispõe à subversão. 9. Que uma tributação exagerada, por justa e necessária que seja, predispõe à subversão. 10. Que a ambição predispõe à subversão. 11. Que a esperança de sucesso predispõe à subversão. 12. Que a eloquência só sem a sabedoria tem poder para excitar revoltas. 13. De como a estultice do vulgo e a eloquência dos ambiciosos concorrem para a dissolução da república.

1. Até aqui mostramos as causas e os pactos que deram origem e estabelecimento às cidades, bem como os direitos dos governantes sobre os cidadãos. Agora trata-se de mostrar brevemente as causas de dissolução delas; ou seja, as causas de subversão. Costumam-se considerar três aspectos nos movimentos dos corpos naturais, a saber: *disposição interna,* que os torna capazes de produzir movimentos; *agente externo,* que efetivamente produz um movimento certo e determinado; e a *própria ação.* Assim também há três considerações a fazer sobre a Cidade em que os cidadãos estão agitados: primeiro, quanto *a doutrinas* e *paixões* contrárias à paz, que predispõem os ânimos; segundo, quem são os que incitam, reúnem e dirigem os cidadãos, já dispostos à sublevação e a pegar em armas; terceiro, quanto ao modo como isso procede, ou seja, sobre a própria *facção.*

A primeira das doutrinas que predispõem à subversão é que *a ciência do bem e do mal compete a cada um em particular.* Com efeito, que essa proposição é verdadeira com referência ao estado de natureza, em que cada um goza direitos iguais e não se submeteu por pactos à dominação dos outros, não só concordamos como provamos no cap. 1, art. 9º. Mas com referência à condição da vida civil ela é falsa. Pois vimos no cap. 6, art. 9º, que as regras do *bem* e do *mal,* do *justo* e do *injusto,* do *honesto* e do *desonesto,* são leis civis, por isso o que o legislador ordena deve-se ter por *bem,* e o que proíbe, deve-se ter por *mal.* Legislador é sempre aquele a quem compete o poder supremo na Cidade; isto é, na *monarquia é o monarca.* Confirmamos esta matéria no cap. 11, art. 6º, com palavras de Salomão. Pois, se se devesse seguir como boa e fugir como má alguma coisa que parecesse tal a cada um, a que se referem suas palavras: "Dai, pois, a vosso servo um coração dócil para governar o vosso povo, para discernir entre o bem e o mal"? (1Rs 3,9). Portanto, se cabe aos reis discernir entre o bem e o mal, são perversas as expressões que se ouvem cada dia: - *É rei o que age bem. - Não se deve obedecer aos reis se não derem ordens justas.* E semelhantes.

Antes de haver governos, *justo* e *injusto* não existiam, pois são conceitos naturalmente relativos a um mandado qualquer, a toda ação humana é naturalmente indiferente: que se torne *justa* ou *injusta,* provém do direito de quem governa. Por isso, os reis legítimos tornam justas as coisas que mandam mandando, e tornam injustas as coisas que proíbem proibindo. Os cidadãos particulares, assumindo a si o conhecimento do *bem* e do *mal,* arvoram-se em reis, e isto é incompatível com a preservação da Cidade. O mais antigo dos mandamentos de Deus é: "Da árvore da ciência do bem e do mal não comerás" (Gn 2,17); a mais antiga das tentações diabólicas: "e vos tornareis como Deus, conhecendo o bem e o mal" (Gn 3,5); a primeira reprimenda de Deus ao homem:

"Quem te revelou que estavas nu? Não terás comido da árvore de que te havia proibido de comer?" (Gn 3,11). Como se dissesse: Por que julgaste que a nudez em que me aprouve criar-te é desonesta, senão por quereres tu próprio arrogar-te o conhecimento do honesto e do desonesto?

2. É pecado o que um homem faz contra a consciência, pois os que assim agem desprezam as leis. Mas deve-se distinguir: é meu pecado o que, tendo cometido, julgo ser meu pecado; mas o que julgo ser pecado de outro homem, isso posso às vezes cometer sem ser pecado de minha parte. Pois, se me mandam fazer o que é pecado do mandante, e o faço, sendo o mandante por direito meu senhor, não peco. Se eu pego em armas por ordem da Cidade, sabendo que a guerra foi declarada injustamente, não cometo injustiça por isso, mas sim se me recusar a pegar em armas, arrogando-me o discernimento do justo e do injusto, que cabe somente à Cidade. Os que não respeitam esta distinção caem na necessidade de pecar toda vez que lhe for ordenado algo que é ilícito, ou lhes parece ser ilícito; pois, se obedecerem, pecam contra a consciência, se não obedecerem, pecam contra o direito. Se pecarem contra a consciência, mostram não temer as penas da vida futura; se pecarem contra o direito, põem a sociedade humana e a vida civil presente em risco de subverter-se em grande escala. A opinião, portanto, dos que ensinam que *os súditos pecam toda vez que executam as ordens que parecem injustas, de seus príncipes,* é errônea: deve ser posta no número das que contrariam a obediência civil, e depende daquele erro originário que fizemos notar acima, no artigo precedente. Mediante o nosso juízo sobre o *bem* e o *mal,* fazemos com que nossa obediência ou nossa desobediência seja pecado.

3. A terceira opinião subversiva, *que é lícito o tiranicídio,* nasceu da mesma raiz. Em nossos dias alguns teólogos, como antigamente todos os sofistas, e Platão, Aristóteles, Cícero, Seneca, Plutarco, e os demais fautores da anarquia grega e romana, não só sustentam que o tiranicídio é lícito, mas que também é digno do maior louvor. Pelo nome de *tiranos* eles entendem, além dos monarcas, todos os que administram o poder supremo em qualquer tipo de Cidade. Em Atenas não somente Pisístrato, que governou sozinho, mas depois dele trinta homens, que governavam juntos, era cada um deles chamado *tirano.*

Mas esse indivíduo, que querem ver morto como tirano, ou governa com direito ou sem direito: se sem direito, ele é inimigo, e pode legitimamente ser morto. Neste caso, tal não se deve chamar *tiranicídio, e* sim, morte de um usurpador. Mas se ele legitimamente ocupa o poder, tem lugar a increpação divina: *Quem te revelou que ele era um tirano? Não terás comido da árvore de que te havia proibido de comer?* E por que chamas *tirano* a quem Deus fez *rei,* a não ser que tu, simples indivíduo particular, te apropries do conhecimento do bem e do mal? - É fácil entender quanto essa opinião seja perniciosa para as cidades, principalmente as *monarquias,* pelo fato de que qualquer rei, seja mau ou seja bom, por ela fica à mercê do julgamento condenatório e da mão assassina do primeiro sicário.

4. A quarta opinião contrária à sociedade civil sustenta que *os que têm o poder supremo estão também sujeitos às leis civis.* Acima, no cap. 6, art. 14, foi provado suficientemente ser falsa esta proposição, pelo seguinte. A Cidade não pode obrigar a si mesma nem se ligar a nenhum cidadão; não a si, porque ninguém se obriga a não ser a outro; não se liga a nenhum cidadão, porque as vontades dos cidadãos estão contidas na vontade da Cidade a tal ponto que, se a Cidade se quer livre dessa obrigação, os cidadãos também querem, e por isso ela está livre. Entende-se valer para o homem, ou grupo de homens, que detêm o poder supremo, a mesma verdade que vale para a Cidade, pois são eles que fazem a Cidade, que nem mesmo existe senão pelo supremo poder deles. E é evidente que a dita opinião não se concilia com a essência da Cidade, pois graças a ela voltaria ao foro de cada indivíduo particular o conhecimento do *justo* e do *injusto;* isto é, o poder de definir o que é o que não é contra as leis civis. Cessaria então a obediência toda vez que parecesse ser contra as leis alguma ordem dada, cessaria juntamente todo Poder coercitivo. E isto é incompatível com a preservação da essência da Cidade.

Esse erro tem, entretanto, grandes defensores, Aristóteles e outros, para os quais o poder supremo da Cidade deve estar unicamente em função das leis por causa da fraqueza humana. Mas esses autores parecem ter examinado a natureza da Cidade um tanto superficialmente, ao dizerem que devem ser deixados à função das próprias leis poderes necessários à Cidade, como o poder coactivo, a interpretação das leis e a legislação. Embora, porém, os cidadãos particulares possam às vezes pleitear contra a própria Cidade e levá-la à justiça, isso só tem lugar quando não está em questão saber o que a Cidade pode, mas sim o que ela quer com determinada lei.

Como numa ação judicial de pena de morte contra um cidadão, em virtude de uma qualquer lei a questão não é se a Cidade, em vista do próprio direito absoluto tem poder de tirar-lhe a vida, mas se ela quer que a ele seja tirada a vida mediante essa lei. Mas ela o quer, se esse cidadão violou a lei; do contrário, não o quer. O fato, pois, de um cidadão mover ação legal contra a Cidade não é argumento suficiente de que a Cidade esteja ligada com suas próprias leis. É claro, ao contrário, que a Cidade não está obrigada por suas próprias leis, porque ninguém está ligado a si mesmo. Assim, as leis foram feitas para Fulano e Sicrano, não para a Cidade. Embora a ambição dos homens de lei faça ver, aos olhos dos ignorantes, que as leis parecem depender não da autoridade da Cidade, mas da sabedoria deles.

5. Em nossa enumeração a opinião posta em quinto lugar é a mais perniciosa para uma Cidade, a saber, que *o poder supremo* há de *ser dividido*. Há entre os autores maneiras diversas de efetuar essa divisão. Há os que admitem o poder supremo da autoridade civil em matérias referentes à paz e à tranquilidade pública; mas transferem para outros o poder em matérias referentes à salvação da alma. Como a justiça é o bem mais necessário à salvação, acontece que os cidadãos - medindo a justiça não pelas leis civis, como devem, mas pelos preceitos e doutrinas daqueles que, em relação à Cidade, são indivíduos particulares ou estrangeiros - não querem por medo supersticioso prestar a obediência devida a seus príncipes, caindo, em razão do mesmo medo, no inconveniente que temem. Mas que pode haver de mais pernicioso para uma Cidade do que as pessoas se sentirem apavoradas pela ameaça dos tormentos eternos, para não obedecerem a seus príncipes - isto é, às leis -, ou melhor, para não serem justas?

Há também os que dividem a autoridade suprema atribuindo de guerra e de paz a uma pessoa, que chamam monarca, mas o direito de manipular as finanças, não a ele, mas a outros. Ora, as finanças são os nervos da guerra e da paz. Por isso, os que assim dividem o poder, ou na realidade não dividem, e atribuem todo o poder àqueles em cujas mãos se encontra o dinheiro, mas ao outro só um mero nome; ou se na realidade dividem o poder, destroem a Cidade. Guerra, quando necessária, não se faz sem dinheiro, assim como sem dinheiro não se preserva a paz.

6. Comumente ensina-se que fé e santidade são adquiridas não com o estudo e a razão, mas sempre por infusão e inspiração sobrenatural. Se isso fosse verdade, não veja para que nos foi dada ordem de prestar contas de nossa fé; nem por que todo e qualquer bom cristão não seja um profeta; nem, finalmente, por que cada um de nós, ao julgar do que deve ou não deve fazer, não recorra antes à própria inspiração que aos preceitos do superior ou da reta razão. Retorna-se, portanto, *ao conhecimento privado do bem e do mal*, o que não se pode conceder sem a ruína das cidades. E esta opinião acha-se tão espalhada pelo mundo cristão que já atinge quase o infinito número dos que abdicaram da razão natural. Ela é filha de homens fanáticos que, apropriando-se de grande quantidade de palavras da Sagrada Escritura, fizeram tal arranjo homilético com elas que sua retórica, sem dizer nada, parecia divina aos ouvidos de pessoas rudes. Pois, quando o absurdo com aparência de palavra de Deus vem de alguém, esta fonte há de parecer inspirada por Deus.

7. Em sétimo lugar, a doutrina contrária às cidades é que *cada um dos cidadãos tem propriedade ou domínio absoluto sobre os bens que possui*; isto é, *uma propriedade* tal que não só exclui o direito de todos os demais concidadãos sobre os mesmos bens como o da mesma Cidade. Mas isto é falso, pois os que têm sobre si um *senhor*, não têm *domínio*, como ficou provado no cap. 8, art. 5º. Ora, a Cidade *é senhora* de todos os cidadãos por efeito de constituição. Antes de aceito por todos o jugo civil, ninguém tinha coisa alguma por *direito próprio*, tudo era *comum* a todos. Assim, como alguém obteve esta *propriedade*, se não da Cidade? E de onde obteve o direito da Cidade, se não que cada um dos cidadãos transferiu o seu para ela? Portanto, tu também cedeste teu direito à Cidade, e o teu *domínio* ou *propriedade é* tão grande e tanto dura quanto quer a Cidade; como numa família, os bens *são próprios* de cada filho conforme e por quanto tempo quer o pai.

Mas a maior parte dos homens que professam a prudência civil argumentam de modo muito diferente. "Somos iguais por natureza" dizem; "não há razão nenhuma para alguém tomar de mim uma coisa minha com maior direito do que eu teria para tomar dele uma coisa sua. Sabemos que, às vezes, é preciso dinheiro para a defesa pública, mas os que o exigem devem demonstrar que é preciso, e assim hão de recebê-lo de contribuintes que querem pagá-lo. Os que assim falam, portanto, não sabem que desde o início, na própria constituição da Cidade, já foi feito o que desejam seja feito; por isso, imaginando expressar a realidade de uma massa desordenada e uma Cidade ainda não realizada, eles com prometem a Cidade já realizada.

8. Por último, um erro que contraria o governo civil, sobretudo o regime monárquico, é não distinguir suficientemente entre *povo* e *multidão. Povo é um* corpo, um ser com *uma vontade,* e a quem se pode atribuir *uma* ação. Nenhuma destas notas pode ser afirmada da *multidão.* O *povo* reina em todas as cidades; mesmo em *monarquias* o povo tem o poder, o povo quer pela vontade de *um homem. Já* a multidão são os cidadãos; isto é, os súditos. Numa *democracia* e numa *aristocracia* os cidadãos são *multidão,* mas a corte/conselho *é povo.* E numa *monarquia,* os súditos são *multidão,* e o rei, embora um paradoxo, *é povo.* O vulgo e as pessoas que pouco percebem dessas verdades sempre se referem ao *grande número* de homens como ao *povo*; isto é, *à Cidade,* E elas dizem que a *Cidade* se revoltou contra o rei (o que é impossível), e que o *povo* quer e não quer, quando são súditos murmuradores e descontentes os que querem ou não querem e, sob o pretexto de ser *povo,* excitam os cidadãos contra a *Cidade*; isto é, *multidão* contra *povo.*

Aí estão quase todas as opiniões com que costumam os cidadãos predispor-se às desordens. E como em toda Cidade o que tem ou os que têm o poder supremo precisam preservar sua autoridade, essas opiniões são naturalmente culpáveis de *lesa-majestade.*

9. Entre todas as desgraças a que mais traz aflição ao coração humano é a *pobreza*, ou falta daqueles bens que são necessários à conservação da vida e da dignidade. E embora não haja ninguém que desconheça serem os meios adquiridos com o trabalho e conservados com a sobriedade, todavia, em geral os pobres, supondo sua situação particular ter sido destruída pelas exações públicas, costumam lançar a culpa não sobre a própria indolência e intemperança mas sobre o governo da Cidade. Mas é preciso considerar que os homens que não têm patrimônio não apenas devem trabalhar para viver, mas devem combater para trabalhar. Todos os judeus que, no tempo de Esdras, trabalhavam no soerguimento dos muros de Jerusalém, com uma mão faziam a obra e com a outra seguravam a espada.

Em qualquer Cidade é preciso que se diga, a mão que segura a espada é o *rei*, ou a *corte suprema*, e ela deve ser fortalecida e mantida pelos cuidados dos cidadãos não menos do que a mão com que cada um constrói sua riqueza particular. Igualmente, os *impostos* e *tributos* não são outra coisa que a *recompensa* dos que vigiam em armas para que o trabalho de cada um não sofra com os ataques do inimigo. E também a queixa dos que atribuem às pensões públicas a causa de sua pobreza não é mais justa do que se dissessem que ficaram pobres por ter de pagar suas dívidas. Mas a maior parte dos homens não se preocupam com isso. Sofrem dos mesmos incômodos que trazem a doença do pesadelo. Causado pela gula, faz o indivíduo sentir o corpo invadido ou oprimido por um grande peso, e sufocado. E bastante evidente que, os que parecem a si mesmos sentir-se esmagados sob o peso total da Cidade, são inclinados à subversão da ordem, e os que se sentem desgostosos com a situação presente são os que se comprazem com as novidades.

10. Outra enfermidade da alma, prejudicial às cidades, é a daqueles que, ricos de lazer, carecem de dignidade. Todos os homens aspiram naturalmente às honrarias e à distinção, mas principalmente os menos constrangidos pela preocupação com as necessidades materiais. São estes que o tempo livre faculta em parte a discretearem entre si sobre negócios públicos, em parte a dedicarem-se a leituras sobre história, oratória, política e outras matérias. Acontece então que esses homens se acham munidos de inteligência e saber suficientes para administrar negócios da maior importância. Mas nem todos são aquilo que a seus olhos parecem ser, se fosse, não poderiam em sua totalidade ser aproveitados em funções públicas, devido ao seu grande número, por isso muitos deles são necessariamente preteridos. E por se considerarem vítimas de afronta às suas pessoas, eles, seja por inveja contra os que lhes foram preferidos, seja por esperança de superação, só poderão ter um desejo: que a administração pública venha a sofrer a má sorte dos insucessos. Por isso não é de admirar se eles, cheios de cobiça, ficam à espreita das oportunidades de inovação.

11. Entre os sentimentos subversivos merece também ser enumerado o de *expectativa de vencer.* Pois, sejam os homens, quanto se quiser, imbuídos de opiniões contrárias à paz e ao governo civil; sejam eles, ao máximo possível, prejudicados e maltratados por injúrias e afrontas por parte dos ocupantes do poder, mas se a *esperança de vencer* for nenhuma, ou não parecer suficiente, não haverá revolta. Cada um passa a dissimular, preferindo suportar a gravidade do momento a arriscar-se a uma situação pior.

São quatro os requisitos necessários a esta *esperança: número, meios, confiança recíproca* e *liderança.* Sem contar com um grande *número,* a resistência ao poder não é caso de subversão, mas de desespero. Entendem-se *meios* instrumentais as *armas* e as *provisões,* na falta das quais de nada vale o número, como de nada valem as armas sem a *confiança recíproca,* e nem isso tudo vale alguma coisa sem a união sob o comando de um *líder.* A ele todos hão de obedecer espontaneamente, não como que obrigados e subjugados pelo seu poder. Ainda neste mesmo capítulo coube-nos supor que homens de tal jaez não concebem obrigar-se fora daquilo que lhes parecer a si mesmos reto e bom. Ora bem, eles obedecem é em vista da apreciação do valor e prudência do líder militar ou em vista da afinidade de sentimentos entre todos. Se estes quatro requisitos estiverem ao alcance de homens que suportam mal a situação vigente dos negócios públicos, e medem a justiça de suas ações pela própria craveira, não falta mais nada para se instalar a subversão e confusão na Cidade, a não ser somente aquela pessoa *capaz de assanhá-los e instigá-los.*

12. Nunca houve ninguém tão preparado para urdir intrigas como Catilina, cujo caráter, segundo Salústio, se resumia em ter *bastante eloquência e pouca sabedoria.* Separadamente, esse autor considera a eloquência necessária ao homem nascido para tratar com a multidão, e reserva a sabedoria para a função de ensinar a paz.

Há, porém, duas espécies de eloquência. Uma exprime com clareza e elegância os pensamentos e concepções do espírito e provém em parte da observação das próprias coisas e em parte do conhecimento das palavras em sua acepção própria e significação exata. A outra sabe exitar as paixões da alma, como esperança, medo, ira, piedade, mediante o uso metafórico das palavras, adaptando a exprimir essas paixões. A primeira tece o discurso mediante princípios verdadeiros; a segunda, mediante opiniões concorrentes quaisquer que sejam. A arte da primeira é a lógica, da segunda é a retórica; a meta de uma é a verdade, da outra é a vitória. Cada qual tem sua utilidade: uma nas deliberações, a outra nas exortações. Uma nunca se afasta da *sabedoria,* a outra, quase sempre.

Que este tipo de *oratória de influência,* pouco afeita à sabedoria ou ao conhecimento das coisas, constitui basicamente o caráter dos que incitam e arrastam o povo para as novidades turbulentas, pode-se facilmente provar atentando-se para o próprio serviço que eles pretendem prestar. Pois não fariam embeber o ânimo do povo de absurdas opiniões, contrárias à paz e à sociedade civil, se eles próprios não estivessem imbuídos delas, o que representa uma ignorância mais grave do que a que pode acometer um homem sensato. Como considerar sensatos, mesmo medianamente, indivíduos que ignoram de onde as leis haurem sua força; quais são as regras do *justo* e *injusto,* do *honesto* e *desonesto,* do *bem* e do *mal;* o que promove e preserva a paz entre os homens, o que a destrói; o que distingue o *meu* do *teu;* afinal, o que desejam seja-lhes feito para fazerem o mesmo a outrem?

Transformar ouvintes tolos em loucos; fazer com que para eles corram pior as coisas que já vão mal, ou lhes pareça ser mal o que parece ser bem; exagerar as esperanças e minimizar os perigos acima do razoável – isso tudo tais indivíduos conseguem com a eloquência, não a que exprime a realidade como é, mas a outra que, agitando o ânimo dos ouvintes, faz as coisas aparecerem tais quais as imaginam eles em seus ânimos agitados.

13. Por absurdo, contribuem também para predispor os ânimos dos cidadãos aos movimentos subversivos muitas pessoas dedicadas às causas da Cidade, como fato de transmitirem à juventude nas escolas e a todo o povo nos púlpitos doutrinas conforme com as ditas opiniões. Mas os que desejam por obra tais disposições concentram todas as forças de sua ambição, primeiramente em reunir numa facção, para se conspirar, todos os elementos descontentes; depois, em empalmar os postos de chefia na facção.

Formam a *facção* e passam a portar-se como negociadores e intérpretes de conselhos e ações de cada um, nomeiam pessoas e indicam locais onde se reunirem para as deliberações sobre os meios com que reformar, segundo lhes parecer conveniente, o governo da Cidade. A fim de dominarem dentro da *facção,* eles precisam criar uma *facção* na facção; isto é, fazer encontros secretos separadamente, com poucos elementos, em que possam dar ordens sobre o que propor mais tarde na assembleia geral; sobre os proponentes, o que cada um deva falar e em que ordem; de que modo atrair para o seu lado os mais poderosos e os de maior prestígio segundo a apreciação do meio popular da *facção.* Deste modo, quando contam com uma *facção* já bastante grande e a dominam pela eloquência, instigam os homens à decisão de tomar o poder. Por vezes, não havendo nenhuma *facção* contrária, eles afligem sem dúvida o corpo da república; mas o mais das vezes dilaceram-no com a guerra civil.

A *estultice* e a *eloquência* concorrem para a subversão da Cidade do mesmo modo como outrora, segundo a mitologia, as filhas de Pelias, rei da Tessália, conspiraram com Medeia contra seu pai. Querendo restituir a juventude ao ancião, elas, por conselho de Medeia, põem-no a cozinhar ao fogo, cortado em pedaços, mas ficam esperando em vão que volte a viver. Assim também, alguns homens vulgares, por estultice, como as filhas de Pelias, desejam renovar a Cidade velha, mas, arrastados pela *eloquência* de outros homens ambiciosos, como fosse o bruxedo de Medeia, frequentemente fazem-na mais consumir-se ao fogo, dividida em *facções,* do que submeter-se a uma reforma.

13

DOS DEVERES DOS QUE EXERCEM O PODER SUPREMO

1. Que o direito do poder supremo é distinto do exercício. 2. Que a salvação do povo é a lei suprema. 3. Que os soberanos devem atender à utilidade comum dos muitos, não à particular deste ou daquele. 4. Que por salvação entendem-se todas as comodidades da vida. 5. Pergunta-se se é dever dos reis prover à salvação das almas e de seus súditos da maneira que melhor lhes parecer à consciência? 6. Em que consiste a salvação do povo. 7. Que é necessário à defesa do povo manter observadores secretos. 8. Que é também necessário à defesa do povo manter em tempo de paz soldados, armas, fortificações e ter dinheiro. 9. Que a correta instrução dos súditos em doutrina política é necessária para conservar a paz. 10. Que a distribuição equânime de cargos públicos pode conduzir à preservação da paz. 11. Que é condição de equidade natural sejam impostas as taxas de acordo com o que cada um despende, e não com o que possui. 12. Que é importante para a conservação da paz acossar os ambiciosos. 13. É igualmente importante dissolver as facções. 14. Que favorecem o enriquecimento dos cidadãos as leis que fomentam as artes utilitárias e restringem o luxo. 15. Que não se deve definir em lei mais do que exige o bem-estar dos cidadãos e da Cidade. 16. Que não se devem infligir penas mais graves do que as prescritas em lei. 17. Que se deve fazer justiça aos cidadãos contra os juízes corruptos.

1. Na parte até agora examinada pudemos ver os *deveres dos* cidadãos e súditos em qualquer espécie de Cidade, e que prerrogativas de poder têm os governantes soberanos sobre eles. Falta-nos discorrer sobre os *deveres* dos próprios governantes e dizer como hão de comportar-se com os súditos. É preciso, porém, distinguir entre o *direito e* o *exercício* do poder supremo, pois podem subsistir separados, como, por exemplo, quando aquele que tem o *direito* de julgar não pode ou não quer comparecer ao julgamento dos processos ou tomar parte nas deliberações. Os reis, às vezes, por causa da idade, não podem administrar os negócios do reino; outras vezes, embora *em* condições de fazê-lo, julgam ser mais conveniente limitar-se à escolha dos ministros e conselheiros, e exercer o governo por meio deles.

Quando *direito* e *exercício* estão separados, o governo da Cidade assemelha-se ao governo ordinário do mundo pelo qual Deus, causa primeira de todas as coisas, produz os efeitos naturais pelo meio ordinário das causas segundas. Mas quando o que detém o direito de reinar quer, ele próprio, estar presente a todos os atos públicos, tribunais e conselhos, então resultará uma administração tal como se Deus, à margem da ordem natural, quisesse ocupar-se, ele mesmo, diretamente, de toda a matéria. Sumariamente, pois neste breve capítulo, trataremos dos *deveres* daqueles que administram o poder supremo por direito próprio ou delegado. Não é, porém, nosso propósito descer às peculiaridades que uns e outros príncipes podem apresentar diferentemente. Esta é a função de praxes políticas a serem adaptadas às várias cidades.

2. Ora, todos os deveres dos governantes estão contidos nesta sentença única: a *salvação do povo é a lei suprema.* Embora os homens revestidos do poder entre os cidadãos não possam estar sujeitos a leis propriamente ditas - isto é, à vontade dos outros homens -, pois é contraditório ser soberano e ser súdito, todavia, é de seu dever obedecerem o quanto possível em todas as coisas à reta razão, que é a lei natural, moral e divina. Os sistemas de poder foram estabelecidos por causa da paz, e os indivíduos buscam a paz em vista de segurança. Assim, o homem, revestido de autoridade, que dela fizesse uso diverso dos fins de salvação do povo, estaria agindo contra as razões da paz; isto é, contra a lei natural. Como, porém, é a salvação do povo que impõe a lei, e é pela lei que os príncipes conhecem o *dever,* assim a salvação do povo ensina-lhes a arte de lograr o bem. Pois, o poder dos cidadãos é o poder da Cidade; isto é, daquele que tem o poder supremo na Cidade.

3. Por povo entende-se, aqui, não determinada pessoa civil, a saber, a própria Cidade que a todos governa, mas a *multidão* de todos os cidadãos que são governados. A Cidade foi instituída para os Cidadãos, não para si mesma. Entretanto, não lhe é preciso se relacionar com este ou aquele cidadão, pois o governante como tal não provê a salvação do povo de outro modo senão pelas leis, as quais são universais; por isso, ele já satisfaz às suas *obrigações* se puser todo o esforço em fazer carrear, por meio de salutares disposições legais, o bem-estar para o maior número de súditos e pelo maior espaço de tempo, tal que não aconteça mal algum a ninguém, a menos que seja por própria culpa ou por um acaso imprevisto. Mas às vezes convém à salvação da maioria que os maus cidadãos de algum modo purguem seu mal.

4. Deve-se entender por *salvação* não a preservação da vida com qualquer qualidade, mas a garantia de um viver quanto possível feliz. Com efeito, os homens agruparam-se espontaneamente em cidades *institucionais* com o fim de poder viver da maneira mais agradável que a condição humana permitisse. Os que, portanto, estão encarregados da administração do poder supremo naquela espécie de Cidade, pecariam contra a lei de natureza, frustrando a confiança dos que lhes entregaram esse poder, se não fizessem tudo quanto fosse permitido pela lei para que os cidadãos venham a gozar abundantemente de todos os bens, não apenas para a sobrevivência, mas para o prazer da vida. Quanto aos que conquistaram o poder pelas armas, todos desejam que seus súditos tenham capacidades físicas e intelectuais para servi-los. Por isso estariam agindo contra os próprios interesses se não se esforçassem por garantir aos súditos não só os meios com que possam viver, mas também se fortalecer.

5. Todos os príncipes são conscientes de que em primeiro lugar muito importa *à salvação eterna* do povo o teor das opiniões que circulam sobre Deus e a natureza do culto a ele prestado. Nesta suposição, pode-se perguntar se não pecam contra a lei de natureza os soberanos e quaisquer administradores do poder supremo da Cidade, seja uma ou mais pessoas, não fazendo ensinar e praticar aquela doutrina e culto que eles acreditam levar infalivelmente *à salvação eterna* dos súditos, ou permitindo ensinar e praticar a contrária? É claro que agem contra a consciência e, no que deles depende, querem é a perdição eterna dos cidadãos. Se não quisessem, não entendo como eles, que são soberanos e não podem ser coagidos, dão oportunidade a que se ensinem e pratiquem coisas que eles sabem ser causa de condenação para os cidadãos. Este problema, porém, pode ficar em suspenso.

6. As comodidades que os cidadãos almejam com respeito à qualidade da vida presente podem distribuir-se de quatro modos: primeiro, contar com os meios de defesa contra os inimigos externos; segundo, ter os meios de preservação da paz interna; terceiro, obter quanto recurso for compatível com a segurança pública; e quarto, desfrutar de liberdade simples e espontânea. As autoridades supremas não podem dar contribuição melhor para o bem-estar público do que levar os cidadãos, assegurados contra a guerra externa e a guerra civil, a gozarem a riqueza produzida com sua operosidade.

7. De duas coisas necessita o povo para sua defesa: *informar-se* e *armar-se*. As cidades acham-se entre si num estado *natural* de hostilidade. Por isso, ao cessarem de combater, não é a paz que se estabelece, mas um armistício em que os inimigos, observando os movimentos e reações uns dos outros, avaliam sua segurança não tanto em virtude de pactos quanto à vista das forças e dos planos do adversário. Isto, por direito natural, como foi demonstrado no cap. 2, art. 10, pois, no estado de natureza os pactos se invalidam sempre que intervém um medo justo.

É, pois, necessário à defesa da Cidade, primeiro, que haja alguém capaz de *espreitar* e *descobrir* do modo melhor possível planos e movimentos de todos aqueles que podem prejudicar a Cidade. Os informantes são para as pessoas que administram o poder supremo como os raios de luz para a criatura humana. Mais adequadamente do que na visão natural, diremos que, na visão política, as imagens sensíveis das coisas externas e as formas inteligíveis, não percebidas por outros, são transmitidas por meio da distância para a alma (i. é, para os que administram o poder supremo). Por isso, esses homens são não menos necessários à preservação da Cidade do que os raios de luz à preservação do indivíduo. Os governantes, se comparados às teias de aranha –

que, esticadas de cá e de lá com fios finíssimos, dão sinais dos movimentos externos para o inseto, escondido em sua pequena caverna, - não podem saber o que lhes cabe comandar para a defesa de seus súditos sem ajuda desses espreitadores, não melhor do que as aranhas, que não sabem quando sair e aonde dirigir-se sem ajuda dos fios de sua teia.

8. Em segundo lugar, para sua defesa é necessário que o povo esteja *armado*. *Armar-se* é estar preparado antes da iminência do perigo com certo número de soldados, armas, navios, fortificações, sobre uma firme base financeira. Recrutar soldados e aprestar armamentos depois de se sofrer uma derrota, se não impossível é pelo menos tardio. Igualmente, não estabelecer fortificações e guarnições militares em locais convenientes antes que o território seja invadido é agir como esses camponeses de que fala Demóstenes, que, sem saberem combater com espada, movem o escudo de um lado para outro do corpo conforme sentem a pancada e a ferida.

Quem acha que haverá tempo suficiente para arrecadar fundos destinados a manter as tropas e a custear outras despesas de guerra quando começar a aparecer o perigo, certamente não sabe como é difícil arrancar de repente de homens tacanhos tão grandes somas em dinheiro. Pois, quase todas as pessoas julgam ser de tal modo coisa sua e ser sua propriedade o que já puseram no número de seus bens, que se consideram vítimas de violência toda vez que são forçadas a pagar uma parte disso, mínima que seja, ao poder público. Não se pode arrecadar rapidamente altas quantias, suficiente para defender com armas a Cidade, contando-se apenas com o que as portagens e impostos sobre venda contribuem ao erário. Se, portanto, queremos a segurança da Cidade, temos que juntar dinheiro em tempo de paz em vista da guerra.

Sendo, pois, necessário que os governantes, para segurança dos cidadãos, saibam descobrir os planos dos inimigos, tenham armas e praças de guerra, disponham de fundos monetários; sendo eles também obrigados, por lei natural, a fazer todo esforço para assegurar o bem dos cidadãos, segue-se, então, que não só é legítimo ao governante enviar espreitadores, manter tropas militares, construir fortificações e exigir dinheiro para essas despesas, como lhes é ilícito omitir-se em todos esses problemas. Pode-se ainda acrescentar que eles devem usar qualquer meio de astúcia ou força que pareça servir para diminuir o poder dos estrangeiros de que houver suspeita. Pois, os que governam as cidades são obrigados a vigiar, na medida de suas forças, para que não aconteçam os males que temem.

9. A conservação da paz interna tem vários requisitos, porque muitas são as causas que concorrem para perturbá-la, como foi visto no capítulo precedente. Aí mostramos que umas são as que dispõem os ânimos à revolta, outras são as que movem e excitam os ânimos já predispostos. Entre os motivos que predispõem colocamos em primeiro lugar certas doutrinas más. Erradicá-las do espírito dos cidadãos e substituí-las por opiniões contrárias é dever dos que administram o poder supremo. Mas as opiniões são formadas na alma humana pelo ensino, não pelo comando; pelo esclarecimento das razões, não pelo terror às punições. Por isso, as leis para enfrentarmos esses males não devem ser feitas contra as pessoas que erram, mas contra os erros. Esses erros, incompatíveis com a tranquilidade da Cidade, conforme afirmamos no capítulo precedente, insinuaram-se no ânimo das pessoas simples; provindo em parte do púlpito dos pregadores, em parte das conversações diárias com homens que, em razão de abastança familiar, se entregaram aos estudos. Suas inteligências foram atingidas por aqueles erros mediante os professores de seus anos juvenis, nas academias públicas.

Por isso, se alguém, em sentido contrário, desejar introduzir na Cidade alguma doutrina sadia, deve começar pelas academias. Ali devem lançar-se os fundamentos verdadeiros e bem demonstrados da doutrina civil, ou política, para que os jovens, dela compenetrados, possam mais tarde instruir os outros em público e privadamente. Disso eles se desincumbiriam com tanto maior disposição e eficiência quanto mais persuadidos se acharem da verdade da doutrina que ensinam e apregoam. Se as pessoas, hoje em dia, em força do costume de tudo ouvir, aceitam certas opiniões, até falsas, ou que não são mais inteligíveis do que se fossem vocábulos que alguém extraísse de uma urna ao acaso, e assim os ajuntasse, não absorveriam elas, mais ainda, pela mesma razão de tudo ouvir, as doutrinas verdadeiras que são conformes com sua inteligência e com a natureza das coisas? Considero, portanto, um dever dos soberanos o mandar esboçar os elementos essenciais da teoria política e ordenar que sejam ensinados em todas as academias da Cidade.

10. Em segundo, mostramos que o mal-estar moral, proveniente da condição de *pobreza,* predispõe os cidadãos à subversão. Como se fossem sugados ou oprimidos pelos ônus públicos, eles costumam acusar as autoridades públicas como culpadas de sua pobreza, mesmo, quando esta é proveniente de dissipação ou de indolência. Todavia, é possível alguma vez que a queixa seja justa; por exemplo, quando os tributos da Cidade são desigualmente impostos aos súditos. O que para todos a um só tempo é uma carga leve, torna-se pesada e até intolerável para uma parte se muitos se subtraem. As pessoas não costumam tanto sentir o peso em si mesmo quanto a desigualdade em sua distribuição. Luta-se com grande ruído para conseguir imunidade fiscal, e nesta luta os menos felizes, como se fossem vencidos, invejam os mais felizes.

A fim de desfazer a queixa justa, é conveniente para a tranquilidade pública (e por conseguinte faz parte das obrigações do governante) que os encargos públicos sejam suportados por todos por igual. Além disso, como a contribuição dos súditos para usos públicos não é outra coisa que o preço da paz adquirida, é lógico que iguais participantes da paz paguem partes iguais, quer em dinheiro quer em trabalho para o Estado. Ora, conforme o cap. 3, art. 15, é lei natural que todo homem, ao distribuir justiça aos outros, se mostre equitativo a todos; logo, os governantes são obrigados por lei natural a repartir equitativamente aos cidadãos os encargos da Cidade.

11. Por igualdade não se entende aqui uma igual soma de dinheiro, mas de encargo, a saber, uma igualdade de proporção entre os encargos a pagar e os benefícios a receber. Embora todos igualmente gozem de paz, os benefícios da paz não são iguais para todos, pois uns entram em maior posse de bens, outros em menor, como também uns têm maiores despesas, outros menores. Pode-se, portanto, perguntar se os cidadãos devem contribuir para a fazenda pública à razão do que ganham ou do que consomem; isto é, se devem taxar as pessoas de modo que paguem de acordo com suas posses, ou se taxem as próprias coisas, de modo que o indivíduo pague de acordo com o que gastou. Mas, se considerarmos que, quando se levanta numerário de acordo com as posses, os que tiveram ganhos iguais não têm posses iguais, porque, enquanto um indivíduo conserva os ganhos poupando, o outro dissipa-os, gastando. Por isso, os que gozam igualmente do benefício da paz não sustentam por igual o peso dos encargos da Cidade. Por outro lado, quando se taxam as próprias coisas, cada um, gastando de seus bens particulares, com este simples ato de consumir, pagou, imperceptivelmente, sua parte devida à Cidade, de acordo não com o que tem mas com o que obteve por benefício da Cidade. Assim, não resta dúvida de que o primeiro dos dois modos de impor contribuições é contra a equidade e, portanto, não condiz com o dever dos governantes. O segundo está conforme à razão e ao ofício de governar.

12. Em terceiro lugar dissemos que a enfermidade da alma nascida da *ambição é* prejudicial à tranquilidade pública. Há homens que, por parecerem a si mesmos mais sábios do que os outros e mais capazes de administrar do que os atuais governantes da Cidade, quando não têm como demonstrar de outra maneira o quanto seus bons serviços poderiam ser úteis à Cidade, fazem-no criando embaraços. Pois, como é impossível erradicar da alma humana a ambição e o desejo de honrarias, não é dever dos governantes aplicar-se a isso, mas eles podem, pelo constante uso de recompensas e punições, fazer com que os homens aprendam que o caminho para as honras não passa pela exprobração ao governo atual nem pelas facções e aura popular, mas está no rumo contrário.

Homens de bem são aqueles que observam as ordenações dos antepassados, obedecem à lei e ao direito. Se entre os que administram o poder superior vigorasse a prática constante de orná-los com honras, punir e condenar ao desprezo os facciosos, haveria antes a ambição de obedecer que a de resistir. Às vezes, porém, acontece, como se faz ao cavalo bravo, que é preciso acariciar o cidadão insolente, mas poderoso; ali o cavaleiro, aqui o governante é quase derrubado. Estamos falando daqueles que têm autoridade plena e poder total; é seu dever favorecer os cidadãos obedientes e, quanto possível, reprimir com a ordem os facciosos. Não é possível preservar o poder público nem promover a tranquilidade dos cidadãos de outro modo.

13. Se subjugar os facciosos faz parte dos deveres dos governantes muito mais incumbe-lhes dissolver e destruir as próprias facções. *Facção* quer dizer um número de cidadãos, unidos *por pactos* entre si ou pelo poder de um indivíduo, sem autorização daquele ou daqueles que exercem a governança. *Facção* é como que uma Cidade dentro da Cidade. E como se faz uma Cidade com a união de homens que provêm do estado natural, assim, se faz uma facção com nova união deles. Conforme esta definição, um grande número de indivíduos comprometidos a obedecer, simplesmente, a um príncipe estrangeiro, ou a um particular; ou unidos entre si por pactos ou alianças de mútua defesa contra todos os outros, sem excetuar os que têm o poder supremo - isso *é facção.* Uma popularidade tão grande que chegue a servir de base até para formar um exército, a menos que o público se acautele, tomando reféns ou com outra fiança, encerra em si um tipo de facção. O mesmo pode acontecer com a riqueza particular, excessivamente acumulada, pois tudo obedece ao dinheiro. Se, pois, é verdade que as cidades vivem entre si como em estado natural de guerra, os governantes que permitem facções dentro de casa fazem o mesmo que acolher o inimigo. O que é contrário ao bem dos cidadãos é em consequência contra a lei natural.

14. Para que um cidadão se torne rico são necessários *trabalho, poupança e* o produto natural da *terra* e da *água.* Há também um quarto fator - isto é, a *ação militar* ou guerra -, que pode aumentar o patrimônio, mas o mais das vezes o faz diminuir. Somente os dois primeiros são realmente necessários. Uma Cidade estabelecida numa ilha do mar, não maior do que a zona habitada, sem agricultara e sem pesca, pode tornar-se rica pelo comércio e a manufatura apenas, mas não há dúvida de que seus habitantes seriam mais ricos, mantendo o mesmo número, ou igualmente ricos em número maior, se tivessem área disponível.

O quarto fator, o militar, desde longa data foi posto no número das artes do ganho, sob a denominação de banditismo ou de pirataria. Quando a humanidade existia dispersa em famílias, antes de se estabelecerem as cidades, essa era uma atividade considerada justa e honesta. Pirataria não é outra coisa senão uma guerra travada com pequenas tropas. As grandes cidades, como Roma e Atenas, ampliavam às vezes de tal modo o patrimônio público a partir dos despojos de guerra, tributos externos, conquista de terras pelas armas, que não só se dispensavam de cobrar impostos aos cidadãos mais pobres como até lhes distribuíam campos. Todavia, esta modalidade de enriquecimento de modo algum deve ser incluída em planos normais. No que se refere ao lucro, a arte militar é como o jogo de azar em que muitos arruinaram o patrimônio, enquanto pouquíssimo são os que o tornam maior.

São, portanto, somente três os fatores reais que levam ao incremento dos bens do cidadão - isto é, o produto da *terra* e da *água, trabalho* e *poupança – e* somente nesses três pontos é que deverá se concentrar o dever dos governantes. Quanto ao primeiro, são pertinentes as leis que favorecem os processos de melhora dos produtos da terra e da água, como as artes da *agricultura* e da *pesca*. Quanto ao segundo, são todas as leis que sacodem a indolência, estimulam a indústria, como a *arte de navegar,* que transporta as comodidades do mundo inteiro para uma Cidade quase com o único trabalho da compra; ou a *mecânica,* que compreende todas as habilidades dos melhores artesãos. São as leis que dão a devida honra às *ciências matemáticas,* que são fontes da náutica e da mecânica. Quanto ao terceiro fator, são aquelas leis que restringem as despesas excessivas do alimento e do vestuário e em geral de todas as coisas que se gastam com o uso. Como, pois, essas leis são benéficas para os fins mencionados, faz parte do dever dos governantes sancioná-las.

15. A liberdade dos cidadãos não consiste em serem eles isentos das leis da Cidade, ou em não poderem, as autoridades supremas, estabelecer todas as leis que desejarem. Como os movimentos e ações dos cidadãos nunca são em sua totalidade regulados por lei, e nem podem ser por causa de sua variedade, por isso há necessariamente uma quase infinidade de atos que não são comandados nem proibidos, e que cada qual pode fazer ou não fazer, livremente. É neles que cada qual goza de liberdade, e é neste sentido que aqui se toma liberdade, a saber, a parte do direito natural que é concedida e deixada aos cidadãos pelas leis civis. A água, se for represada de todos os lados, estagna-se e fica poluída; se tiver todo espaço aberto, ela se expande, e tanto mais livremente corre quantas saídas mais encontrar. Assim, os cidadãos: se nada fizessem sem o comando expresso das leis, ficariam embotados; se fizessem tudo sem leis expressas ficariam embaraçados. Quanto maior número de matérias as leis deixarem indeterminadas, tanto maior é a liberdade da qual eles desfrutam.

Os dois extremos são falsos, pois as leis não são criadas para impedir as ações dos homens e sim para dirigi-las, como as margens do rio, segundo a ordem natural, servem para encaminhar e não para deter o curso da água. Os parâmetros dessa liberdade são o bem da Cidade e o bem-estar do cidadão. Por isso, é antes de tudo contrário ao dever dos que governam e dos que têm o poder de fazer leis permitirem a existência de um número delas maior do que o necessário para o bem dos cidadãos e da Cidade. Com efeito, os homens costumam o mais das vezes discutir sobre o que devem fazer recorrendo antes à razão natural do que à ciência das leis. Por isso, quando as leis são mais numerosas do que fáceis de serem lembradas e proíbem coisas que a razão *de per si* não proíbe, eles necessariamente caem, mais por ignorância e sem qualquer má intenção, nas armadilhas das leis, e ofendem essa inocente liberdade que os governantes por lei natural são obrigados a preservar para os cidadãos.

16. Grande parte dessa *liberdade,* inofensiva para uma Cidade e necessária para a vida feliz dos cidadãos, depende de que não haja nenhuma ameaça de penalidades afora as que eles possam prever ou esperar. Isso está assegurado quando as leis não impõem nenhuma pena maior ou não exigem penas mais graves do que as que já foram definidas. Quando nenhuma foi definida, o primeiro que transgrediu uma lei espera uma punição indefinida ou arbitrária, e a suposição é que ele tenha um medo indeterminado de pagar um dano indeterminado. A lei de natureza, porém, preceitua aos que não estão sujeitos às leis civis (conforme dissemos no *Capítulo três,* art. 11, e por conseguinte aos governantes supremos), que, nas vindictas e nas punições, não se deve considerar o mal que passou e sim o bem futuro, e pecam os que recorrem, para penas arbitrárias, a outra medida que não a da utilidade pública. Quando a pena é definida, seja por prescrição da lei, ou expressa em termos formais, como: *Quem assim faz, assim paga; seja* na prática, se a pena, não prescrita em lei, mas arbitrária desde o início, foi determinada mais tarde pela punição do primeiro delinquente (a equidade natural manda punir com penas iguais transgressores iguais): então, exigir uma punição mais grave do que a que está definida em lei é contra a lei de natureza.

O fim da punição é formar, não forçar, a vontade do homem, fazendo-a tal como deseja que ela seja aquele que estabeleceu a pena. Deliberar não é outra coisa do que pesar numa balança as vantagens e as desvantagens de uma tentativa que fazemos, na qual o que tem mais peso naturalmente prevalece, de acordo com sua inclinação. Se, portanto, o legislador calcula punir um crime impondo um peso na balança menor do que o necessário para fazer o medo pesar mais do que o desejo de cometê-lo, então o peso excessivo do desejo sobre o medo da punição, que faz cometer o crime, será imputado ao legislador; isto é, ao governante supremo. Assim, se infligir punição maior do que ele próprio determinou em lei, estará castigando em outrem a falta que cometeu.

17. Faz também parte dessa *liberdade* inocente e necessária aos cidadãos que todo homem possa sem medo desfrutar os direitos que lhe são concedidos pelas leis. É inútil que as leis distingam o *meu* e o *teu* se voltarem a confundir-se devido a falsos juízos e devido ao roubo e ao furto. Ora, quando os juízes se deixam corromper, acontecem falsos juízos, roubo e furto. O medo, que faz os homens se afastarem de praticar o mal, não provém do fato de existirem penas estabelecidas, mas de ser exigido o seu cumprimento. Nós avaliamos o futuro pelo passado, esperando raras vezes o que só raras vezes acontece. Se, portanto, os juízes, subornados por presentes e favores, ou tocados de piedade, relaxam as penas exigidas por lei, dando desse modo esperança de impunidade aos maus, não haverá para os cidadãos honestos, cercados de assassinos, ladrões e velhacos, liberdade de tratarem entre si e nem ao menos de se movimentarem. A própria Cidade é destruída; a cada um retorna o direito de defender-se como quiser e souber.

A lei de natureza, portanto, ordena aos governantes supremos não somente que administrem justiça eles próprios, mas também obriguem com punições os juízes que nomearam a fazerem o mesmo. Prestem ouvidos às queixas dos cidadãos e, sempre que for preciso, deleguem poderes a juízes extraordinários para tomarem conhecimento do trabalho dos juízes ordinários.

14
DAS LEIS E DAS TRANSGRESSÕES

1. Da diferença entre lei e conselho. 2. Da diferença entre lei e pacto. 3. Da diferença entre lei e direito. 4. Divisão das leis em divinas e humanas; das divinas, em naturais e positivas; das naturais, em leis dos homens em particular, e leis das gentes. 5. Divisão das leis humanas - isto é, civis - em sagradas e seculares (profanas). 6. Outra divisão das leis civis em distributivas e vindicativas. 7. Que as distributivas e vindicativas não são espécies, mas partes diversas das leis. 8. Que a toda lei se supõe esteja anexa uma pena. 9. Que os mandamentos do Decálogo sobre a honra aos pais, o homicídio, o adultério, o furto, e o falso testemunho são leis civis. 10. Que é impossível ordenar, por meio da lei civil, algo contrário à lei de natureza. 11. Que é essencial à lei serem conhecidos ela e o legislador. 12. Como se faz conhecido o legislador. 13. Que a promulgação e a interpretação são necessárias para a lei ser conhecida. 14. Divisão da lei civil. 15. Que as leis naturais não são leis escritas; e que nem os pareceres dos jurisconsultos, nem o costume são leis por si mesmos, mas por consentimento do poder supremo. 16. Que significa a palavra pecado em sua acepção mais larga. 17. Definição de pecado. 18. Diferença entre pecado por fraqueza e por malícia. 19. Em que gênero de pecado está contido o ateísmo. 20. O que é crime de lesa-majestade. 21. Que pelo crime de lesa-majestade violam-se não leis civis, mas leis naturais... 22. ...e que por isso ele é punido não pelo direito de domínio, mas pelo direito de guerra. 23. Que impropriamente distingue-se obediência em ativa e passiva.

1. Alguns, ponderando um tanto superficialmente a força das palavras, confundem LEI às vezes com *conselho,* às vezes com *pacto* e às vezes com *direito.* Confundem *lei* com *conselho* os que julgam ser um dever dos monarcas não só ouvir os *conselheiros,* mas também obedecer-lhes, como se fosse coisa inútil aconselhar-

-se sem seguir o conselho dado. A distinção entre *conselho* e *lei* há de inspirar-se na diferença existente entre *conselho e mandamento.* Ora, *conselho* é um preceito em que o motivo para obedecer é tomado da *própria coisa* aconselhada. Já *mandamento* é um preceito em que o motivo da obediência é tomado da *vontade* de quem faz o mandamento. Não se diz propriamente: *Assim quero, assim ordeno,* se não estiver aí presente a *vontade* como motivo. Prestando-se, pois, obediência às leis não em vista da própria coisa, mas da vontade de quem dá a ordem, assim, *lei* não é *conselho,* mas *mandamento,* e define-se: *lei é um mandamento daquela pessoa (seja um só homem ou uma corte) cujo preceito contém o motivo da obediência.* Assim, os preceitos de Deus em relação ao homem, da Cidade em relação aos cidadãos, e em geral os de todos os que têm poder em relação aos que não podem resistir, chamam-se respectivamente leis suas.

Portanto, lei e conselho diferem entre si de muitos modos. *Lei* é de quem tem poder sobre aqueles a quem comanda; *conselho* é de quem não tem poder. Fazer o que é prescrito por *lei é dever;* fazer o que é indicado por *conselho* é de *livre* escolha. *Conselho* é dirigido ao fim particular de quem o recebe; *lei, ao* fim de quem comanda. Dá-se *conselho só* a quem o quer; impõe-se *lei* também a quem não a quer. Enfim, cessa o direito do *conselheiro* pela vontade daquele a quem ele dá *conselho*; mas o direito do *legislador* não cessa por vontade a quem a lei é imposta.

2. Confundem *lei* com *pacto* aqueles que julgam não serem as leis outra que *homologémata* (grego), ou seja, fórmulas de viver, determinadas pelo consenso comum dos homens. Entre esses autores, Aristóteles que, no prefácio da *Retórica a Alexandre,* assim define lei: "Nomos estilogos horismenos kath'homologíam koinen, poleos, menyon pos dei prattein hakasta". A saber: "Lei é uma proposição definida conforme o consenso comum da Cidade, que mostra como é preciso agir nos casos singulares". Esta definição não é de *lei* simplesmente, mas de lei civil. É evidente, pois, que as *leis divinas* como também as *leis naturais* não nasceram do consenso dos homens. Se tivessem origem do consenso dos homens poderiam igualmente por consenso deles ser ab-rogadas; entretanto, elas são imutáveis.

Mas na realidade essa não é uma definição correta de *lei civil.* Pois nesse texto por Cidade entende-se ou pessoa civil, que tem uma vontade, ou um grande número de homens, cada um dos quais tem sua livre vontade particular. Se se entende uma pessoa, a expressão *consenso comum* estão mal empregada, porque uma pessoa não tem *consenso comum.* Não era também o caso de dizer: *que mostra como é preciso agir, mas sim: que ordena como agir,* uma vez que a Cidade ordena aos cidadãos o que lhes mostra ou indica. O autor entendeu por Cidade um grande número de homens que, por consenso comum (p. ex., por escrito, confirmado com sufrágios), indica fórmulas ou modos de viver. Estas não são outra coisa que pactos mútuos, os quais não obrigam indivíduos (por isso não são leis) antes de estabelecido um poder supremo, capaz de coagir a lhe ser dada garantia contra os demais, que de outra maneira não haveriam de observá-los.

Leis, portanto, de acordo com a definição de Aristóteles, não são outra coisa que meros pactos sem valor que, finalmente, quando há governante que legitimamente exerça o poder da Cidade, se tornam leis ou não se tornam, ao arbítrio dele. Confunde, assim, *pactos* com *leis,* o que devia ser evitado, pois *pacto é promessa* e *lei é mandamento. Nos pactos* diz-se: *Farei;* nas *leis* diz-se: *Faze!* Pelo *pacto*[31] estamos obrigados, pela *lei* somos ligados à nossa obrigação. O *pacto* obriga por si mesmo; *a lei* mantém obrigado o indivíduo em virtude do pacto universal de prestar obediência. Por isso, no *pacto* determina-se o que fazer antes de sermos obrigados a fazê-lo, mas na *lei* antes obrigamo-nos a fazer, e o que fazer determina-se depois. Devia, pois, Aristóteles definir *lei civil* deste modo: *Lei civil é uma proposição definida pela vontade que comanda cada ação* a *ser realizada.* Coincide com a mesma definição que nós oferecemos no cap. 6, art. 9º: *Leis civis são mandamentos sobre ações futuras dos cidadãos, emanados da-*

31. Para alguns é a mesma coisa dizer – "estar obrigado" e "estar vinculado a uma obrigação" – e por isso haveria nas palavras alguma distinção, mas na realidade, nenhuma. Para melhor esclarecimento direi que o homem "está obrigado" por contrato quando ele deve cumprir algo em força de sua promessa; e que "está vinculado a uma obrigação" por lei quando é coagido a cumprir algo por medo à punição que está estabelecida na lei.

quela que tem o poder supremo na Cidade, seja um homem só ou uma corte de homens.

3. Confundem *lei* com *direito* os que continuam a fazer o que é permitido por *direito divino,* embora o mesmo seja proibido pela *lei civil.* O que é proibido pela *lei divina* não pode ser permitido pela *lei civil,* e o que é ordenado pela *lei divina* não pode ser proibido pela *lei civil.* Não obstante, nada impede que seja proibido por *lei civil* o que é permitido por direito divino; isto é, o que se pode fazer por direito divino. *Leis inferiores* podem restringir a liberdade deixada pelas *superiores,* embora não possam ampliá-la. A *liberdade natural,* não estabelecida, mas deixada pelas leis, é um *direito;* inexistindo *leis,* nossa *liberdade* é integral, sua primeira restrição vem da *lei natural* e da *lei divina.* O restante, restringem-no as *leis civis,* e o que a estas sobra, ainda pode ser restringido pelas *constituições* de sociedades e populações particulares. Há, pois grande diferença entre *lei e direito: lei é* um *vínculo, direito é liberdade.* São conceitos contrários.

4. Conforme diversos autores, toda lei pode ser dividida, em primeiro lugar, em *divina* e *humana.* A *divina,* em razão dos dois modos como Deus fez conhecer aos homens sua vontade, é de duas espécies: *natural* ou *moral,* e *positiva. Natural* é a que Deus declarou para todos os homens mediante sua *eterna palavra,* neles inata, a saber, a *razão natural.* É esta a lei que tentei explicar em todo o presente livro. *Positiva é* a que Deus anunciou mediante *a palavra profética,* usando-a para falar aos homens como homem, quais sejam as leis que Ele deu aos judeus em referência à instituição política e ao culto divino, e que podem chamar-se *leis divinas civis,* porque peculiares à Cidade dos israelitas, o próprio povo de Deus.

A *lei natural* pode ainda dividir-se em *lei natural dos homens,* à qual é reservada a denominação de *lei de natureza;* e *lei natural das cidades,* que se pode chamar *lei das gentes,* ou ordinariamente *direito das gentes.* Os preceitos de uma e de outra são os mesmos, mas em vista de, já constituídas, as cidades tomarem propriedades pessoais dos homens, a *lei* que chamamos *natural,* falando do dever de cada homem, quando aplicada a todas as cidades e nações, ou povos, chama-se *das gentes.* E estes mesmos elementos de *lei e direito natural,* de que até aqui estamos falando, podem servir, quando transferidos a inteiras cidades e nações, de elementos de estudo das *leis* e do *direito das gentes.*

5. Toda lei humana é civil. Pois, fora das cidades os estados dos homens é de hostilidade; como o indivíduo não está sujeito a outro, nesse estado não existem leis além dos ditames da razão natural, que é lei divina. Mas na Cidade, somente a própria Cidade - isto é, o homem ou a corte a quem é confiado o poder supremo - é o legislador. As leis da Cidade são civis. Podem-se dividir as *leis civis,* conforme as diversas matérias, em *sagradas e seculares,* ou profanas. *Sagradas* são as que se referem à religião - isto é, às cerimônias e ao culto de Deus -, a saber: quais pessoas, coisas, locais etc. devem ser consagrados, e com que rito; quais as doutrinas a respeito da divindade a fazer circular publicamente; que termos e rituais utilizar nas rogações e semelhantes. Coisas que não estão definidas em nenhuma lei divina positiva, pois as *leis civis sagradas* são leis humanas (também se dizem *eclesiásticas)* que regulam as coisas *sagradas.* Para as leis *seculares* costuma-se adotar a denominação geral de *leis civis.*

6. Por sua vez, a *lei civil,* em razão dos dois deveres do legislador - isto é, o de *julgar* e o de *coagir à* aceitação do julgamento - tem duas partes, uma *distributiva* e outra *vindicativa,* ou meramente *penal.* A *distributiva,* pela qual se distribui a cada um o seu direito, é a que, para cada coisa, estabelece as regras que nos fazem saber o que é próprio a nós e o que é próprio dos outros (de sorte que os outros não nos impeçam de usar e desfrutar nossas coisas, e nós não os impeçamos de usar e desfrutar as suas), como também saber o que a cada qual é lícito fazer ou deixar de fazer. *Vindicativa* é aquela que define as punições a aplicar sobre os que violam a lei.

7. Mas a *distributiva* e a *vindicativa* não são duas *espécies* de leis, mas duas partes de uma lei. Se a lei não diz mais do que, por exemplo: *É teu o que apanhaste com tua rede no mar,* ela fala em vão. Embora um outro te arrebate o que apanhaste, nada impede que isso ainda seja teu. Pois, no estado de natureza, em que todas as coisas são comuns a todos, o *teu* e o *alheio* são idênticos, de tal modo que, aquilo que a lei define como sendo *teu,* era *teu* mesmo antes da lei e não deixou de ser *teu* depois da lei, embora um outro esteja *de* posse disso.

Portanto, a lei nenhuma ação tem se não for entendida de tal modo que o *teu* seja exclusivo - a ponto de serem todas as outras pessoas proibidas de impedir que possas ter o uso dele e fruição segura por todo o tempo, de acordo com tua livre vontade. É isto que a propriedade de bens exige; não é que o indivíduo possa usufruir deles, mas usufruir sozinho; e isto se consegue se os outros são proibidos de opor impedimentos. Ora, proíbem inutilmente os que não incutem o medo da punição. Por isso, em vão se estabelece uma lei que não contém ambas as partes, tanto a que *proíbe* causar injúrias como a que *pune* os que as cometem. A primeira, chamada *distributiva, é proibitória* e dirige-se a todos; a segunda, que se denomina *vindicativa* ou *penária, é* mandatória, e, dirige-*se* apenas a certas autoridades públicas.

8. Entende-se, também, pelo acima exposto, que *a toda lei civil está anexa uma penalidade,* explícita ou implicitamente. Quando a pena não é definida nem por um escrito nem pelo exemplo de alguém que sofreu as penas da lei transgredida, nesse caso subentende-se que a pena é arbitrária, ou seja, ela depende da vontade do legislador, que é o governante supremo.

9. Ora, como são as leis civis que fazem o indivíduo ter seu direito próprio e distinto do direito de outrem, e também ser impedido de invadir o direito alheio, segue-se que são leis civis os preceitos abaixo enumerados:

- Não recusarás a teus pais a honra prescrita em leis;
- Não matarás o homem que as leis proíbem matar;
- Evitarás o coito proibido pelas leis;
- Não tomarás um bem alheio contra a vontade do dono;
- Não frustrarás as leis e os julgamentos por um falso testemunho.

As leis naturais ordenam as mesmas coisas, mas implicitamente, pois a lei natural (como se disse no cap. 3, art. 2º) manda observar os *pactos,* e, portanto, também prestar obediência, quando as pessoas se comprometerem a obedecer e abster-se do alheio no que a lei civil tiver definido o que é alheio.

Todos os cidadãos (cf. cap. 6, art. 13), pelo próprio fato de constituir-se a Cidade, *comprometem-se* a prestar obediência às ordens daquele que tem o poder supremo; isto é, às leis civis, até mesmo antes que elas possam ser infringidas. Pois a lei natural obrigava no estado natural, quando, primeiro, nada era alheio, e por isso era impossível, invadir o direito alheio (pois que a natureza dera todas as coisas a todos); segundo, quando tudo era comum, portanto, eram lícitos todos os coitos; terceiro, quando havia um estado permanente de guerra, por isso era lícito matar; quarto, quando tudo se decidia pelo próprio juízo de cada um, e, portanto, também o respeito aos pais; finalmente, quando não havia julgamentos públicos, e por isso também nenhum costume de dar testemunho, fosse verdadeiro ou falso.

10. Sendo, pois, mais antiga do que a promulgação das próprias leis a obrigação de observá-las, como que embutida no próprio fato da constituição da Cidade, eis que, em virtude da lei natural que proíbe violar os pactos, a lei natural manda observar todas as leis civis. Com efeito, quando somos obrigados à obediência antes de saber o que nos será ordenado, temos a obrigação geral de obedecer em todas as coisas. Disso se segue que nenhuma lei civil - que não seja feita para ultrajar a Deus, diante de Quem as próprias cidades não são autônomas nem propriamente fazem leis - pode ser contra a lei natural. Pois, embora a lei natural proíba o furto, o adultério etc., se, porém, a lei civil ordenar essa espécie de transgressão, não mais se tratará de furto, adultério etc. Com efeito, quando outrora os lacedemônios permitiam que as crianças, sob certas condições legais, furtassem bens alheios, davam ordens para que esses bens, não mais alheios, passassem à propriedade do pequeno ladro, por essa razão tais pilhagens não eram furtos. Do mesmo modo, a junção dos sexos entre pagãos era, segundo suas leis, base de casamentos legítimos.

11. É necessário à essência da lei que os cidadãos tomem conhecimento de duas coisas: primeiro, qual pessoa, homem ou corte, tem o poder supremo - isto é, o direito de fazer leis; segundo, o que diz a própria lei. Pois, aquele que nunca soube a quem ou ao que está obrigado, não pode obedecer, e é como se não fosse obrigado. Não dizemos ser necessário à essência da lei que isto ou aquilo esteja de contínuo presente à mente, mas apenas que seja conhecido uma vez. E se depois o cidadão vier a esquecer-se ou do direito que tem aquele que faz a lei, ou da própria lei, tal não impede que ele seja obrigado a obedecer, quando poderia ter-se lembrado se tivesse vontade de obedecer, como manda a lei natural.

12. O *conhecimento do legislador* depende do próprio cidadão, pois o direito de fazer leis não foi conferido a ninguém sem um consenso e uma convenção, expressa ou subsequência da expressa, quando os cidadãos desde o início estabelecem entre si a forma de governo da Cidade, ou quando prometem submeter-se ao domínio de uma pessoa; ao menos subentendida, quando, por exemplo, eles se utilizam do benefício de domínio e leis de alguma pessoa para a própria proteção e preservação contra os demais. No momento em que, em vista de nosso interesse, postulamos aos nossos concidadãos que obedeçam ao poder de uma pessoa, estamos também, por essa mesma postulação, confessando que é legítimo o poder de mando dessa pessoa. Por isso, nunca pode ser dada como escusa a ignorância das leis; cada qual sabe que fez o que ele mesmo fez.

13. O *conhecimento das leis depende* do legislador, que deve decretá-las, do contrário não são leis. Pois, lei é um mandamento do legislador, e mandamento é uma declaração de vontade. Não há, portanto, lei se a vontade do legislador não for declarada; o que se faz com a *promulgação.* Na promulgação duas coisas devem estar claras: primeiro, os que decretam a lei terem o direito de legislar, ou legislarem por autoridade dos que o têm; segundo, é o próprio sentido da lei.

Quanto ao primeiro ponto, que as leis promulgadas procedam daquele que tem o poder supremo, somente pode ser claro - isto é, ser conhecido exatamente e por via demonstrativa - para aqueles que as recebem da boca do próprio governante. Os demais creem. Mas as razões para crer são tão importantes que quase não é possível não crer. De fato, na Cidade *democrática,* onde todos podem, se quiserem, presenciar os atos de fazer leis, quem estiver ausente deve crer nos que estiveram presentes. Mas nas *monarquias* e *aristocracias,* em que aos poucos presentes era concedido ouvir publicamente os mandamentos do *monarca* ou dos *notáveis,* era necessário dar a esses poucos o poder de promulgá-los para os outros.

Acreditamos assim acontecer com os *editos e decretos* dos príncipes que como tais nos são propostos ou pelos escritos ou pela voz dos que têm o dever de promulgá-los. Todavia, tendo para nossa constatação razões como as seguintes: que o soberano ou a corte suprema, para declarar sua vontade, constantemente utilizou *conselheiros, secretários, mensageiros, selos,* e argumentos semelhantes; que o soberano nunca lhes retirou sua autoridade; e que receberam punição os que transgrediram a lei por não acreditarem nesse tipo de, promulgação: concluímos então que não somente não está dispensado da obediência em qualquer parte do mundo quem, acreditando, obedecer aos *editos* e *decretos* emanados daquele poder, como também é castigado quem, não acreditando, não obedecer.

A ocorrência constante desses fatos é um sinal bem manifesto e uma declaração bastante evidente da vontade daquele que governa, contanto que *lei, edito* ou *decreto* nada contenham de derrogatório do poder supremo do próprio governante, pois, não se supõe que este, enquanto mantém a vontade de governar, permita subtrair algo ao seu poder por parte de quaisquer de seus ministros.

Quanto ao *sentido das leis,* se este oferecer dúvidas, a informação deve vir daqueles a quem foi entregue pelo poder supremo o *conhecimento das causas,* ou seja, *o julgamento dos processos.* Julgar não é outra coisa que aplicar as *leis* aos casos particulares mediante *interpretação* delas. E conhecemos quem são os que foram revestidos desse ofício do mesmo modo como conhecemos quem são os revestidos da autoridade de promulgar leis.

14. De acordo com os dois modos de promulgação, a *lei civil é* de duas espécies: lei *escrita* e lei *não escrita.* Por *lei escrita* entendo aquela que necessita da palavra ou de qualquer outro sinal da vontade do legislador para se tornar lei. Todas as espécies de leis são, por sua índole e origem, conaturais à humanidade, e por isso mais antigas do que a invenção das letras e da arte da escrita. Não é, portanto, necessária *à lei escrita* a *escritura* ou registro escrito, mas a palavra. Somente a palavra é da essência da lei escrita, o escrito serve para preservar a *lembrança* da lei. Sabe-se que antes da invenção da escrita era costume, para auxílio da memória, cantarolar as *leis* postas em versos. Lei *não escrita é* a que não necessita de outra promulgação além da voz da natureza, ou seja, da razão natural, quais sejam as *leis naturais.*

A lei natural, embora se distinga da civil na medida em que comanda sobre a vontade, contudo, no que concerne às ações, ela é civil. Por exemplo, o preceito *Não cobiçarás,* que regula somente o interior da alma, é somente lei natural; o preceito *Não furtarás é* lei natural e lei civil. E como é impossível prescrever regras universais capazes de fazer dirimir todas as ações futuras talvez inumeráveis, entende-se que se deve seguir, em todos os casos omissos nas leis escritas, a lei da equilidade natural, que ordena distribuir a iguais coisas iguais, e isto em virtude da *lei civil,* que exige também punição para aqueles que, sabendo e querendo, transgridem por suas ações as *leis naturais.*

15. Dessas explicações resulta basicamente que as *leis naturais,* embora tenham sido descritas em obras filosóficas, não devem, entretanto, ser chamadas leis escritas por esse fato; como também os escritos dos jurisconsultos não são leis por falta de autoridade superior; nem mesmo os *pareceres dos prudentes* – isto é, *juízes* – a não ser na medida em que, por consentimento do poder supremo, passem a ser costume. Neste caso, constam entre as *leis escritas,* mas não por causa do costume mesmo, que não tem força para constituir lei, e sim por causa da vontade do governante supremo, a qual aparece no fato de ter ele permitido que um aresto, justo ou injusto, se transformasse em costume.

16. *Pecado,* em seu sentido mais largo, compreende toda *ação, palavra* e *desejo* contra a reta razão. Pois, todo homem busca, em seu raciocínio, meios para alcançar o fim que a si mesmo propõe. Se, portanto, o indivíduo raciocinar corretamente - isto é, partindo dos princípios mais evidentes -, construir a teia de seu pensamento por meio de consequências sempre necessárias, ele avançará pelo caminho mais direto; do contrário se desgarrará - isto é, *agirá,* *falará,* ou *tentará* alguma coisa contra o próprio fim. Ao dar-se isto, diremos que ele em seu raciocínio errou, mas com relação à vontade e *à ação pecou,* porque o pecado segue o erro do mesmo modo que a *vontade* segue a *inteligência.* E esta é a acepção mais geral da palavra, na qual está contida toda ação *imprudente,* quer seja contra a lei, como destruir a casa alheia, ou não seja contra a lei, como edificar a própria casa sobre a areia.

17. Quando se trata de *leis,* a palavra *pecado* tem sentido mais restrito e significa não toda ação contra a reta razão, mas apenas a ação culpável, sobre que se deita culpa, e é por isso denominada *mal de culpa.* Entretanto, se alguém for inculpado, não se dirá imediatamente que sua ação *é pecado* ou *culpa,* mas só se ele foi inculpado com razão. Portanto, é preciso procurar saber o que é *inculpar* (imputar alguma culpa) com *razão* e o que é inculpar contra razão. Os homens são de tal natureza que todos chamam bem o que desejam lhe seja feito, e *mal* ao que tentam evitar. De modo que, pela variedade de suas paixões, o que um chama bem, o outro chamará *mal,* e o mesmo homem logo depois chamará *mal* o que agora chama *bem;* ou até a uma e mesma coisa ele chamará *boa,* se sua, e *má,* se do outro. Todos nos medimos o valor de um *bem* ou de um *mal* pelo prazer ou o desagrado que sentimos presentemente ou pela expectativa de um ou do outro.

Como o êxito nos empreendimentos do inimigo (pois, isso lhes aumenta prestígio, riqueza e potência) e o dos nossos concidadãos (por causa da competição por honras entre eles) nos parecem e são *desagradáveis,* e portanto um *mal* para todos; e como uns homens costumam considerar *maus* (i. é, *imputar-lhes culpa)* aqueles outros de quem lhes vem algum *mal,* é impossível então chegar-se a um consenso dos indivíduos em particular (que nem sempre se agradam ou desagradam de coisas idênticas) para se definir quais ações têm de ser inculpadas e quais ações não. Decerto, podem concordar em torno de algumas generalidades, que, por exemplo, furto, *adultério* e semelhantes são *pecados,* como se dissessem que todos chamam *males* aquelas coisas que receberam denominações na acepção costumeira de mau sentido. Nós não perguntamos se furto é pecado: perguntamos o que deve ser chamado de furto. E assim quanto aos casos semelhantes.

Se, portanto, em meio a tamanha variedade de opiniões não se pode julgar da inculpação correta de alguma coisa com o critério da razão particular de um homem mais do que com o da de outro, em vista da igualdade da natureza humana; e como não existe alguma razão funcionando além das razões desses *particulares* e da razão da Cidade, segue-se que é a Cidade que deve definir sobre a inculpação correta, tal que passa a ser *culpa* – isto é, *pecado* – o que o indivíduo fizer, omitir, disser ou desejar, contra a *razão* da Cidade – isto é, contra as *leis.*

18. Contudo, o indivíduo pode fazer alguma coisa contra as leis por fraqueza humana, mesmo desejando cumpri-las; mas sua ação, por ser contra as leis, é inculpada corretamente, e chama-se *pecado.* Outros indivíduos desprezam essas leis, e sempre que surge uma esperança de ganho e de impunidade, não há consciência de pactos ou compromissos que os demova da transgressão. Não apenas sua ação, mas também o seu ânimo é contrário às leis. Os que pecam por fraqueza não deixam de ser *homens de bem* mesmo quando pecam; mas aqueles são *maus,* mesmo quando não pecam. Apesar de serem incompatíveis com as leis os dois, ação e ânimo, nesses casos, contudo diferentes designações servem para distinguir essas incompatibilidades: a irregularidade da ação chama-se *adikerna* (grego) ou *ação injusta;* e a do ânimo, *adikía,* ou *injustiça;* e *kakía, maldade.* A primeira é *fraqueza* de um ânimo perturbado; a segunda, malícia de uma mente fria.

19. Ora, se não há pecado que não seja contra alguma lei, nem lei alguma que não seja um mandamento daquele que detém o poder supremo; e se ninguém obtém o poder supremo que não lhe tenha sido entregue em força de nosso consentimento: como se dirá, então, que peca quem afirmar que Deus não existe, ou não governa o mundo, ou quem lançar contra ele alguma outra blasfêmia? Alegará que *nunca submeteu sua vontade à vontade de Deus, não tendo opinado nem mesmo sobre sua existência: e que, e mesmo que fosse errônea esta opinião, e portanto também pecado, deveria contar no número dos pecados de imprudência ou de ignorância, que não podem legitimamente ser punidos.*

Esta objeção parece admissível na medida em que tal espécie de pecado, embora se trate do mais grave e do mais pernicioso[32], deva ser colocado entre os pecados de imprudência. Mas é absurdo que a imprudência ou a ignorância o torne escusável. O ateu é punido ou por Deus, diretamente, ou pelos reis estabelecidos por Deus; não como um súdito, punido pelo rei por não ter observado as leis, mas como inimigo castigado pelo inimigo cujas leis não quis aceitar; isto é, em força do direito de guerra, como os gigantes *theómakhoi* da mitologia, guerreando contra Deus. Pois, são hostis entre si todos aqueles que não são submissos a um governante comum nem dependem um do outro.

20. Como, em força do pacto pelo qual os cidadãos estão obrigados, juntos e entre si, à obediência absoluta e universal (conforme foi definido no cap. 6, art. 13) à Cidade - isto é, ao governante supremo, quer seja um homem ou uma corte -, nasce a obrigação de observar cada uma das leis civis, de tal modo que esse pacto

---

32. Muitos me censuraram por ter associado o ateísmo não com a injustiça, mas com a imprudência, e alguns até levaram o fato para o campo da crítica por não ter me mostrado um adversário suficientemente áspero dos ateus. Depois, objetam que, por ter eu dito, noutro lugar, que se pode saber pela razão natural que *Deus existe,* deveria confessar que os ateus pecam ao menos contra a lei natural, e que, portanto, eles são réus não apenas de imprudência, mas também de injustiça. Entretanto, sou tão inimigo dos ateus que andei buscando e desejei ardentemente achar alguma lei pela qual pudesse condená-los por injustiça. Mas, como não encontrei nenhuma, procurei em seguida saber com que nome o próprio Deus designaria esses homens tão odiosos a Ele. Ora, assim fala Deus sobre o *ateu: Disse o insensato em seu coração que Deus não existe.* Classifiquei então o seu pecado na mesma espécie a que Deus o tinha referido. E depois demonstro que os ateus são inimigos, e acho que a palavra inimigo é às vezes mais ferina do que a palavra injusto. Finalmente, confirmo que, a *esse* título, eles podem ser punidos por Deus e pelos governantes supremos. Assim é que em absoluto não desculpo nem vejo atenuante nesse pecado. / Quanto a ter eu dito que se pode saber pela razão natural que *Deus existe,* não se deve entender como se eu julgasse que todos o podem. A não ser que alguém pense que, do fato de ter Arquimedes descoberto pela razão natural a proporção da esfera ao cilindro, segue-se que qualquer um do povo pode descobrir o mesmo fato. Digo, portanto, que embora alguns homens possam saber, mediante o lume da razão, que *Deus existe,* não poderão sabê-lo, todavia, homens envolvidos com a busca contínua de prazeres ou riquezas, ou honrarias; ou ainda aqueles homens que não costumam, ou não sabem, raciocinar corretamente, ou não se interessam por isso; finalmente, os insensatos, em cujo número se acham os ateus.

contenha em si todas as leis civis ao mesmo tempo. Então, é óbvio que o cidadão que renunciar ao pacto, ou convenção geral de obediência, renuncia ao mesmo tempo a todas as leis. E este mal é tanto mais grave do que qualquer pecado particular quanto ao pecar *sempre é mais grave* do que pecar *uma vez*. Tal é propriamente aquele pecado que se chama *crime de lesa-majestade*, e que consiste em ações ou palavras com as quais o cidadão ou súdito mostra não mais querer obedecer à pessoa, homem ou corte, a quem foi confiada a suprema administração da Cidade.

Por ações, o cidadão demonstra essa vontade quando faz ou tenta fazer violência contra as pessoas daqueles que têm o poder supremo, ou executam as suas ordens. Tais são os traidores, os regicidas, os que tomam das armas contra a Cidade, ou desertam para o campo inimigo durante a guerra. Por palavras, declaram a mesma vontade os que negam diretamente estar, eles próprios, ou os demais cidadãos, obrigados a essa obediência: ou no todo, como quem dissesse não se dever obedecer a nenhum governante simples, absoluta e universalmente (ressalvada a obediência devida a Deus), ou em parte, como se alguém dissesse que os governantes não têm direito de agir livremente, conduzir a guerra, fazer a paz, recrutar soldados, estabelecer impostos, escolher magistrados e ministros públicos, legislar, decidir litígios, impor penalidades, ou exercer algumas outras funções sem as quais não pode subsistir a Cidade.

Essas e semelhantes ações e palavras são crimes de *lesa-majestade*, não por força da lei civil, mas da lei natural. Pode dar-se que uma coisa acontecida antes de feita a lei civil não fosse crime, e se torne crime se acontecida depois da lei. Por exemplo, se a lei declara que será considerado sinal de recusa à obediência pública - isto é, será crime de *lesa-majestade* cunhar moeda falsa ou contrafazer os selos da Cidade - aquele que posteriormente fizer tais coisas à lei é réu de lesa-majestade não menos do que o outro. Contudo, peca menos, porque não transgrediu todas as leis ao mesmo tempo, mas apenas uma. Com efeito, a lei, ao denominar crime de majestade o que na verdade não é, impôs-lhe legitimamente um nome odioso e deu talvez uma pena maior contra o réu, mas não faz com que o próprio pecado seja mais grave.

21. Esse pecado que, segundo a lei natural é o dito crime de lesa-majestade, consiste numa transgressão da lei natural, não da lei civil. Sendo a obrigação à obediência civil, em virtude da qual são válidas as leis civis, anterior a toda lei civil, e sendo o crime de lesa-majestade naturalmente nada mais que a violação dessa obrigação, segue-se que pelo crime de lesa-majestade é violada a lei que precedeu a lei civil - isto é, a lei natural - que nos proíbe violar pactos e o compromisso tomado. E se o soberano fizesse emanar uma lei civil nestes termos: Não te rebelarás, ela não lograria qualquer efeito. Pois se os cidadãos não se obrigarem antes à obediência - isto é, a não se rebelar - toda lei é inválida. Mas a obrigação para uma coisa a que já antes estavam obrigados é supérflua.

22. Do exposto segue-se que *rebeldes, traidores* e demais convictos de *lesa-majestade* são punidos não pelo *direito civil, mas* pelo *direito natural,* a saber, não por serem *cidadãos maus,* e sim, *inimigos da Cidade,* como também não pelo *direito de soberania* ou *domínio,* mas pelo *direito de guerra.*

23. Alguns julgam que os atos contrários à lei civil, quando a própria lei define a penalidade, são expiados se o indivíduo sofrer a punição de boa mente; e que perante Deus não são réus de violação da lei natural (embora, violando-se as leis civis, violam-se também as leis naturais, que mandam observar as leis civis) aqueles que cumpriram a pena exigida por lei - como se a lei não proibisse o ato, mas somente propusesse em forma de preço uma pena mediante a qual fosse resgatada a permissão de cometer ilícitos legais. Pela mesma razão poderiam tais opinantes deduzir também que absolutamente nenhuma transgressão da lei é pecado, mas que cada qual poderá legitimamente desfrutar a liberdade que tiver comprado a seu risco.

É preciso saber que as palavras da lei podem ser entendidas de dois modos: no primeiro, contendo duas partes (como foi dito acima, art. 7º), a saber, a que proíbe absolutamente, como: *Não farás;* e a vindicativa, como: *Quem faz, paga* (incorrerá em tal pena); no segundo, contendo uma condição, como: *Não farás se não queres incorrer em tal pena.* De sorte que a lei não proíbe simplesmente, mas condicionalmente. Entendendo-se no primeiro modo, o sentido é que quem faz peca, porque faz o que é proibido por lei; se no segundo modo, não peca, porque quem cumpre a condição não foi proibido de fazer coisa alguma. No primeiro sentido, todos estão proibidos; no segundo, somente os que se subtraem à punição. No primeiro sentido, a parte vindicativa da lei não obriga o réu, mas obriga o magistrado a exigir punição; no segundo, o próprio indivíduo que deve as penas está obrigado a fazer executar sua punição (não poderá ser obrigado a isso em se tratando de pena capital, ou, de algum modo, de penas graves).

Em qual dos dois sentidos deve-se tomar a lei, dependerá da vontade daquele que detém o poder supremo. Quando, portanto, houver dúvida sobre o sentido da lei, já que temos certeza de não pecarem os que não fazem uma ação, será pecado se a fizermos, qualquer que seja o modo como a lei venha a ser explicada ao depois. Pois, fazer aquilo de que se duvida seja ou não pecado quando se é livre de abster-se disso é uma maneira de desprezar a lei, e portanto, segundo o cap. 3, art. 28, pecado contra a lei natural. Não traz utilidade aquela divisão de *obediência* em *ativa* e *passiva* como se o que é pecado contra a lei natural, que é a lei de Deus, pudesse ter reparação mediante punições feitas segundo critérios humanos, ou como se não pecasse quem peca causando dano a si próprio.

SEÇÃO III
RELIGIÃO

15
DO REINO DE DEUS PELA NATUREZA

1. Proposta da matéria seguinte. 2. Sobre que pessoas se diz que Deus reina. 3. Que é tríplice a palavra de Deus: razão, revelação, profecia. 4. Que é dúplice o Reino de Deus: natural e profético. 5. Que o direito pelo qual reina Deus situa-se em sua onipotência. 6. Confirma-se o mesmo pela Sagrada Escritura. 7. Que a obrigação de prestar obediência a Deus procede da fraqueza humana. 8. Que no Reino de Deus pela natureza as leis são as acima registradas nos cap. 2 e 3. 9. O que é honra e o que é culto. 10. Que o culto consiste ou em atributos ou em ações. 11. Que há o culto natural e o culto arbitrário: 12. um de mandamento, outro de espontânea vontade. 13. Qual é a meta e o fim do culto. 14. Quais são as leis naturais acerca dos atributos de Deus. 15. Quais são as ações pelas quais se rende culto naturalmente. 16. Que no Reino de Deus pela natureza a Cidade pode a seu juízo instituir o culto divino. 17. Que no Reino de Deus, só pela natureza, a Cidade - isto é, aquele homem ou corte que detém abaixo de Deus o poder supremo - é a intérprete de todas as leis. 18. Solução para algumas dúvidas. 19. O que é pecado e o que é crime de lesa-majestade divina no Reino de Deus pela natureza.

1. Nos capítulos precedentes ficou comprovado pela razão e pelos testemunhos da Sagrada Escritura que o estado de natureza - isto é, de liberdade absoluta, como é o daqueles que nem governam nem são governados -, é anarquia e um estado de guerra; que os preceitos pelos quais se evita tal estado são as *leis de natureza*; que uma Cidade não pode existir sem o poder supremo; e que é preciso obedecer simplesmente aos que exercem o poder supremo - isto é, em tudo o que não repugna aos mandamentos de Deus; ponto para se ter o conhecimento completo dos deveres civis saber quais são as leis ou mandamentos de Deus. Não nos será possível de outro modo tirar a dúvida, se são ou não possui leis de Deus as ordens que recebemos da autoridade suprema. Dessa incerteza resultará necessariamente ou sermos rebeldes à majestade divina, por excessiva obediência à Cidade, ou incorrermos em desobediência contra a Cidade por medo de pecar contra Deus. Para escaparmos aos dois escolhos, torna-se necessário o conhecimento das leis divinas. A seguir começaremos por discorrer sobre o *Reino de Deus*, visto que o conhecimento das leis depende do conhecimento do reino.

2. Diz o salmista: "O Senhor é rei, exulte a terra" (Sl 96,1). Também diz: "Reina o Senhor: comovem-se os povos; o assentado sobre os querubins: abala-se a terra" (Sl 98,1). Queiram ou não os homens, Deus é o rei de toda a terra, e não será derrubado do seu trono pelos negadores de sua existência ou de sua *providência*, se os houver. Mas, embora Deus governe sobre todos os homens com tal poder que é impossível se fazer alguma coisa que Ele não permita, contudo, falando-se com exatidão, não é isso propriamente reinar.

Diz-se que reina aquele que governa não *fazendo*, mas *falando*; isto é, por meio de *preceitos* e *ameaças*. Por isso, no Reino de Deus não são considerados súditos os seres inanimados nem os irracionais, embora sujeitos ao poder divino, porque *não compreendem* os *preceitos* e as *ameaças* de Deus. Nem aqueles que, crendo na existência de Deus, não admitem que Ele governe as coisas inferiores do mundo. Esses também, embora sejam governados pelo poder de Deus, não reconhecem nenhum de seus *preceitos* nem temem suas *ameaças*. Estão, portanto, incluídos no Reino de Deus somente os que reconhecem que Ele é o governante de todas as coisas, que *deu ordens* aos homens e *estabeleceu penas* contra os transgressores. Aos demais devemos chamar não súditos, mas inimigos de Deus.

3. Só se diz que governa por meio de *ordens* aquele que mostra claramente aos governados os seus preceitos, pois as ordens ou preceitos dos governantes são *leis* para os governados. Mas *leis* só são leis se promulgadas com transparência tal que fique excluída toda possível escusa de ignorância. Os homens decerto promulgam suas leis pela *palavra* ou de *viva voz:* eles não têm outro modo para tornar sua vontade universalmente conhecida.

As *leis de Deus* são promulgadas de três maneiras: primeiro, por meio do *secreto ditame da reta razão;* segundo, por meio da *revelação imediata,* que se entende realizada ou por *vocábulos sobrenaturais,* ou por *visão,* ou *sonho,* ou *inspiração* (sopro ou influxo divino); terceiro, mediante a *voz de um homem* recomendado por Deus aos demais como digno de fé, por meio da operação de milagres verdadeiros. Esse homem, cuja voz Deus assim usa para comunicar sua vontade aos outros, é o *profeta.*

Esses três modos expressam a *tríplice palavra de Deus,* a saber: *palavra racional* (mental), *palavra sensível e palavra profética,* às quais correspondem igualmente as três maneiras de nós ouvirmos a voz de Deus: o *raciocínio correto,* a *sensibilidade e* a *fé. A palavra sensível* de Deus foi dirigida a poucos, e por meio da revelação Deus apenas falou aos homens de maneira particular, a sós, e diversamente a pessoas diversas. E é certo que nenhuma lei do Reino de Deus foi promulgada deste modo a nenhum povo do mundo.

4. Pela diferença que há entre *palavra* de Deus *racional e palavra profética,* costuma-se atribuir a Deus o reino com um duplo aspecto: reino *natural,* em que Ele governa por meio do ditame da reta razão, e que se estende universalmente a todos os que reconhecem o poder divino em virtude da natureza racional, comum a todos; e reino *profético,* em que Ele governa também por meio da palavra da profecia, sendo este reino peculiar, porque Deus não deu leis positivas a todos os povos, mas só a um povo peculiar, e a determinados homens por Ele escolhidos.

5. No *reino natural* Deus tem o direito de reinar e punir os que violam suas leis em razão de seu *poder* único *irresistível.* Todo direito sobre outros provém da *natureza* ou de algum pacto o direito de reinar. O mesmo direito deriva da natureza pelo próprio fato de que ela não o tolhe. Como por natureza todos os homens tinham direito a todas as coisas, cada um tinha um tão antigo direito do governar sobre os outros quanto a própria natureza. Mas a causa pela qual esse direito foi abolido entre os homens não foi outra senão o medo recíproco, como indicado acima, no *Capitulo dois,* art. 3º. A razão, com efeito, advertia que era preciso afastar esse direito em vista da preservação do gênero humano, porque a guerra seria uma consequência necessária da igualdade dos homens entre si com relação a suas forças e potencialidades naturais, e junto com a guerra viria a ruína da humanidade.

Ora, se algum homem superasse tanto em poder os demais que nem mesmo as forças reunidas de todos os demais conseguisse resistir-lhe, não teria havido razão alguma para ele abdicar desse direito concedido pela natureza. Teria permanecido com ele o direito de dominação sobre todos os outros por causa do excesso de poder com o qual teria condições de preservar a si e a eles. De modo que, para aqueles a cuja potência não se pode resistir, e por conseguinte para Deus *todo-poderoso,* o direito de dominação é derivado do *poder* mesmo. E sempre que Deus pune ou faz morrer o pecador, mesmo que seja por ter este pecado, não se dirá, contudo, que não pudesse maltratá-lo justamente, ou até matá-lo, caso não tivesse pecado. E se a vontade de Deus pode, ao punir, levar em conta uma falta anterior, não se segue daí que o direito de punir ou fazer morrer não dependa do *poder divino,* mas derive do pecado do homem.

6. Uma questão que se tornou célebre nas disputas dos antigos – *por que acontecem males aos bons e bens aos maus* – coincide com a seguinte: *Com que direito distribui Deus o bem e o mal aos homens?* Por sua dificuldade ela fez vacilar não apenas a fé do vulgo na divina providência, mas também dos filósofos e, o mais surpreendente, de homens santos. *"Na verdade,* diz Davi no Sl 72,1-3, *Deus é bom para com o reto, o Senhor para com as almas justas. Quanto a mim, por pouco não me resvalaram os pés, por um nada não se me dobraram os pés, pois tive inveja dos libertinos, vendo prosperar os malvados".* E Jó, como se queixava amargamente com Deus por sofrer tantas calamidades sendo embora *justo!* O próprio Deus, no caso de Jó, resolveu de viva-voz essa dificuldade, e confirmou seu direito com argumentos tirados não do pecado de Jó mas de seu poder.

Jó e seus amigos discutiam entre si, tanto que estes O tinham como culpado pelo fato de ser punido, e ele rejeitou essa acusação com os argumentos de sua inocência. Deus, porém, ao ouvir as partes, refutou a queixa de Jó, não condenando-o por injustiça ou por algum outro pecado, mas explicando seu próprio poder. "Onde estavas tu, diz o Senhor, quando eu colocava os alicerces da terra? [...] (Jó 38,4s.). E quanto aos amigos dele, declarou: "Estou indignado contra ti e os teus companheiros por não teres falado de mim tão retamente como o meu servo Jó" (Jó 42,7). Concordam com esta sentença as palavras que disse o nosso Salvador no caso do homem que nascera cego, quando, ao interrogarem os discípulos, se por ter nascido cego tinha ele mesmo pecado ou seus pais, respondeu: "Nem ele pecou nem os pais, mas é assim para se manifestarem nele as obras de Deus" (Jo 9,3). E embora tenha sido dito que "entrou o pecado no mundo e pelo pecado a morte" (Rm 5,12) não se segue que Deus não pudesse por seu direito ter feito os homens sujeitos às doenças e à morte mesmo que eles nunca tivessem pecado; do mesmo modo que criou os demais seres vivos enfermiços e mortais, embora incapazes de pecar.

7. Ora, se Deus, por sua onipotência, tem o direito de governar, é evidente que cabe aos homens a obrigação de prestar-lhe obediência em razão de sua fragilidade[33]. Pois a *obrigação* que nasce do pacto, conforme dito no cap. 2 aqui não pode ter lugar, dado que o direito de governar provém da natureza, sem celebração de pacto algum.

Há duas espécies de *obrigação natural:* uma, quando a liberdade é tolhida por impedimentos corporais, e a esta nos referimos ao dizer que o céu e a terra e todas as criaturas obedecem às leis comuns de sua criação; a outra, quando é tolhida pela esperança e pelo medo, e desta se fala ao constatar-se que o mais fraco, sem ter qualquer esperança de resistir ao mais forte, não pode não obedecer. Desta segunda espécie de obrigação – isto é, do medo;

33. Se isso parecer duro a alguém, peço-lhe queira considerar com seus botões, na hipótese de haver dois todo-poderosos, qual dos dois estaria obrigado a obedecer a qual dos dois. Creio que o interlocutor há de convir que nenhum dos dois está obrigado a nenhum dos dois. Se isto é verdade, é também verdade o que afirmei – isto é, que os homens são submissos a Deus pelo fato de não serem todo-poderosos. Com efeito, o nosso Salvador, ao admoestar Paulo, a esse tempo inimigo da Igreja, para não recalcitrar contra o aguilhão, parece ter dele exigido obediência por um motivo: ele não tinha mais força suficiente para resistir.

ou seja, da consciência de nossa própria fragilidade diante do poder divino – provém nossa obrigação de obedecer a Deus no seu reino pela natureza. Noutras palavras: a razão ensina a todos os que reconhecem o poder e a providência de Deus, que *não há possibilidade de recalcitrar contra o aguilhão.*

8. Supondo-se que a palavra de Deus em seu reino pela natureza não é outra coisa do que a reta razão, e não podendo as leis dos reis ser conhecidas a não ser mediante sua *palavra,* é evidente que só as *leis naturais* são leis de Deus em seu reino pela natureza; a saber, as que explicamos nos cap. 2 e 3, e deduzimos dos ditames da razão (*humildade, equidade, justiça,* misericórdia, e as outras *virtudes* morais, que incrementam a paz e fazem parte dos deveres dos homens uns para com os outros), e as que a reta razão ensina, além disso, sobre a honra e o culto da divina majestade. Não é o caso de repetir quais são essas *leis naturais,* ou *virtudes morais.* Mas é preciso ver que honras e que culto divino – isto é, que *leis sagradas* – nos são ditadas por esta mesma *razão natural.*

9. *Honra,* propriamente, não é mais do que uma opinião que se faz sobre o *poder* de alguém associado à sua *bondade. Honrar* alguém é o mesmo que demonstrar opinião de grande estima. De sorte que a honra não está no *honorificado* mas no *honorificante.* A esta *honra,* situada na opinião, três sentimentos acompanham necessariamente: o de *amor,* que se refere à *bondade,* e os de *esperança* e *temor,* que se referem ao *poder.* Deles procedem as ações externas com que costumam ser aplacados e implorados os poderosos, e são efeitos da própria honra, e, portanto, são sinais naturais. Mas o termo *honra* foi transferido também para os efeitos externos da honra, no sentido em que se diz que *honramos* uma pessoa sobre cujo poder testemunhamos, por palavras ou fatos, ter sentimentos de alta estima, e neste sentido *honra é* o mesmo que *culto. Culto* é o ato externo, sinal da honra externa. Diz-se *culto* o que nós rendemos àqueles que, por meio de certos deveres, procuramos aplacar, se irados contra nós, ou de algum modo tornar a nós favoráveis.

10. Todos os sinais da alma são *palavras* ou ações, por isso *todo culto* consiste em *palavras* ou em *ações.* Todas elas se referem a três aspectos do culto: o primeiro é o *louvor,* ou *proclamar a bondade;* o segundo, *proclamar o poder* presente, ou *engrandecer* (grego, *megalynein*); o terceiro, *proclamar a felicidade,* ou o *poder futuro* sempre estável, e isso se chama *makarismós* (grego). Mas, conforme disse, cada uma dessas espécies de honra não consiste apenas em *palavras,* mas também em *ações. Louvamos* e celebramos por *palavras* quando o fazemos por meio de uma proposição - *dogmaticamente* - isto é, por *atributos* ou *nomes (o que equivale a dizer: louvar ou celebrar enunciativa ou categoricamente), como ao dizer que alguém que honramos é liberal, forte, sábio. Louvamos por ações* quando as referimos a uma *consequência* ou uma hipótese, como o louvor numa *ação de graças,* que supõe a *bondade,* num ato de *congratulação,* que supõe a *felicidade.*

11. Querendo nós louvar alguém por *palavras* ou por *ações,* encontramos algumas delas que em toda parte significam honra, quais sejam, entre os *atributos,* os nomes gerais das *virtudes* e das *potências,* nomes que não podem ser tomados em mau sentido, como os adjetivos *bom, belo, forte, justo* e semelhantes; e entre as *ações, obediência, ação de graças, orações,* e outras deste tipo, nas quais sempre se subentende o reconhecimento de poder e virtude. Mas outras há que significam honra para alguns e afronta para outros, ou nenhuma das duas, quais sejam, nos *atributos,* os nomes que, dada a variedade das opiniões, designam diversamente virtudes ou vícios, coisas honestas ou desonestas. A fama de alguém que matou o inimigo, fugiu à batalha, é filósofo, é orador, e semelhantes, em certos meios é tida em grande honra, enquanto em outros é objeto de desprezo. Entre as *ações* estão as que dependem do costume do lugar, ou das prescrições das leis civis, como para saudar uma pessoa, descobrir a cabeça, tirar os sapatos, inclinar o corpo; ou para pedir alguma coisa, estar de pé, prostrar-se, ajoelhar-se, ater-se a fórmulas cerimoniais, e semelhantes. Mas aquele *culto* que sempre e em toda parte tiver o significado de honra, *é natural, e* o culto que segue normas e costumes dos lugares pode chamar-se *arbitrário.*

12. Além disso, o *culto* pode ser *prescrito* - isto é, por ordem daquele a quem é prestado - e pode ser *voluntário;* isto é, tal como bem parecer ao que o presta. No culto mandado, ou *prescrito,* as ações inerentes significam honra não *como* tais, mas como prescritas, pois referem-se diretamente à *obediência,* e pela obediência, ao poder; de modo que o *culto prescrito* consiste na obediência. O culto *voluntário* toma o significado de honra da própria natureza das ações: se estas à vista dos participantes representam honra, dá-se *culto*; do ou contrário transformam-se em afronta. Novamente: *culto* pode ser *público* ou *privado.* O *culto público* não pode ser *voluntário* em relação aos particulares que o prestam, mas sim, em relação à Cidade. O que se faz voluntariamente depende do arbítrio de quem faz; por isso, não seria apresentada uma forma única de culto, mas tantos cultos quantas as pessoas participantes, se não viesse o comando de um só a unificar os arbítrios de todas. Mas o culto privado pode ser voluntário se se prestar em segredo. O que se faz em público sofre as restrições da lei ou da modéstia, e isto contraria a natureza da ação voluntária.

13. Para se conhecer a meta e o fim do culto, é preciso investigar a causa que faz os homens se comprazerem no culto pessoal. Temos de supor (o que já mostramos noutro lugar) que a *alegria* consiste em alguém contemplar sua virtude, força, ciência, beleza, os amigos, a riqueza, ou qualquer outro *potencial,* como sendo seu ou como se fosse seu. Ela não é outra coisa que a *glória* ou triunfo da alma ao julgar-se honrada; isto é, amada e temida. Em outros termos: ter à sua disposição os serviços e a assistência dos homens. Mas como os homens acreditam ser poderoso aquele a quem veem recebendo honras - isto é, ser considerado poderoso pelos outros - acontece que a honra se amplia pelo culto, e que pela reputação de poderoso alguém pode chegar a adquirir real poder. O objetivo, portanto, daquele que se deixa honrar, ou se faz honrar, é fazer com que por esse meio lhe sejam obedientes, ou por amor ou por medo, o maior número de pessoas.

14. Para saber que *culto* a *razão natural* nos prescreve em relação a Deus, temos de começar dos *atributos,* entre os quais, antes de tudo, há que atribuir-se a Ele, evidentemente, *a existência.* Não poderia haver nenhuma vontade de honrar aquele que julgamos não existir. Os filósofos para os quais o próprio mundo, ou a alma do mundo - isto é, uma parte - é Deus, falaram indignamente de Deus, pois nada atribuem a Ele e negam inteiramente que exista. Por esse nome *Deus* nós entendemos *a causa do mundo,* mas se eles dizem que o *mundo é Deus,* estão dizendo que *não há causa do mundo,* ou *seja, não existe Deus.* Do mesmo modo, os que afirmam ser eterno o mundo, ou não criado, estão negando a *causa do mundo* - isto é, negam a *existência de Deus* -, uma vez que não pode haver causa de um ser eterno. Têm de Deus, igualmente, uma apercepção destoante os filósofos que, atribuindo-lhe inatividade, retiram dele o governo do mundo e do gênero humano. Mesmo sendo admitido como todo-poderoso, mas sem se interessar pelas coisas do mundo cá de baixo, prevalece entre esses pensadores a sovada sentença sobre Ele: *O que está acima de nós nada representa para nós.* E não havendo razão para ser amado ou temido, para eles Deus decerto é como se não existisse.

Entre os *atributos* que significam *grandeza* e *poder,* os que designam alguma coisa finita ou limitada não podem absolutamente ser sinais da alma reverente. Não honramos a Deus dignamente se lhe atribuímos menos *poder* ou menos *grandeza* do que nos é possível. Toda atribuição finita está abaixo de nossas possibilidades, pois, pode-se facilmente sempre acrescentar a ela um novo grau de perfeição. Não se atribuirá *figura* a Deus, pois toda figura é *finita.* Não se dirá que nós concebemos ou representamos sua essência pela imaginação ou quaisquer outras faculdades do nosso espírito, pois tudo que concebemos é finito. E embora a palavra *'infinito'* signifique uma concepção do espírito, não se segue, todavia, que tenhamos algum conceito de *coisa infinita.* Quando dizemos que uma coisa é infinita, não estamos significando alguma coisa real, e sim uma incapacidade de nosso espírito, como se disséssemos que não sabemos se termina e onde termina. Não é expressão honorífica dizer de Deus que *sua ideia* está em nossa alma, pois *ideia* é nosso conceito, e não há conceito senão de coisa finita. Não é correto dizer que tenha *partes,* ou dizer que seja um *todo* qualquer, pois são também atribuições de seres finitos. Nem que Ele está em algum *lugar,* pois só ocupa *lugar* aquilo que recebe de todos os lados os limites, ou os termos extremos de sua grandeza. Não se dirá que Deus se *move* ou *repousa,* pois ambos os predicados fazem supor que Ele *está num lugar.* Nem que há muitos deuses, porque não há muitos infinitos.

Com referência aos *atributos de felicidade,* são indignos de Deus os que significam dor (exceto se entendidos não pelas paixões, mas por metonímia, pelo efeito), quais sejam *arrependimento, cólera, compaixão;* ou *deficiência, como apetite, esperança, cobiça,* o *amor* dito de *concupiscência,* que são todos sinais de privação, pois não se entende que alguém deseje, espere ou cobice senão coisas que lhe faltam ou de que sinta falta; ou, ainda, os que denotam uma faculdade passiva, pois sofrer influência é próprio de uma força limitada e que depende de outra.

Quando atribuímos uma *vontade* a Deus, não é para ser entendida semelhante à nossa, que se chama *apetite racional.* Se Deus desejasse alguma coisa, seria por falta dela, o que é injurioso dizer; é preciso supor uma certa analogia que não sabemos como conceber. Do mesmo modo, quando lhe atribuímos visão e demais *atos de sentido,* ou *ciência e inteligência,* que em nós nada mais são do que movimentos da alma excitados pelas coisas externas que se chocam contra os órgãos, não devemos pensar que algo parecido aconteça em Deus, pois são sinais da *dependência* de outro poder, e isto seria o oposto de uma felicidade plena.

Quem, portanto, não deseja atribuir a Deus outros títulos afora os que a razão ordena, necessita usar nomes que estejam na forma negativa, como *infinito, eterno* (intemporal) *incompreensível,* e semelhantes; ou superlativa, como *boníssimo, grandíssimo, fortíssimo* [respectivamente: o melhor, o maior, o mais forte] etc.; ou indefinida, como o Bom, o Justo, o Forte, Criador, Rei e semelhantes. Explicando o sentido disso: não tentemos dizer o que é, pois seria circunscrever a Deus nos limites de nossa imaginação, mas confessemos nossa admiração e obediência, o que é prova de humildade e é próprio da alma profundamente absorta em honrá-lo. A razão, pois, ensina qual o único nome que serve para significar a *natureza de Deus,* a *saber: Aquele que existe,* ou simplesmente, *Que é.* É outro nome para denotar sua *relação* para conosco - isto *é, Deus –,* no qual estão contidos os títulos de Rei, Senhor e Pai.

15. Em referência às *ações externas* com que se deve prestar culto a Deus, assim como em referência a seus atributos, o mais universal preceito da razão é que sejam sinais do ânimo reverente ou ocupado em prestar honra a Deus.

• Neste preceito está contido, em *primeiro* lugar, o da *oração: "Não é o artista, dando formas sagradas ao ouro e ao mármore, que faz os deuses, mas é o orante que o faz"*. As *orações* são sinais da esperança, e a esperança é o reconhecimento do *poder* e da *bondade* divina.

• *Segundo,* a ação de graças, que é sinal desse mesmo sentimento, com a diferença, que as *orações precedem* o benefício e o *agradecimento* o *segue.*

• *Terceiro,* os dons, ou *oblações* e *sacrifícios;* são formas de render graças.

• *Quarto, não jurar por outrem.* Juramento do homem é uma imprecação contra si mesmo para o caso de falhar, invocando sobre si a cólera daquele que sabe se ele vai ou não falhar, e pode puni-lo se falhar, por poderoso que seja. O que só a Deus pertence. Se existisse algum homem a quem não se pudesse ocultar a malícia de seus súditos nem lhe resistisse nenhum poder humano, seria suficiente a palavra dada, sem aquele homem, e nenhum juramento seria necessário.

• *Quinto, falar de Deus respeitosamente,* pois é sinal de temor, e o temor é confissão de poder alheio. Deste preceito segue-se que *não se deve pronunciar o nome de Deus em vão nem de maneira temerária,* ambos sinais de inconsideração. *Não se deve jurar quando não é preciso jurar* isso é inútil. Não é preciso senão *entre* cidades para evitar ou fazer cessar o recurso às agressões, que necessariamente surgem onde falha a palavra dada; ou também na Cidade, para garantia das decisões judiciais. Do mesmo modo, *não se deve discutir sobre a natureza divina,* partindo-se do pressuposto, de que *no Reino de Deus natural todas as coisas são investigadas somente à luz da razão*; isto é, a partir dos princípios de ciência natural. Com tais disputas estamos muito longe de conhecer a natureza de Deus, quando nem mesmo podemos atinar suficientemente com as propriedades de nosso corpo ou de qualquer criatura. Dessa espécie de disputas, portanto, nada se lucra, a não ser fazer impor temerariamente nomes à divina majestade segundo a medida de nossas concepções. Segue-se também, no que concerne ao direito do Reino de Deus, que é uma expressão inconsiderada e temerária a dos que dizem que *isto ou aquilo não está de acordo com a justiça divina.* Pois, os próprios homens se considerariam ofendidos se seus filhos discutissem o direito deles ou medissem a justiça por outras regras que não fossem as suas.

• *Sexto, tudo que se ofertar, orações, ações de graça e sacrifícios, deverá ser o melhor em sua espécie, e ter a marca característica da honra.* Em outras palavras, a *oração* não deve ser repentina, ou apressada, ou vulgar, mas bela e bem composta. Embora fosse absurdo os pagãos adorarem a Deus sob imagens esculpidas, todavia, não estava tão alheio à razão que se servissem da poesia e da música em seus templos. Igualmente, *as vítimas devem ser bem escolhidas; as oferendas devem ser generosas; tudo que se faz precisa ter o sentido de submissão ou gratidão, ou exercer o papel de relembrar os benefícios recebidos.* Tudo isso procede do anseio por honrar alguém.

• *Sétimo, é preciso prestar culto a Deus não só privadamente, mas às claras e publicamente, à vista dos homens.* Com efeito, o culto é tanto mais agradável (cf. art. 13) quanto capaz de produzir o sentimento de reverência nos outros. Se, pois, os outros não veem o culto, perde-se seu elemento mais agradável.

• *Finalmente, devem ser observadas com o maior empenho as leis naturais.* Pois, a subestimação do governo do Senhor nosso, excede a gravidade de todas as outras injúrias, assim como, ao contrário, a obediência é mais aceita do que todos os sacrifícios.

Estas, pois, são as principais leis naturais em referência ao culto de Deus, aquelas, como disse, que a razão ensina a cada um dos seres humanos. E para todas as cidades, cada uma das quais é uma pessoa, a mesma razão natural prescreve, além disso, a *uniformidade do culto público,* pois as ações praticadas individualmente e segundo um sentido particular não são ações da Cidade, e, portanto, não são ações de culto da Cidade. Ser feito pela Cidade entende-se feito por ordem daquele ou daqueles que têm o governo supremo, e, portanto, com o consentimento ao mesmo tempo de todos os cidadãos; isto é, *uniformemente*.

16. As *leis naturais* com referência ao culto divino, enumeradas no artigo anterior, prescrevem apenas a apresentação dos sinais naturais de honra. Convém relembrar que há duas espécies de sinais: uma, de sinais *naturais*, outra de sinais *convencionais*, ou seja, por instituição expressa ou tácita. E como em qualquer língua o uso de *palavras* e *nomes* nasce de convenção, poderá também mudar por convenção. Aquilo que depende da vontade dos homens e dela recebe sua força também pode mudar ou ser abolido pelo consenso da vontade dos homens. Assim, os *nomes* que costumamos *atribuir* a Deus por uma convenção dos homens podem cair em desuso igualmente pela convenção deles; e o que pode ser feito por convenção humana é lícito à Cidade fazê-lo ou instituí-lo. A Cidade, portanto, tem o direito - isto é, por meio daqueles que detêm o poder sobre toda ela - de julgar quais *palavras ou nomes são dignos da honra divina* e quais não são - isto é, que doutrinas sobre a natureza e a ação de Deus devem ser publicamente aceitas e professadas.

Quanto às ações em geral, estas não significam algo por convenção dos homens, mas naturalmente; isto é, como efeitos, que são sinais de suas causas. Algumas de nossas ações sempre provocarão desprezo da parte dos que as presenciam, por exemplo, ao deixarmos ver a vergonha do corpo e fazer na frente de pessoas que respeitamos qualquer coisa de que nos envergonhamos. Outras serão sempre sinais de honra, como aproximar-nos e dirigir a palavra com decência e humildade, ceder passagem, ou fazer qualquer outra comodidade. A Cidade nada tem a alterar nessas coisas. Mas há uma infinidade de outras matérias com referência à honra ou à ofensa que são indiferentes; são estas que a Cidade pode institucionalizar como sinais de honra e, uma vez feito isso, elas se tornam efetivamente honoríficas. Entende-se que é preciso obedecer à Cidade no que quer que ela decida usar como sinal para honrar a Deus - isto é, para o culto -, contanto que nada impeça possa isso ser instituído como sinal de honra. É sinal de honra o que se usar como sinal de honra por ordem da Cidade.

17. Já dissemos quais são as leis de Deus, tanto as sagradas quanto as temporais ou seculares, quando Ele reina pela só natureza. E como não há ninguém que não possa enganar-se em seus raciocínios, e como acontece também que os homens têm opiniões diferentes sobre a maior parte das coisas, cabe fazer uma nova pergunta: a quem quis Deus que fosse *intérprete da reta razão*; isto é, de suas leis. Quanto às leis *seculares* (quero dizer, as que se referem à justiça e aos costumes dos homens, convivendo uns com os outros), pelo que foi dito sobre a instituição da Cidade, demonstramos ser conforme à razão que todos os julgamentos estejam em mãos da Cidade, e que os julgamentos não são mais do que interpretações das leis e, por conseguinte, em toda parte são as cidades as *intérpretes* das leis; isto é, por meio daqueles que detêm o governo supremo das cidades.

Quanto às leis *sagradas*, considere-se já demonstrado acima, no cap. 5, art. 13, que cada um dos cidadãos transferiu tanto do seu direito para o governante, ou governantes, da Cidade quanto lhe foi possível transferir. Podiam certamente transferir o direito de decretar sobre o modo como se deve honrar a Deus: logo, transferiram-no. Que o podiam, é evidente pelo fato de que o modo de honrar a Deus antes da Instituição da Cidade devia inspirar-se na *razão individual* de cada um. E cada um podia submeter sua *razão individual a razão da Cidade inteira.* Além disso, se cada um seguisse a própria razão para prestar culto a Deus, em tamanha diversidade de adoradores, cada um julgaria indecente ou mesmo ímpio o culto do outro, um, assim, parecendo ao outro não honrar a Deus. Não seria *culto* nem mesmo aquele que fosse o mais consentâneo com a razão, pois *culto* consiste por natureza em *ser sinal de honra interna.* Não é sinal senão uma por coisa que faça conhecer algo aos outros; portanto, não é sinal de honra senão o que assim parecer aos outros.

Mais: é sinal verdadeiro o que se faz sinal por consenso dos homens. Logo, também tem valor de honra - é honroso - o que é feito sinal de honra por consenso dos homens; isto é, por ordem da Cidade. Não é, portanto, contra a vontade de Deus, revelada pela razão natural só, oferecer a Ele sinais de honra que a Cidade terá ordenado. Os cidadãos podem transferir seu direito de decidir o modo de prestar culto a Deus para aquele ou aqueles que têm o poder supremo da Cidade. Não só podem como devem. Do contrário, seriam vistas na mesma Cidade, ao mesmo tempo, as mais absurdas opiniões sobre a natureza de Deus, as cerimônias mais ridículas, como houve entre alguns povos, e tudo isso fazendo-se crer que todos os demais cometem ofensa a Deus. Desse modo, não se poderia com razão afirmar de alguém que presta culto a Deus, pois, somente presta culto a Deus - isto é, honrando-o externamente - aquele que pratica ações e profere palavras com as quais aparece aos outros que realmente está assim agindo. Pode-se, pois, concluir que no Reino de Deus pela só natureza a *interpretação das leis naturais,* quer *sagradas* quer *seculares,* depende da autoridade da Cidade - isto é, daquele homem ou corte a quem foi confiado o governo supremo da Cidade; e que tudo que Deus ordena, o faz por sua voz, como vice-versa, aquilo que for ordenado pelos que detêm o poder, quanto ao modo de honrar a Deus e às coisas temporais, é também ordenado por Deus.

18. Poderão ser levantadas algumas objeções à doutrina acima exposta. Primeiro: Não se seguirá também que é preciso obedecer à Cidade no caso de vir diretamente a nos mandar ofender a Deus, ou nos proíba de prestar culto? - Não vale a consequência, e não se deve obedecer. Pois ninguém concebe o fato de ofender a divindade ou negar-lhe culto totalmente como sendo um modo de prestar culto. Nenhum daqueles que, antes da instituição da Cidade, reconheciam que Deus reina, tinha o direito de negar-lhe a devida honra, não podendo, portanto, transferir à Cidade o direito de ordenar tais coisas.

Segundo: É preciso obedecer à Cidade, caso nos mande dizer ou fazer alguma coisa que, não sendo embora direta ofensa a Deus, todavia dela se podem tirar pelo raciocínio consequências injuriosas? Por exemplo, mandar adorar a Deus sob imagem diante de pessoas que consideram honorífico esse modo de fazê-lo. - Com certeza deve-se obedecer[34]. Pois o culto é instituído como sinal de

34. Dissemos no art. 14 do presente capítulo que cometem transgressão contra a lei natural do culto divino aqueles que atribuem limites a Deus. Ora, os que adoram a Deus numa imagem, estabelecem limites; fazem, portanto, o que não se deve fazer, daí este artigo parecer contrariar o anterior. Em primeiro lugar,

honra, e exercer o culto desse modo é sinal de honra e faz aumentar a glória de Deus entre aqueles que o tomam por sinal.

E se formos obrigados a atribuir a Deus um nome cuja significação ou relação de coerência com a palavra *Deus* não compreendemos? – Também neste caso é preciso obedecer, porque as coisas que fazemos para prestar honra e delas não temos outra explicação, se forem aceitas como sinais de honra, são realmente sinais de honra; por isso, se nos recusamos a fazê-las, recusamo-nos a fazer aumentar a glória de Deus. O mesmo deve-se dizer de todos os *atributos* e ações referentes ao culto de Deus puramente racional, matérias que podem ser discutidas como objeto de controvérsia. Embora certos mandamentos possam às vezes ser contra a reta razão – e, portanto, pecado dos que governam –, não são, porém, contra a reta razão nem pecado dos súditos, cuja reta razão, nas matérias discutíveis, é aquela que se submete à razão da Cidade.

Por último: Devemos obedecer, caso o homem ou a corte a quem está entregue o supremo poder da Cidade dê ordens para lhe serem prestadas honras de culto e lhes serem dados os mesmos *atributos e ações* com que se adora a Deus? – Há muitas coisas que podem ser atribuídas em comum a Deus e aos homens, pois os homens podem ser *louvados* e *enaltecidos,* e muitas são as ações com que se presta culto ou honra a Deus e aos homens. Mas somente as significações dos *atributos* e das *ações* se devem levar conta. Devemos, portanto, mesmo contrariando as ordens do rei, abster-nos de usar *atributos* com que mostramos acreditar haver algum ser humano com tal poder que não depende de Deus, ou que é imortal, ou tem poder infinito, e semelhantes. Abster-nos também das *ações que significam* essa mesma coisa, como rezar a

---

é preciso saber que impõem limites a Deus não propriamente os que assim o adoram, coagidos pelo poder, mas os que lhes dão tais ordens. Pois, os que adoram contra a vontade, de fato adoram: ficam de pé ou prostram-se no local em que os mandou ficarem de pé ou se prostrarem algum governante legítimo. / Em segundo, acho que é preciso fazer tais coisas, mas nem sempre nem em toda parte, e sim na hipótese de que não haja nenhuma outra regra de culto divino, além dos ditames da razão humana, pois a vontade da Cidade está, então, no lugar da razão. Mas no Reino de Deus pela aliança antiga ou pela nova, onde é expressamente proibida a idolatria, embora a Cidade ordene assim adorar, não se dever fazer. Após estas considerações não mais julgará haver contraste algum entre este artigo e o art. 14 quem antes assim pensava.

um ausente, pedir o que só Deus pode dar, como a chuva e o bom tempo, oferecer o que só Deus pode aceitar, como holocaustos, ou render um culto acima do qual não possa haver maior, como o sacrifício. Essas ações tendem a fazer crer que Deus não reina, contrariamente ao que se pressupõe desde o início. De resto, é lícito o uso da genuflexão, a prostração, ou qualquer outro gesto corporal, como no culto civil, pois podem significar apenas o reconhecimento do poder civil.

Culto divino não se distingue de culto civil pelo movimento a posição, o hábito, ou os gestos do corpo, mas pela declaração do nosso sentimento sobre quem recebe o culto. Se nos prostramos diante de alguém com ânimo de declarar por este sinal que o temos por um deus, isso é culto divino: mas se fazemos o mesmo em sinal do reconhecimento de uma autoridade política, o culto é civil. *Culto divino* também não se distingue de *civil* por alguma ação que costuma ser denominada pelos termos de *latreia* (grego) e *douleia* (grego). O primeiro, denotando o dever dos servos, e o segundo, a *condição* de servo, são termos para uma e mesma ação.

19. Do que foi dito pode-se colher que, sob o reinado de Deus pela só razão natural, pecam os súditos, primeiro, se violam as leis naturais, explicadas nos cap. 2 e 3; segundo, se violam as leis ou mandamentos da Cidade naquelas matérias que se referem à justiça; terceiro, se não adoram a Deus *katá ta nómika* (grego) – isto é, segundo costumes e leis locais; quarto, se não confessam publicamente, com palavras e ações que existe um Deus, Ótimo, Máximo, Deus bendito, rei supremo do mundo inteiro e dos reis da terra; isto é, se não adoram a Deus. Este quarto pecado é, no Reino de Deus pela natureza, conforme o art. 20 do *capítulo* precedente, *crime de lesa-majestade divina,* pois é a negação do poder divino, a saber, o *ateísmo.*

Os pecados mencionados aqui são cometidos como na suposição de um rei soberano, que por estar ausente, reinasse por meio do vice-rei. Certamente pecariam contra o rei os que não obedecessem ao vice-rei em tudo, exceto se este usurpasse o reino para si, ou o entregasse a um outro. Mas aqueles súditos que lhe obedecessem tão absolutamente a ponto de não admitir esta exceção, seriam tidos como réus de lesa-majestade.

16
DO REINO DE DEUS PELA ANTIGA ALIANÇA

1. Que Deus instituiu a verdadeira religião por Abraão, enquanto a superstição dominava sobre os outros povos. 2. Que pela aliança entre Deus e Abraão foi proibido discutir as ordens dos superiores. 3. Termos da aliança entre Deus e Abraão. 4. Que está contido nesta aliança o reconhecimento de Deus, não simplesmente, mas daquele Deus que apareceu a Abraão. 5. Que as leis que obrigavam Abraão não eram outras senão as leis de natureza e a lei da circuncisão. 6. Que Abraão era intérprete da palavra de Deus e de todas as leis entre os seus familiares. 7. Que os súditos de Abraão não podiam pecar obedecendo-lhe. 8. Da aliança de Deus com o povo hebreu junto ao Monte Sinai. 9. Que o governo de Deus recebeu a partir de então o nome de reino. 10. Quais as leis que foram impostas aos judeus por Deus. 11. O que é palavra de Deus e como se há de conhecê-la. 12. Qual foi a palavra de Deus escrita entre os judeus. 13. Que o poder de interpretar a palavra de Deus e o supremo poder civil estiveram reunidos em Moisés enquanto viveu. 14. Que esses mesmos poderes estiveram reunidos no sumo sacerdote durante a vida de Josué. 15. Que eles estiveram reunidos no sumo sacerdote até o Rei Saul. 16. Que estiveram nos reis até o cativeiro. 17. Que ainda estiveram com os sacerdotes após o cativeiro. 18. Que entre os judeus, os únicos crimes de lesa-majestade eram a negação da providência divina e a idolatria, e que em todas as demais matérias deviam obedecer a seus príncipes.

1. A humanidade tem consciência da própria fraqueza admira os fatos da natureza; daí a maioria das pessoas crer em Deus, criador invisível de todas as coisas visíveis. Elas também o temem ao sentir que não possuem suficiente proteção em si próprias. De resto, o uso (imperfeito) da razão e a força das paixões humanas impediam o verdadeiro culto a Deus. Por outro lado, é superstição o medo às coisas invisíveis quando separado da reta razão. Era, pois, quase impossível aos homens sem um auxílio especial de Deus escapar dos dois escolhos, o *ateísmo* e a *superstição:* esta procede do temor sem a base da razão, e aquele, da opinião da razão sem a base do temor. E assim a *idolatria* dominou facilmente a maior parte da humanidade. Quase todos os povos adoraram a Deus sob *imagens* e *figuras* de coisas finitas, como também espectros e fantasmas, aos quais talvez por medo chamavam demônios.

Mas aprouve à divina majestade, como lemos na História Sagrada, escolher um filho da humanidade, Abraão, e conduzir os homens ao verdadeiro culto por meio dele. Quis Deus revelar-se a ele sobrenaturalmente e estabelecer com ele e sua descendência aquele celebérrimo pacto que se chama antiga *aliança* ou *Antigo Testamento.* Ele é o chefe da verdadeira religião, ele foi *"o primeiro a ensinar, após o dilúvio, que há um Deus criador do universo"* (JOSEFO, F. *Antiguidades judaicas,* livro I, cap. 7). A partir dele teve início *o Reino de Deus por alianças.*

2. No começo do mundo decerto reinou Deus não só naturalmente, mas também em virtude de um *pacto,* sobre Adão e Eva, mostrando assim não querer lhe fosse prestada nenhuma obediência (afora a que a razão natural prescreve) a não ser por meio de *pactos*; isto é, pelo consenso dos próprios homens.

Mas a origem do *Reino de Deus,* de que estamos tratando, não deve ser atribuída a esse *pacto,* que foi imediatamente anulado e depois nunca mais renovado. Contudo, note-se de passagem que, pela ordem de não comerem frutos da *árvore da ciência do bem e do mal* – seja que com essa expressão se proibia julgar entre o *bem* e o *mal,* ou apenas comer a fruta de certa árvore – Deus estava exigindo uma obediência cega às suas ordens, sem discussão se era *bom* ou *mau* o objeto. Comer o fruto da árvore, não havendo ordem em contrário, certamente nada tem em sua natureza para tornar-se moralmente *mau,* ou *pecado.*

3. Ora, o *pacto* entre Deus e Abraão foi celebrado nos seguintes termos: "Estabeleço, pois, minha aliança contigo e, depois de ti, com a tua posteridade, na série de suas gerações, como aliança eterna, para que eu seja o teu Deus e o da tua posteridade depois de ti. Darei a ti e aos teus pósteros depois de ti a terra em que vais peregrinando; toda a terra de Canaã, em possessão perpétua" (Gn 17,7-8). E para que Abraão e sua descendência pudesse conservar a memória dessa aliança, era necessária a instituição de um sinal. Foi, pois, acrescentada ao pacto a *circuncisão,* mas apenas como sinal. Lê-se no vers. 10: "Eis a minha aliança que deverei guardar entre mim e vós, bem como tua descendência depois de ti: serão circuncidados todos os varões entre vós. Circuncidareis a carne de vosso prepúcio, e isso será o sinal da aliança entre mim e vós". O pacto, portanto, consistia, da parte de Abraão, em reconhecer que *Deus é* o Deus dele e de sua descendência - isto é, em submeter-se ao seu governo; da parte de Deus, em dar a Abraão por herança aquela terra onde ele habitava então como estrangeiro; e ainda da parte de Abraão, em se fazer *circuncidar* a si e seus descendentes do sexo masculino como sinal memorial daquela aliança.

4. Visto que Abraão já antes da aliança reconhecia a Deus criador do mundo e rei, nunca duvidando da *existência e* da *providência* de Deus, não parece supérfluo querer Deus receber em contrapartida e por *contrato* uma obediência que era devida por natureza - isto é, prometendo a Abraão o reino da terra de Canaã, com a condição de este recebê-lo como seu Deus -, quando por direito natural já o era antes? Portanto, pelas palavras "para que eu seja o teu Deus e o da tua posteridade depois de ti" não se entende que Abraão satisfaz a esse *pacto* unicamente, com o reconhecimento do poder e do domínio que Deus tem naturalmente sobre os homens; em outras palavras, reconhecendo a Deus indefinidamente, pois isso pertence *à razão natural.*

Era preciso reconhecer de maneira definida aquele que tinha falado: "Sai da tua terra [...]" (Gn 12,1), "ergue a vista [...]" (Gn 13,14), que lhe tinha aparecido sob a figura de três personagens celestes (Gn 18,1-2), numa visão (Gn 15,1) e durante um sonho (Gn 15,13), matéria que pertence à fé. Em que forma apareceu Deus a Abraão, com quais sons se tenha dirigido a ele, não está explicado. Mas é certo que Abraão acreditou ser aquela voz a voz de Deus e uma revelação verdadeira e que quem assim lhe falava queria que fosse prestado culto, pelos seus familiares, como a

Deus criador do universo. Também é certo que a fé de Abraão não se resumia em crer na *existência* de Deus, ou na *veracidade* de suas promessas, coisas que todos admitem, mas no fato de não ter duvidado ser o próprio Deus aquele cuja voz e promessas ouvira. "Deus de Abraão", assim, significa não simplesmente Deus, mas o *Deus que lhe apareceu.* Do mesmo modo, o conceito de culto que Abraão devia prestar a Deus não era de "culto de razão", mas sim de *religião* e de *fé;* pois, não a *razão* o revelara, mas sim Deus, *sobrenaturalmente.*

5. A não ser o mandamento da *circuncisão,* que está contido na própria *aliança,* a Escritura não traz lei alguma imposta por Deus a Abraão ou por Abraão à sua família, na época ou depois, temporais ou sagradas. Assim, é evidente que não houve nenhuma outra lei nem culto que obrigasse Abraão afora as leis naturais e o culto racional e a circuncisão.

6. Era Abraão, entre os seus, o intérprete de todas as *leis,* as sagradas e as seculares, não apenas buscando naturalmente usar só as leis, mas também seguindo os próprios termos da aliança que prometem obediência de sua parte, não só por si, mas por sua descendência. Isso teria sido inútil se seus filhos não fossem obrigados a obedecer às suas ordens. E como se poderia entender o que diz Deus: "[...] devendo ser por ele abençoados todos os povos da terra. Antes, eu lhe informarei para que ordene a seus filhos, e à sua casa depois dele, que guardem os caminhos do Senhor, praticando a justiça e o direito" (Gn 18,18-19), se não se supõe que os filhos e a família estão obrigados a prestar obediência às suas ordens?

7. Segue-se daí que os súditos de Abraão não podiam pecar obedecendo a ele, suposto que Abraão não os mandava negar a existência ou a *providência de Deus,* ou praticar ações expressamente contrárias ao culto de Deus. Em todas as demais matérias devia ser ouvida a *palavra de Deus* unicamente de seus lábios, como intérprete de todas as *leis* e da *palavra divina.* Somente Abraão poderia ensinar quem era o Deus de Abraão e como prestar-lhe culto. Aqueles que após a morte de Abraão estavam submetidos à autoridade de Isaac ou de Jacó, pela mesma razão lhes obedeceram em tudo sem pecado, enquanto reconhecessem e professassem o *Deus de Abraão* como seu Deus e seu rei. Submetiam-se a *Deus* simplesmente antes que a Abraão; a Abraão, antes que ao *Deus de Abraão;* como também, ao *Deus de Abraão* antes que a Isaac.

Entre os súditos de Abraão negar a Deus era o único crime de *lesa-majestade*; mas entre os descendentes dos súditos de Abraão era também crime de lesa-majestade negar o *Deus de Abraão* – isto é, adorar a Deus diversamente do que foi instituído por Abraão; a saber, em imagens feitas pela mão do homem[35] - como praticaram outras nações, chamadas, por essa razão, de *idólatras*. Até então aos súditos era bastante fácil saber o que fazer e o que evitar em relação às ordens de seus governantes.

8. Seguindo agora o roteiro da Sagrada Escritura, vemos a mesma *aliança* renovada com Isaac (Gn 18,13-14), quando Deus não se chama a si simplesmente *Deus,* que a natureza ensina existir, mas distintamente *Deus de Abraão* e de *Isaac*. E depois, ao renovar a mesma *aliança* por meio de Moisés com todo o povo de Israel, disse: "Eu sou o Deus de teu pai: o Deus de Abraão, o Deus de Isaac e o Deus de Jacó" (Ex 3,6). Mais tarde, quando no deserto próximo ao Monte Sinai esse povo, o mais cioso de liberdade e o maior inimigo da sujeição humana - por causa da lembrança recente da servidão no Egito - a todos foi proposta a reintegração daquela *antiga aliança* nos seguintes termos: "Pois bem, se ouvirdes atentamente a minha voz e guardardes a minha aliança, sereis minha propriedade especial entre todos os povos, porque minha é toda a terra, e vós constituireis para mim um reino de sacerdotes e uma nação santa" (Ex 19,5-6). E todo o povo respondeu junto: "Tudo o que o Senhor disse, nós o faremos" (Ex 19,8).

9. Nesse pacto, entre outras coisas, é de se notar o apelativo *reino,* não usado antes. Embora sendo Deus rei de todos por *natureza* e pela *aliança* com Abraão, todos lhe deviam enquanto

35. Cf. cap. 15, art. 14, onde mostramos que esse culto não é razoável. Mas se for praticado por ordem da Cidade, para quem não houve conhecimento nem recepção da palavra de Deus escrita, o culto é racional, como demonstramos no cap. 15, art. 18. De resto, quando reina Deus, por via da aliança em que está expressamente vetado adorar desse modo, como na aliança abraamítica, então a prática é má, seja ou não por ordem da Cidade.

súditos seus, obediência e um culto apenas natural; mas enquanto súditos de Abraão, Isaac e Jacó, seus príncipes ou chefes naturais, deviam um culto religioso como Abrão instituíra. Eles próprios não tinham recebido nenhuma palavra de *Deus,* além da palavra natural da reta razão; não acontecera nenhum pacto entre Deus e eles, a não ser na medida em que suas vontades estavam incluídas na vontade de Abraão, como seu chefe ou príncipe. Mas agora, de todos, aliança feita junto ao Monte Sinai, após obtido o consenso de todos, torna-se institucional o *reino de e Deus* sobre eles.

A partir desse momento tem início aquele *Reino de Deus* tão celebrado na Sagrada Escritura e nos escritos dos teólogos. Refere-se a isso o que disse Deus a Samuel, quando os israelitas pediram um rei: "Não é a ti que rejeitaram, mas a mim, para que eu não reine sobre eles" (1Sm 8,7). E o que disse Samuel aos israelitas: "Dissestes-me: Não, mas que reine um rei sobre nós. No entanto, o Senhor, vosso Deus, é o vosso rei" (1Sm 12,12). E o que diz Jr 31,32: "Não como o pacto que estreitei com os seus pais [...], e por isso eu os desdenhei".

Até mesmo a doutrina de Judas, o Galileu, conforme mencionada por Josefo com estas palavras: "Judas, o Galileu, foi o primeiro autor da Quarta Via, ou seita, de pessoas estudiosas da sabedoria. Eles concordam com os fariseus, menos numa coisa - cultivam ardente e firmíssimo amor pela liberdade, mantendo a crença de que só a Deus devemos ter por Senhor e príncipe; estão dispostos antes a sofrer os mais refinados tipos de torturas, juntamente com seus parentes e pessoas queridas, do que chamar Senhor algum ser mortal" (*Antiguidades judaicas,* livro XVIII, cap. 2).

10. Vimos como foi instituído *por aliança* o direito do reino; resta-nos agora considerar quais leis Deus propôs aos homens. Elas são conhecidas de todos - isto é, o *decálogo* - e outras, tanto *judiciais* como *cerimoniais,* que aparecem a partir de Ex 20 até o fim do Pentateuco e a morte de Moisés. Dentre as *leis* transmitidas em geral por meio de Moisés, umas obrigam naturalmente, tendo sido promulgadas por *Deus, como o Deus da natureza,* e vigoraram mesmo antes de Abraão; outras obrigam em força da *aliança* feita com Abraão tendo sido promulgadas por *Deus como o Deus de Abraão,* e vigoravam antes de Moisés, por causa da *aliança* precedente. Outras ainda obrigam somente em força daquela *aliança* que foi por último celebrada com o próprio povo, tendo sido promulgada por *Deus* como *rei* em particular dos israelitas.

Do primeiro tipo são todos os preceitos do decálogo que se referem aos costumes, quais sejam: *Honrarás teus pais; Não matarás; Não cometerás adultério; Não roubarás; Não darás falso testemunho; Não cobiçarás* – que são todas leis naturais. Também o preceito *Não tomar o nome de Deus em vão,* que é parte do culto natural, como foi explicado no capítulo anterior, art. 15. Do mesmo modo, o segundo mandamento *Não adorar imagens feitas pelos homens,* que é, também, parte da religião natural, como foi explicado no mesmo artigo.

Do segundo tipo é o primeiro mandamento do decálogo, que proíbe *ter outros deuses.* Nisto consiste a essência da *aliança* com Abraão pela qual Deus não exige outra coisa senão seja Ele o seu Deus e de sua descendência. Igualmente, pelo preceito da *santificação do sábado,* foi instituída a santificação do sétimo dia em memória da criação do mundo em seis dias, como aparece das palavras: "Observem, pois, os filhos de Israel o sábado, celebrando-o de geração em geração como aliança perpétua [...] pois em seis dias o Senhor fez o céu e a terra, e no sétimo descansou e tomou respiro" (Ex 31,16-17).

Do terceiro tipo são as leis políticas, judiciais e cerimoniais, que afetavam só os judeus. As *leis* do primeiro e do segundo tipos, escritas em *tábuas de pedras,* formando o *decálogo,* eram conservadas na própria *arca,* e as demais, escritas num volume contendo toda a Lei, guardadas *ao lado da arca* (Dt 31,26). Estas podiam sofrer mudança sem perda da fé de Abraão, mas não as do decálogo.

11. Todas as *leis* emanadas de Deus são *a palavra de Deus,* mas não vice-versa, pois nem toda *palavra de Deus é lei.* "Eu sou o Senhor, teu Deus, que te tirei da terra do Egito" - é palavra de Deus, mas não é lei. Como também nem tudo aquilo que é enunciado ou escrito juntamente com a *palavra* de Deus para seu esclarecimento e tido imediatamente como *palavra de Deus.* A expressão *Isto diz o Senhor* não é a voz de *D*eus, mas do anunciante ou profeta. É palavra de Deus toda aquela e somente aquela que um profeta verdadeiro tenha declarado que Deus falou. Os escritos dos profetas que abrangem as coisas que Deus diz e as que ele acrescenta, chamam-se palavra de Deus pelo fato de conterem a palavra de Deus. Mas como *é palavra de Deus* toda aquela e somente aquela que é apresentada como tal por um profeta verdadeiro, não se pode saber qual seja a palavra de Deus antes de se conhecer quem é o profeta verdadeiro nem crer na *palavra de Deus* antes de crer no profeta. O povo de Israel acreditou em Moisés por dois motivos: pelos seus *milagres* e sua *fé*. Com as grandes e evidentíssimas maravilhas que ele tinha operado, o povo não acreditaria, ou pelo menos não deveria acreditar, se tivesse sido chamado do Egito para um outro culto que não o culto do Deus de Abraão, Isaac e Jacó, seus antepassados. Isso teria sido contra a aliança por eles estabelecida com Deus.

Há também a considerar duas notas que Deus propôs a todos os judeus para que tomassem como características *de* um verdadeiro profeta: a *predição sobrenatural de coisas futuras*, que é um milagre muito grande, e a *fé no Deus de Abraão*, que os libertou do Egito. Não é verdadeiro profeta aquele a quem falta uma das duas condições; não deve ser recebida como palavra de Deus aquela que ele vier a apresentar como tal. Se faltar-lhe a fé, reprovam-no as seguintes palavras: "Se surgir no teu meio profeta ou sonhador que te anuncie um sinal ou prodígio, e vier a se verificar o sinal ou prodígio que te havia prognosticado, dizendo: 'Vamos empós de deuses estranhos [...]. E esse profeta ou esse sonhador será morto" (Dt 13,1-5). Se faltar a capacidade de predição, rejeitam-no estas palavras: "Se pensares em teu coração: 'Como distinguiremos nós a palavra que o Senhor não disse?', e se, falando o profeta em nome do Senhor, não se realizar ou não se verificar a palavra, essa palavra será justamente a que o Senhor não disse; disse-a o profeta com presunção" (Dt 18,21-22).

Ora, está fora de discussão que *palavra de Deus* é aquela que como tal é enunciada por um profeta verdadeiro, e que entre os judeus era profeta verdadeiro aquele cuja fé era verdadeira e a cujas predições os acontecimentos correspondiam. Mas podem-se admitir controvérsias sobre o que quer dizer seguir outros deuses, e sobre se os acontecimentos que se diz corresponderem às predições de fato correspondem ou não. Principalmente nas predições que envolvem numa forma obscura e enigmática os eventos futuros, como são as previsões de quase todos os profetas que não viram o Senhor claramente, como Moisés, "face a face" (Nm 12,8), *mas por meio de imagens e figuras.* Mas dessa matéria não se pode formar um juízo de outra maneira senão pelo uso da *razão natural;* tal julgamento dependerá da interpretação das palavras do profeta e da comparação entre elas e o acontecimento.

12. Os judeus consideravam *palavra de Deus escrita* o livro de toda a lei, que se chamava Deuteronômio, e somente este, até o tempo do cativeiro, a quanto se pode colher da História Sagrada. Com efeito, este livro foi entregue pelo próprio Moisés à guarda dos sacerdotes (Dt 31,9-26) para ser colocado ao lado da arca da aliança e transcrito pelos reis. Muito tempo depois o mesmo foi reconhecido como *palavra de Deus* pela autoridade do Rei Josias (2Rs 23,1s.).

Quanto aos demais livros do Antigo Testamento, não está claro quando tenham sido recebidos pela primeira vez no cânon. E no que concerne aos profetas, Isaías e outros, como suas predições se referiam somente a acontecimentos que iriam realizar-se durante ou depois do cativeiro, os seus escritos não puderam, a esse tempo, ser tidos como proféticos, em razão da lei acima citada (Dt 18,21-22), que mandava aos israelitas não aceitarem como profeta senão aquele a cujas predições os acontecimentos correspondessem. Talvez isso explique por que os judeus tenham aceito na condição de proféticos - isto é, como *palavra de Deus* - os escritos daqueles que foram mortos por eles mesmos quando exerciam a profecia, só depois, em vista da realização de suas predições.

13. Vimos quais foram as *leis* na *antiga aliança* e qual a *palavra* de Deus recebida desde o começo. Há que considerar agora onde e em que pessoa, ou pessoas, residia a autoridade de julgar se os escritos dos profetas que vieram depois deviam ou não ser aceitos como *palavra de Deus* – isto é, se os fatos corresponderam às predições; e a que pessoas cabia a autoridade ade interpretar as *leis já recebidas e a palavra de Deus escrita.*

Vamos, pois, investigar esses pontos seguindo a ordem cronológica e as mudanças havidas no corpo político de Israel. É claro que esse poder durante a vida de Moisés esteve em suas mãos, pois se não fosse ele o *intérprete das leis e da Palavra,* tal ofício devia caber ou *a cada um* em particular ou a uma *congregação,* ou "sinagoga" de muitas pessoas, ou ao sumo *sacerdote,* ou ainda, a outros profetas.

Em primeiro lugar, é certo que aquele ofício não foi em absoluto exercido por homens particulares, ou uma congregação composta deles, pois, ninguém foi admitido a isso, ao contrário, foram todos proibidos, com gravíssimas ameaças, *de ouvir a Deus* por outros meios senão por boca de Moisés. Pois, está escrito: "Os sacerdotes e o povo, porém, não irrompas, a fim de subir em direção ao Senhor, não aconteça que ele se arremesse contra eles" (Ex 19,24-25). E depois foi expressamente declarado à evidência, por ocasião da rebelião de Coré, Datan e Abiron, e 250 membros da assembleia, que nem os homens particulares nem a congregação deviam pretender que Deus falasse por seu intermédio e que por conseguinte tivessem o *direito de interpretar a palavra de Deus.* Pleiteando que o Senhor fala não menos por intermédio deles do que por Moisés, assim argumentavam: "Basta-vos isso! Todos os da comunidade são santos e no meio deles está o Senhor. Com que direito vos elevais sobre a comunidade do Senhor?" (Nm 16,3). Mas bem se vê o que Deus determinava sobre essa disputa, pois Coré, Datan e Abiron "desceram vivos ao abismo, e um fogo saiu do Senhor e devorou os duzentos e cinquenta homens" (Nm 16,33.35).

Em segundo lugar aquela autoridade também não residiu no sumo sacerdote Aarão, como se vê de uma discussão semelhante entre ele, junto com sua irmã Maria, e Moisés. A questão era saber se Deus falou somente por Moisés ou também por eles; isto é, se só Moisés ou eles também eram *intérpretes da palavra de Deus.* Assim disseram: "Será que o Senhor falou apenas com Moisés? Não falou ele também conosco?" (Nm 12,2). Mas Deus repreendeu-os e fez distinção entre Moisés e outros profetas, dizendo: "Se um de vós se tornasse profeta, eu, o Senhor, a ele me revelaria em visão e lhe falaria em sonhos. Mas não é assim com meu servo Moisés [...]. Com Ele eu falo face a face e às claras, e não por figuras; e ele contempla o semblante do Senhor. Como, pois, vos atrevestes [...]" (Nm 12,6-8).

Por último, sabemos que a *interpretação da palavra de Deus,* em vida de Moisés, não estava entregue a outros quaisquer profetas, pelo que já foi alegado de sua superioridade sobre todos os outros; também pelo raciocínio natural, na medida em que incumbe a um mesmo profeta promulgar os mandamentos de Deus e também explicá-los. Não havia a esse tempo outra palavra de Deus além da que fora anunciada por Moisés. Ainda por uma razão: não existia a esse tempo nenhum outro profeta que profetizasse para o povo exceto os setenta anciãos que profetizavam pelo espírito de Moisés. E isso o próprio Josué, na época servidor e depois sucessor de Moisés, acreditava ser injusto, até que veio a saber que acontecia com o seu consentimento, como esclarece o próprio texto da Escritura: "O Senhor desceu na nuvem e lhe falou; tomou do espirito que estava nele [Moisés] e o infundiu nos setenta anciãos?" (Nm 11,25). Depois que foi anunciado que iriam profetizar, disse Josué a Moisés: "Senhor meu, Moisés, proíbe-o. E Moisés respondeu: 'És tu ciumento por mim?' [...]" (Nm 11,28).

Portanto, quando Moisés era o único arauto da *palavra de Deus,* e o *múnus de interpretar* não pertencia nem a *particulares,* nem à sinagoga nem ao sacerdote, nem a outros profetas, conclui-se que Moisés foi também o único *intérprete da palavra de Deus,* ele que tinha igualmente o poder supremo nas coisas civis. A contestação de Coré e dos outros conjurados, e de Aarão e sua irmã contra Moisés, não surgiu por causa da salvação de suas almas, mas por causa da ambição e do poder sobre o povo.

14. No tempo de Josué a *interpretação das leis* e da *palavra de Deus* era atribuída ao sumo *sacerdote* Eleazar, ao mesmo tempo rei absoluto, abaixo de Deus. Sabemos disso primeiramente pela própria *aliança,* na qual a inteira comunidade de Israel é chamada *reino sacerdotal,* ou, na expressão de 1Pd 2,9, *sacerdócio real* – o que de modo algum se poderia dizer se não fosse entendido que o poder real, por instituição e *pacto* do povo estava em mãos do sacerdote. Isto não é incompatível com o que foi dito acima, quando não Aarão, mas Moisés obteve o reino, abaixo de Deus, porque, quando um homem estabelece a forma de uma Cidade futura, é necessário que esse homem governe pelo resto da vida, seja como *monarquia,* ou *aristocracia* ou *democracia,* o que ele criou, e que tenha no presente todo o poder que transmitirá aos outros no futuro.

Que o sacerdote Eleazar teve não só o *sacerdócio,* mas também o *poder supremo,* está expresso no fato da própria vocação de Josué para a administração pública. Está assim escrito: "Toma Josué, filho de Nun... [...]. Depois apresenta-o ao sacerdote Eleazar e a toda a comunidade, entrega-lhe o comando diante deles, e comunica-lhe parte da tua autoridade, a fim de que toda a comunidade dos filhos de Israel lhe obedeça. Ele presentará ao sacerdote Eleazar, o qual consultará para ele o juízo dos Urim diante do Senhor; a um seu aceno sairão e a uma ordem sua entrarão ele e todos os filhos de Israel" (Nm 27,18-21). São atribuições de Eleazar *consultar o Senhor* sobre o que é preciso fazer; isto é, interpretar a *palavra de Deus* e em nome de Deus dar ordens sobre todas as matérias. É obrigação de Josué e de *todo o povo* "a um seu aceno sair e a uma ordem sua entrar", isto é, obedecer. Deve-se também observar que a expressão "parte da tua autoridade" significa claramente que Josué não obteve o poder igual ao que teve Moisés. Entretanto é claro que mesmo no tempo de Josué o supremo poder civil e a autoridade para interpretar a palavra de Deus estavam ambos na mesma pessoa.

15. Após a morte de Josué, seguem os tempos dos Juízes, até a morte do Rei Saul. Nesses tempos o direito do reino instituído por Deus claramente permaneceu em mãos do *sacerdote.* Pois, o *reino era sacerdotal* por *aliança* – isto é, Reino de Deus por sacerdotes –, devendo ser assim até que essa forma fosse mudada pelo próprio povo, com o consentimento de Deus. Isto aconteceu no dia em que Deus atendeu ao povo pedindo um rei, e disse: "Ouve a voz do povo em tudo o que te disseram, porque não é a ti que rejeitaram, mas a mim, para que eu não reine sobre eles" (1Sm 8,7). O supremo poder civil, por isso, era devido *por direito,* ou por instituição divina, ao sumo sacerdote; mas *de fato* aquele poder residia nos profetas, suscitados extraordinariamente por Deus, à proteção e guia dos quais os israelitas, povo muito apegado a seus profetas, se submetiam, devido à estima pelas profecias.

A razão disso era que, pela instituição do Reino de Deus sacerdotal, embora tenham sido estabelecidas penas e indicados magistrados para ministrarem a justiça, contudo o direito de infligir penas dependia do julgamento privado, e cabia à massa e aos particulares punir ou não punir, conforme se deixavam excitar por suas paixões. Por isso, ninguém foi punido com a morte por ordem pessoal de Moisés. Quando era preciso matar alguém, uma ou mais pessoas, ele, por autoridade divina, e dizendo - *Isto diz o Senhor* instigava a multidão contra aquela ou aquelas pessoas. Era uma prática concorde com a natureza do Reino de Deus peculiar.

Deus reina verdadeiramente onde as leis são obedecidas por temor não aos homens, mas a Ele. Na verdade, se os homens fossem como deveriam ser, essa seria a melhor forma de existência da Cidade. Mas para governar os homens como eles são, é necessário o poder de coerção, no qual estão contidos o direito e a força. E por isso, desde o início prescreveu Deus por Moisés, leis para os futuros reis (Dt 17,14). E Moisés em suas últimas palavras ao povo, predisse: "Porque sei que depois de minha morte vos perverterei completamente, e vos afastareis dos caminhos que vos indiquei" (Dt 31,29).

Quando, segundo essa predição, surgir outra geração "que não se interessou nem do Senhor nem dos prodígios que ele fizera em favor de Israel. Os filhos de Israel fizeram, portanto, o que desagrada ao Senhor, e serviram aos baals" (Jz 2,10-11), quer dizer, rejeitaram o governo de Deus - isto é, do *sacerdote* –, por meio do qual Deus governava. Depois, quando foram vencidos pelos inimigos e oprimidos pela servidão, não mais esperaram conhecer a vontade de Deus a partir do *sacerdote,* mas da boca dos profetas. Eram estes que *de fato* julgavam Israel, mas *por direito* a obediência do povo era devida ao *sumo sacerdote.* Assim, embora após a morte de Moisés e de Josué o *reino sacerdotal* tinha perdido a força, não estava, porém, privado de *direito.* E que ao mesmo sacerdote competia a *interpretação da palavra de Deus, é* evidente pelo fato de que Deus, após erguido o tabernáculo e consagrada a arca da aliança, nunca mais tenha falado no Monte Sinai, mas no tabernáculo da aliança, desde o propiciatório que havia entre os querubins, aonde a ninguém era permitido o acesso, exceto ao sacerdote.

Se, portanto, levarmos em conta o *direito* do reino, no sacerdote residia ao mesmo tempo o *supremo poder civil* e a *autoridade para interpretar a palavra de Deus.* Mas se considerarmos o *fato,* ambos estavam reunidos nos profetas, os quais julgavam o povo de Israel. Pois, como *juízes* tinham *autoridade civil;* como *profetas,* interpretavam a palavra de Deus. E assim, aqueles dois poderes de todo modo continuaram até aqui inseparáveis.

16. Constituídos os reis, não há dúvida de que a *autoridade civil* esteve nas mãos deles. Tinha chegado ao fim o Reino de Deus por sacerdotes, a pedido dos israelitas e com o consentimento de Deus, o que Jerônimo também anota ao falar dos livros de Samuel (Samuel, diz ele, mostra que a antiga lei foi abolida com o falecimento de Eli e de Saul). Além disso, os juramentos do novo sacerdócio e do novo reino, em Sadoc e em Davi, testemunham que o direito, pelo qual governavam os reis, fundava-se na própria concessão do povo. O sacerdote podia fazer, legitimamente, o que Deus ordenasse; mas o rei podia fazer, por direito, tudo que qualquer um pudesse por seu próprio direito.

Aos reis concederam os israelitas o direito de *julgar* sobre todas as coisas e o de *conduzir a guerra* em nome de todos, estando contido nestes dois tudo o que há de direito transferível de homem para homem. "Que haja um rei, dizem, um rei que nos governe (*Judicabit nos rex noster*), marche à nossa frente e combata a nossa guerra" (1Sm 8,20). O poder de julgar, portanto, pertencia aos reis. Mas *julgar* nada mais é do que, *interpretando, aplicar as leis aos fatos*; logo, competia-lhes também a *interpretação das leis.* E porque não se reconhecia, até o cativeiro, outra palavra de Deus escrita afora a *lei de Moisés,* a autoridade para *interpretar a palavra de Deus* estava também nas mãos dos reis. Mais, até: se tomarmos palavra de Deus por lei, mesmo que tivesse havido outra palavra de Deus escrita afora a *Lei Mosaica,* o dever da interpretação dela tinha de caber aos reis, uma vez que lhes cabia a interpretação das leis. Quando o Deuteronômio, que continha a *lei mosaica,* foi achado, após estar extraviado por muito tempo, os sacerdotes realmente consultaram o Senhor sobre *esse livro,* mas não o fizeram por própria autoridade, e sim por ordem de Josias, não diretamente, mas por intermédio da Profetisa Holda.

Por onde se vê que não estava na mão do *sacerdote* a autoridade para admitir *livros* como *palavra de Deus.* Mas também não se conclui que aquela autoridade estivesse em mãos da profetisa, porque eram outros os que julgavam se os profetas deviam, ou não, ser acolhidos por verdadeiros. Pois, para que fim teria Deus ensinado a todo o povo como distinguir os verdadeiros dos falsos profetas mediante sinais característicos – a saber, realização das predições e conformidade com a religião instituída por Moisés –, se não fosse permitido servir-se desses sinais?! – A autoridade, portanto, para admitir *livros* como palavra de Deus estava na mão do rei, tanto assim que aquele livro da lei foi aprovado e aceito por autoridade do Rei Josias, como transparece em Rs 22-23, onde se narra que ele convocou as ordens, ou estados, do reino, a saber, *anciãos, sacerdotes, profetas* e todo o *povo,* e na presença de todos leu o *livro* e *renovou as palavras da aliança,* fazendo com que essa *aliança* fosse reconhecida como *aliança mosaica* – isto é, como *palavra de Deus* – e novamente aceita e confirmada pelos israelitas.

Portanto, também no tempo dos reis o poder civil e o poder de *distinguir* a *palavra de Deus* da palavra do homem, *e* o de *interpretar a palavra de Deus,* estavam inteiramente em suas mãos. Os profetas não vinham revestidos de autoridade, mas da forma e do direito de anunciadores, ou pregadores, e podiam ser julgados pelos seus ouvintes. Se talvez foram punidos os que não lhes prestavam atenção aos ensinamentos claros de coisas simples, não quer isto dizer que os reis eram obrigados a seguir tudo que eles em nome de Deus diziam ser preciso seguir. Embora tenha sido morto o bom Rei Josias, de Judá, por não obedecer às palavras de Deus por boca de Necao, rei do Egito – isto é, por ter rejeitado um bom conselho, apesar de parecer proveniente de um inimigo –, todavia ninguém dirá que Josias era obrigado, por algum vínculo de *leis divinas e humanas* a crer no Faraó Necao, rei do Egito, ao dizer que *Deus lhe tinha falado.*

Quanto à possível objeção de que os reis por deficiência de doutrina raramente são idôneos o bastante para interpretar os livros antigos em que está contida a palavra de Deus, e por isso mesmo não é razoável fazer depender esse ofício da autoridade deles: pode-se alegar que a mesma objeção é possível contra os sacerdotes e mesmo todos os mortais. Todos podem errar. Embora sejam os sacerdotes mais instruídos por vocação e estudos do que os demais homens, os reis contudo são muito capazes de reunir tais intérpretes sob suas ordens. E assim, apesar de não interpretarem eles próprios a palavra de Deus, contudo o ofício de interpretar pode depender de sua autoridade. Os que negam aos reis essa autoridade por não terem condições de exercer o ofício, fazem o mesmo que se dissessem que a autoridade para mandar ensinar geometria não deve depender dos reis se não forem eles mesmos geômetras. Lemos que alguns reis rezaram pelo povo, abençoaram o povo, consagraram o templo, deram ordens aos sacerdotes, depois eram sacerdotes de seu múnus, designaram outros. Certamente não ofereceram sacrifícios, porque um ofício hereditário do Aarão e seus filhos. Mas é evidente que o sacerdócio durante a vida de Moisés, assim por todo o tempo, que vai do Rei Saul ao cativeiro de Babilônia, não foi uma posição de magistério, mas de ministério.

17. Após a volta do cativeiro de Babilônia, sendo renovada *a aliança,* o reino sacerdotal foi restabelecido tal como era desde a morte de Josué até o início do reino, mas com um detalhe: não está claramente expresso que o direito de soberania tenha sido entregue a Esdras, sob cuja direção os judeus remanescentes reorganizavam o Estado, ou a outro que não fosse o próprio Deus. Antes, parece que aquela reforma não ficou em outra coisa que em simples votos e promessas de cada um para observar as prescrições contidas no livro da lei.

Não obstante, talvez fora das intenções do povo, em virtude da *aliança* que então se renovava (pois era a mesma aliança que fora feita junto ao Monte Sinai), aquele tipo de estado era o *reino sacerdotal*; isto é, estavam reunidas nos sacerdotes a suprema autoridade civil e a sagrada. Se bem que por ambição dos que aspiravam ao sacerdócio e pela interferência de príncipes estrangeiros, mais tarde, até os tempos de nosso Salvador Jesus Cristo, esse reino foi de tal modo tumultuado que se tornou impossível saber pela história daqueles tempos nos quais tal autoridade veio a residir. Mas é certo que naqueles tempos o poder de *interpretar a palavra de Deus* não estava separado do supremo poder civil.

18. Pelo acima exposto é fácil saber como deviam comportar-se os judeus, por todo esse tempo, desde Abraão até Jesus Cristo, com referência às ordenações de seus príncipes. Pois, assim como nos reinos meramente humanos deve ser obedecido em todas as coisas o magistrado subordinado, exceto quando suas ordens contêm em si um crime de lesa-majestade, assim também no Reino de Deus deviam ser obedecidos em todas as coisas os príncipes Abraão, Isaac, Jacó, Moisés, *sacerdote,* o *rei,* cada um durante seu tempo, exceto se seus preceitos contivessem o *crime de lesa-majestade.* O crime de *lesa-majestade divina* era, primeiramente, a *negação da providência,* e consistia em negar que Deus é rei pela natureza; depois, a *idolatria,* ou o culto, não de *outros* deuses (pois só há um Deus) mas de deuses *estrangeiros*; isto é, um culto, embora de um só Deus, mas sob *nomes, atributos* e *rituais* diferentes dos que foram instituídos por Abraão e Moisés. Isso seria negar que o *Deus de Abraão é* rei de todos pela *aliança* celebrada com Abraão e o povo. Em todas as demais matérias era preciso obedecer. E se um rei ou sacerdote, revestido do poder supremo, ordenasse alguma outra coisa contra as leis, o pecado era daquele que tinha o poder supremo, não dos súditos. O dever destes não é discutir as ordens dos superiores, mas executá-las.

17

DO REINO DE DEUS PELA NOVA ALIANÇA

1. Profecias referentes à dignidade de Cristo. 2. Profecias referentes à humildade e à paixão de Cristo. 3. Que Jesus é o Cristo. 4. Que o Reino de Deus pela nova aliança não é o reino de Cristo enquanto Cristo, mas enquanto Deus. 5. Que o Reino de Deus pela nova aliança é celeste, e começa no dia do juízo. 6. Que o governo de Cristo neste mundo não foi em forma de dominação, mas de conselho, ou seja, por meio de ensino e persuasão. 7. Quais são as promessas feitas na nova aliança de ambas as partes. 8. Que Cristo não acrescentou nenhuma lei além da instituição dos sacramentos. 9. Que não são leis fórmulas como *Fazei penitência, Batizai-vos, Guardai os mandamentos,* e semelhantes. 10. Que à autoridade civil cabe definir o que é o pecado de injustiça. 11. Que à autoridade civil cabe definir o que conduz à paz e à defesa da Cidade. 12. Que à autoridade civil cabe julgar, quando necessário, quais definições e consequências são verdadeiras. 13. Que pertence ao fiel de Cristo ensinar a moral, não como teoria, mas como leis, perdoar os pecados, e ensinar tudo isso, que não constitui Propriamente ciência. 14. Distinção das coisas temporais em relação às espirituais. 15. De quantos modos se toma a palavra de Deus. 16. Que nem tudo que está contido na Sagrada Escritura pertence ao cânon da fé cristã. 17. Que a palavra de um legitimo intérprete da Sagrada Escritura é palavra de Deus. 18. Que a autoridade para interpretar as Escrituras é a mesma que para decidir as controvérsias de fé. 19. Os diversos significados de igreja. 20. O que é igreja a que se atribuem direitos, ações, e semelhantes poderes pessoais. 21. Que Cidade cristã é o mesmo que Igreja cristã. 22. Que muitas cidades cristãs não constituem um só Igreja. 23. Quem são os eclesiásticos. 24. Que a eleição de eclesiásticos cabe à Igreja, e a consagração, aos pastores. 25. Que aos pastores pertence o poder de perdoar

os pecados dos penitentes e de reter os dos impenitentes; mas cabe à Igreja julgar sobre a penitência. 26. O que é excomunhão, e sobre quais pessoas não pode ser lançada. 27. Que a interpretação das Escrituras depende da autoridade da Cidade. 28. Que a Cidade cristã deve interpretar as Escrituras pelos seus pastores e eclesiásticos.

1. Há no *Antigo Testamento* muitas profecias bastante claras referentes ao nosso Salvador, *Jesus Cristo,* que vinha restaurar o *Reino de Deus* por uma nova *aliança,* predizendo elas em parte sua *dignidade* real, em parte sua *humildade* e *paixão.* Em referência à sua *dignidade,* entre outras, as seguintes: Abençoando Abraão, Deus promete-lhe o filho Isaac, e acrescenta: "E de ti sairão até reis" (Gn 17,16). Jacó, abençoando o filho Judá, diz: "Não se afastará o cetro de Judá" (Gn 49,10). Diz Deus a Moisés: "Suscitarei dentre seus irmãos um profeta como tu, e porei minhas palavras na sua boca, o qual lhes comunicará tudo o que eu lhe ordenar. Aquele que não ouvir as minhas palavras, que ele dirá em meu nome, terá de prestar contas a mim" (Dt 18,18). Isaías: "Pois bem, o Senhor mesmo vos dará um sinal: eis a virgem que concebe e dá à luz um filho ao qual dará o nome de Emanuel" (7,14). O mesmo Isaías: "Eis, nasceu-nos um menino, um filho nos foi dado; sobre cujos ombros está o principado e cujo nome é Admirável Conselheiro; Deus Forte, Pai Perpétuo, Príncipe da Paz" (9,5). Novamente Isaías: "Despontará um rebento do tronco de Jessé, e uni renovo brotará de sua raiz. Sobre ele pousará o espírito de sabedoria [...]. Não julgará segundo as aparências, nem sentenciará segundo o que ouve dizer, mas julgará com equidade os pobres [...] golpeará o tirano com a vara de sua boca e com o sopro dos seus lábios matará o malvado" (11,1-5).

Além disso, os cap. 51, 52, 53, 54, 56, 60 e 62 do mesmo Isaías quase não contêm outra coisa que a descrição da vinda e das obras do Cristo esperado. Jeremias: "Eis que virão dias [palavra do Senhor] em que estreitarei novo pacto com a casa de Israel e com a casa de Judá [...]" (31,31). Baruc: "Este é o nosso Deus [...]. Depois disso manifestou-se na terra e começou a viver entre os homens" (3,36.38). Ezequiel: "Suscitarei para elas um pastor único, o qual as apascentará, o meu servo Davi [...]. Farei com elas um pacto de paz" (34,23). Daniel: "Prossegui observando nas minhas visões noturnas, e eis que com as nuvens do céu vinha um semelhante a homem, que chegou até o Ancião [...]. E foi-lhe outorgado poder, majestade e império, e todos os povos, nações e línguas o serviram. Seu poder é um poder eterno" (7,13-14). Ageu: "Ainda um pouco e eu sacudirei o céu e a terra, o mar e o continente; movimentarei todos os povos, e as preciosidades de todos os povos (*desideratus cunctis gentibus...*) afluirão para cá" (2,7-8). Zacarias, durante a visão do grão-sacerdote Jesus: "Eis que eu vou mandar vir um meu servo, um rebento meu" (3,8). E mais adiante: "Eis um homem cujo nome é 'Rebento'" (6,12); e: "Alegra-te grandemente, filha de Sião, grita jubilosa, filha de Jerusalém! Eis que teu rei vem a ti: ele é justo e vitorioso" (9,9).

Os judeus, motivados por essas e outras profecias, ficaram à espera do Cristo, o rei que Deus devia enviar para libertá-los e para em seguida exercer o poder sobre todos os povos. Mais ainda: tinha-se espalhado por todo o império romano uma profecia que o imperador Vespasiano, embora erroneamente, também interpretou em favor de suas iniciativas: *que deveria vir da Judeia o dominador do mundo.*

2. As profecias referentes *à humildade* e à *paixão* de Cristo, entre outras, são as seguintes: Isaías: "No entanto ele tomou sobre si as nossas enfermidades e carregou-se com as nossas dores. Nós o julgávamos açoitado e ferido por Deus e humilhado" (53,4). E logo adiante, no vers. 7: "Era maltratado e ele sofria, não abria a boca; era como cordeiro levado ao matadouro, e como ovelha muda nas mãos do tosquiador". No vers. 8: "[...] pelo modo como foi cortado da terra dos vivos, e foi ferido de morte por causa dos delitos do seu povo?" No vers. 12: "Por isso eu lhe darei em prêmio as multidões e fará dos poderosos os seus despojos em recompensar e se ter prodigalizado a si mesmo até a morte e de sem contar entre os malfeitores, quando, ao invés, Ele tornou-se sobre si a culpa de muitos e intercede pelos malfeitores". Em Zacarias: "[...] manso e vem montado num jumento, sobre um jumentinho, cria de uma burrica" (9,9).

3. Nosso Salvador Jesus, um galileu, filho de José, ao que julgavam, começou a pregar no tempo do imperador Tibério César.

Nessa tarefa anunciou ao povo judeu que a chegada do *Reino de Deus* que eles esperavam se aproximava, e que ele era o *rei* – isto é, era *esse Cristo*; explicou a Lei; tomou para seu ministério *doze apóstolos* e *setenta discípulos*, segundo o número de príncipes das tribos e dos setenta anciãos; à semelhança de Moisés; *ensinou* pessoalmente e por meio deles o caminho da salvação; purificou o templo; realizou grandes milagres e cumpriu tudo aquilo que os profetas tinham predito a respeito do Cristo vindouro.

Que este homem, odiado pelos fariseus, cuja falsa doutrina e fingida santidade ele repreendia, malquisto pelo povo por obra deles, acusado de ambicionar a realeza, morto na cruz, foi o verdadeiro Cristo e rei prometido por Deus, e enviado por Deus Pai para estabelecer uma nova *aliança* entre Deus e os homens - no-lo mostram os evangelistas, após descrever-lhe a genealogia, nascimento, vida, doutrina, morte e ressurreição, e fazer a comparação das coisas que ele fez com as que dele foram preditas - além de ser consenso de todos os cristãos.

4. O fato de Cristo ter sido enviado por Deus Pai para tratar da *aliança* entre Deus e o povo ensina-nos que, embora seja igual ao Pai quanto à natureza divina, lhe é inferior no que concerne ao direito do reino. Com efeito, este ofício não é propriamente de rei, mas de vice-rei, como era o governo de Moisés. O reino não era seu, mas do Pai, e isto o próprio Cristo fez entender quando se batizou como súdito do reino, e professou publicamente quando ensinou a orar, em Mt 6,9: "Pai nosso [...] venha a nós o vosso reino"; e quando disse: "Não tornarei a beber [...] até aquele dia em que o hei de beber convosco, de novo, no reino de meu Pai" (Mt 26,29). E São Paulo: "E como todos morrem em Adão, assim em Cristo todos reaverão a vida. Cada qual, porém, na sua ordem: primeiro Cristo, que é a primícia; depois, à sua vinda, os que pertencem a Cristo. Depois será o fim, quando entregar o reino a Deus e Pai" (1Cor 15,22-24).

Entretanto, esse mesmo reino é chamado também *reino de Cristo*, como quando a mãe dos filhos de Zebedeu rogou a Cristo, dizendo: "Ordena que estes meus dois filhos se sentem um à tua direita e outro à tua esquerda no teu reino" (Mt 20,21); e o bom ladrão gritou na cruz: "Jesus, lembra-te de mim, quando vieres na auréola da tua realeza" (Lc 23,42). São Paulo diz: "Porque, sabei-o bem, nenhum fornicador [...] será herdeiro no reino de Cristo e de Deus" (Ef 5,5). Em outro lugar: "Conjuro-te, diante de Deus e de Cristo Jesus, que há de vir julgar os vivos e os mortos, e pela sua manifestação e o seu reino" (2Tm 4,1); e no vers. 18: "O Senhor me subtrairá de toda a obra má e me salvará fazendo-me ingressar no seu reino celeste". Não é, pois, de admirar que o mesmo reino seja atribuído a ambos, pois o *Pai e o Filho* são um mesmo *Deus*, e a nova *aliança* referente ao Reino de Deus não foi apresentada em nome do *Pai*, mas em nome do Pai e do Filho e do Espirito Santo, como um só Deus.

5. O Reino de Deus, para a restauração do qual Cristo foi enviado pelo Pai, não tem início antes de sua segunda vinda, a saber, a partir do dia do juízo, quando terá de vir em majestade, acompanhado dos anjos. Pois, foi prometido aos apóstolos que eles haveriam de julgar, no Reino de Deus, as doze tribos de Israel. "Vós, que me tendes seguido, na regeneração, quando o filho do homem se assentar no seu trono de glória, também vos assentarei sobre doze tronos, a julgar as doze tribos de Israel" (Mt 19,28). Isto não acontecerá senão no *dia do juízo*. Cristo ainda não está sentado em seu trono de majestade. Não se chama reino o tempo em que Cristo viveu na terra, mas *regeneração* – isto é, renovação ou estabelecimento do Reino de Deus - e convocação daqueles que deviam depois ser recebidos no reino futuro.

E do que se diz em Mt 35,31-32: "Quando vier o filho do homem na sua glória e todos os anjos estarão com Ele, então se sentará no seu trono glorioso. E todas as gentes estarão reunidas perante Ele e os separará uns dos outros, como o pastor separa as ovelhas dos cabritos" - resulta claro que não haverá, quanto ao lugar, nenhuma separação entre os súditos de Deus e os seus inimigos, mas que todos viverão Juntamente até a futura vinda de Cristo. A comparação do Reino dos Céus com o trigo misturado à cizânia, e com a rede que recolhe toda espécie de peixes, é uma confirmação disso. Na verdade, não se pode propriamente chamar reino uma multidão de homens feita de súditos e inimigos que habitam promiscuamente ao mesmo tempo.

Além disso, os apóstolos, quando perguntaram ao nosso Salvador se no momento em que Ele subisse ao céu, iria restabelecer o reino de Israel, testemunhavam a convicção de que, quando Cristo subiu ao céu o Reino de Deus ainda não tinha chegado.

Além disso, as palavras de Cristo: "O meu reino não é daqui debaixo" (Jo 18,36); "não beberei [...] até que venha o Reino de Deus" (Lc 22,18); "Deus não enviou seu Filho ao mundo para condenar o mundo, mas para que o mundo seja salvo por sua obra" (Jo 3,17); "Se alguém ouve as minhas palavras e não as guarda, eu não o julgo; que eu não vim para julgar o mundo, e sim para salvar o mundo" (Jo 12,47); "Homem, quem me constituiu juiz ou repartidor entre vós?" (Lc 12,14). Todas essas palavras e o próprio termo *palavra de Deus* o testemunham.

Extrai-se a mesma doutrina das palavras do Profeta Jeremias falando do Reino de Deus pela *nova aliança:* "E não necessitarão mais estimular-se uns aos outros, dizendo: 'Reconhecei o Senhor, porque todos eles me reconhecerão, pequenos e grandes, diz o Senhor'" (31,34). Palavras essas que não se podem compreender de um reino deste mundo.

Portanto, se o Reino de Deus para restabelecimento do qual Cristo veio ao mundo, sobre o qual os profetas vaticinaram, e do qual dizemos ao orar "Venha a nós o vosso reino", deverá ter lugares separados para os súditos e os inimigos, julgamentos e majestade, tudo conforme as predições, então, ele terá início a partir do momento em que Deus irá separar as ovelhas dos cabritos; em que os apóstolos julgarão as doze tribos de Israel; em que Cristo virá em sua glória e majestade; enfim, em que todos conhecerão a Deus sem que seja preciso ensinar-lhes; isto é, na segunda vinda de Cristo, ou no dia do juízo final. Mas, se o Reino de Deus já tivesse sido restabelecido, nenhuma razão haveria por que Cristo uma vez terminada a obra para que foi enviado, viesse ao mundo novamente, ou para dizermos na oração: "Venha a nós o vosso reino".

6. Embora seja celeste o Reino de Deus que Cristo devia instituir por meio da *nova aliança,* não se há de pensar que, os que fizeram aquela aliança por crerem em Cristo, não deveriam também aqui na terra ser governados, de modo a perseverarem em sua fé e na obediência prometida pela aliança. Pois, em vão haveria reino celeste e pátria prometida se não devêssemos ser conduzidos para lá. Mas acontece que não são conduzidos senão os que são guiados no caminho. Quando Moisés instituiu o *reino sacerdotal*, ele próprio, mesmo não sendo sacerdote, governou e conduziu o povo durante todo o tempo da peregrinação até a entrada na terra da promissão.

Pela mesma razão cabe ao nosso Salvador, que Deus quis fosse semelhante a Moisés nesse particular, enquanto enviado do Pai, governar também nesta vida os futuros cidadãos da Cidade celeste, de tal modo que eles possam chegar até lá e nela entrar, apesar de o reino não ser propriamente seu, mas do Pai. Mas o regime em que Cristo governa os fiéis nesta vida não é propriamente um *reino* ou *domínio*, mas um *ofício de pastor*, ou *direito* de ensinar. Noutras palavras, não lhe deu Deus Pai o poder de *julgar* sobre o *meu* e o *teu*, como aos reis da terra, nem o poder de *coagir* por meio de *penalidades*, nem o de fazer leis; mas sim o de mostrar e *ensinar ao mundo* o *caminho* e a *ciência* da *salvação*; isto é, *pregar e explicar* o que devem fazer aqueles que pretendem entrar no *Reino dos Céus*.

Que Cristo não obteve do Pai o poder de *julgar* em questões do *meu* e do *teu* – isto é, nas *questões de direito* – entre os que não creem, suas palavras, acima citadas, mostram suficientemente: "Homem, quem me constituiu juiz ou repartidor entre vós?" E confirma-o a razão. Pois, tendo sido Cristo enviado para *realizar uma aliança* entre Deus e os homens, e não sendo ninguém obrigado a prestar obediência antes de sua ratificação, se ele julgasse sobre questões de *direito*, ninguém seria obrigado a obedecer às suas decisões. Mas conhecer do direito não era tarefa confiada a Cristo neste mundo, nem entre fiéis nem entre infiéis, porque esse direito pertence sem qualquer dúvida aos *príncipes*, enquanto não se derrogar de sua autoridade por Deus. Não é derrogado antes do dia do juízo, como se vê nas palavras de São Paulo, falando do dia do juízo: "Depois será o fim quando entregar o reino a Deus e Pai depois de ter aniquilado todo o principado e toda potestade e virtude" (1Cor 15,24).

Diversas palavras de nosso Salvador demonstram que não foi lhe dado poder algum de condenar ou punir. Repreendendo, que perguntaram: "Mestre, queres que invoquemos que desça fogo do céu e os destrua?" - isto é, aos samaritanos, que lhe recusaram hospedagem, a caminho de *Jerusalém* - Ele disse: "O filho do homem não veio para perder as almas, mas para salvá-las" (Lc 9,54). Em Mt 10,16: "vede que eu vos envio como ovelhas para o meio dos lobos [...] sacudi o pó", e semelhantes. Em Jo 3,17: "Deus não enviou seu Filho ao mundo para condenar o mundo, mas para que o mundo seja salvo por sua obra". Em Jo 12,47: "Se alguém ouve as minhas palavras e não as guarda, eu não o julgo; que eu não vim para julgar o mundo". E outras. É verdade que se lê: "O Pai não julga ninguém, mas entregou ao Filho todo o julgamento" (Jo 5,22). Mas, como esse texto pode e deve ser entendido do dia do juízo futuro, não está em contradição com os textos acima.

E que, finalmente, *Cristo* não foi enviado para fazer novas leis, e, portanto, não foi por ofício e missão um *legislador* propriamente dito, como também Moisés não foi, e sim promulgador e mensageiro de leis paternas (pela *aliança* Deus era rei, não Moisés nem o Cristo) prova-se pelo que disse em Mt 5,17: "Não vim ab-rogar", a saber, as leis antes dadas por Deus por intermédio de Moisés, e que logo explica: "mas cumprir"; e em Mt 5,19: "Quem transgredir um só destes mandamentos, ainda que mínimos, e ensinar aos homens a fazer o mesmo, será o menor no reino".

O Pai, portanto, não entregou a Cristo uma autoridade régia ou presidencial neste mundo, mas apenas doutrinal e de conselheiro, e é o que ele mesmo diz em Mt 4,19, quando chama os apóstolos não de caçadores, mas de *pescadores de homens,* e em Mt 13,31-33, quando compara o Reino de Deus ao grão de mostarda e ao fermento escondido na farinha.

7. Deus prometeu primeiramente a Abraão uma descendência numerosa, a posse da terra de Canaã e a bênção das nações através da descendência dele, com a condição de o servirem, ele e seus descendentes. Depois, aos descendentes carnais de Abraão prometeu um *reino sacerdotal,* um regime de grande liberdade, em que não estariam submetidos a nenhum governo humano, com a condição de servirem ao Deus de Abraão, seguindo os ritos ensinados por Moisés. Por último, prometeu também a eles e a todos os povos um *reino celeste e eterno,* com a condição de servirem ao Deus de Abraão, seguindo os ritos que Cristo ensinou.

Pela *nova aliança* – isto é, a *aliança cristã* – da parte dos homens ficou estabelecido que *serviriam ao Deus de Abraão* segundo os ensinamentos de Jesus; da parte de Deus, que Ele concederia o *perdão dos pecados* e introduziria os *homens no reino celeste.* Vimos acima, no art. 5º, como entender *reino celeste.* Às vezes costuma chamar-se *Reino dos Céus, às* vezes *reino da glória,* às vezes *vida eterna.* A exigência sobre a parte dos homens, de servir a Deus como *Cristo* houver ensinado, contém dois momentos: *prestar obediência a Deus (isto* quer dizer servir a Deus) e ter *fé em Jesus* – isto é, crer que *Jesus é o Cristo* prometido por Deus –, pois aí está a causa única por que a doutrina dele deva ser seguida e não a de outro. Nas Sagradas Escrituras o termo *penitência* (arrependimento) é muitas vezes empregado em lugar de *obediência.* Assim, Cristo ensina em inúmeras ocasiões que para Deus nossa vontade é vista nos fatos; e o *arrependimento* é realmente um sinal infalível de ânimo obediente.

Feita esta observação, resulta de inúmeros textos da Sagrada Escritura como inteiramente evidente que as condições da *aliança cristã* são aquelas que indicamos, a saber: da parte de Deus, dar aos homens a remissão dos pecados e a vida eterna; e da parte dos homens, arrepender-se e crer em Jesus Cristo. Primeiramente, estas palavras em Mc 1,15: "Completou-se o tempo e está próximo o Reino de Deus. Fazei penitência e crede na boa-nova", contém toda a *aliança.* De modo semelhante, em Lc 24,46.47: "Assim está escrito que o Messias (*Christum*) teria de sofrer e ressuscitar dos mortos ao terceiro dia, e que se teria de pregar, em seu nome, penitência e perdão dos pecados a todas as nações, começando por Jerusalém"; e estas outras em At 3,19-20: "Emendai-vos, portanto, e convertei-vos, para que sejam apagados os vossos pecados, a fim de que cheguem os tempos de refrigério [...]." Às vezes uma parte é proposta expressamente e a outra é subentendida, como em Jo 3,36: "Quem crê no Filho tem a vida eterna; e quem, pelo contrário, se nega a crer no Filho não verá a vida, mas a ira de Deus pesa sobre ele". Aqui está expressa a *fé* e não se menciona a *penitência.* Na pregação de Cristo (Mt 4,17): "Convertei-vos, porque está próximo o Reino dos Céus" está expressa a *penitência* e a *fé,* subentendida.

Mas as partes da *nova aliança* acham-se explicadas da maneira mais clara e formal quando um daqueles chefes, *como quem quer discutir o preço do Reino de Deus, pergunta ao nosso salvador.* "Bom mestre com que prática conquistarei a vida eterna?" Cristo propõe primeiro uma parte do preço a saber, a observância dos preceitos, ou seja, a *obediência.* Diante da resposta positiva do homem, acrescentou a segunda, dizendo: "Falta-te ainda, uma coisa: vende quanto tens, distribui-o aos pobres e terás um tesouro no céu. E vem e segue-me" (Lc 18,18.22). Isto se referia à parte da *fé*? Aquele homem, não acreditando em Cristo e nos tesouro celestes, foi-se triste. Esta mesma aliança está contida nas palavras: "Quem crer e for batizado será salvo; quem não crer, será condenado" (Mc 16,16); nelas se exprime *a fé, e* se supõe, nos batizados, *a penitência.* E nas seguintes: "Ninguém, se não nascer pela água e pelo Espírito, pode entrar no Reino de Deus" (Jo 3,5): onde nascer pela água é o mesmo que regeneração; isto é, conversão a Cristo.

Nas palavras dos dois últimos textos citados e em outros, é exigido o *batismo;* e deve-se entender que o *batismo é* para a *nova aliança* o que a *circuncisão* era em relação à *antiga aliança.* Ora, como a circuncisão não pertencia à essência da *antiga aliança, mas* servia para guardar-lhe a memória, na qualidade de rito e sinal, aliás interrompida no deserto, do mesmo modo também o *batismo* não pertence à essência da *nova aliança* estabelecida, mas é empregado como seu sinal e memorial. O ato do *batismo* pode ser omitido por necessidade, contanto que a vontade esteja presente. Mas a *penitência* e *a fé,* que são da essência da *aliança,* são sempre exigidas.

8. No *Reino de Deus* depois desta vida *não* haverá *lei* alguma, seja porque não há lugar para leis onde não há lugar para o pecado, seja também porque as leis nos foram dadas por Deus para sermos dirigidos para o céu, e não no céu. Passemos agora a investigar que leis Cristo propôs como leis do Pai, sem tê-las prescrito ele próprio, uma vez que não quis assumir para si a autoridade legislativa, como mostramos acima no cap. *seis.* Temos um texto da Escritura em que Cristo condensou em dois preceitos todas as leis divinas promulgadas até então: “Ama o Senhor teu Deus, com todo o teu coração, com toda a tua alma e com todo o teu entendimento. Este é o primeiro e o maior mandamento. O segundo é semelhante a este: ‘Ama o teu próximo como a ti mesmo’. A estes dois mandamentos reduz-se toda a lei e os profetas” (Mt 22,37-40).

O primeiro dos dois realmente foi dado antes por intermédio de Moisés, com todos termos (Dt 6,5), e o segundo também é anterior a Moisés, pois, é a lei natural que tem início com a própria natureza racional. Um e outro, porém, formam ao mesmo tempo o compêndio de todas as leis. Com efeito, nas palavras Ama a *Deus* estão contidas todas as leis do culto divino natural. Na expressão *Ama a teu Deus* (i. é, a Deus enquanto *rei,* de um modo especial, de Abraão e sua descendência), estão contidas todas as leis do culto divino que é devido em virtude da *antiga aliança;* e nestas palavras Ama *o teu próximo como a ti mesmo,* todas as leis naturais e civis. Pois, quem ama a Deus e o próximo tem ânimo de obedecer às leis divinas e às leis humanas. E Deus não exige mais do que o ânimo de obedecer.

Temos outras passagens em que Cristo *interpreta as leis,* como Mt 5–7. Todas essas leis, porém, já se encontravam no *decálogo* ou na *lei moral,* ou estão contidas na *fé de Abraão,* como a lei que proibia o repúdio da mulher está contida na *fé de Abraão.* A sentença “os dois formam uma só carne” não foi comunicada primeiramente por Cristo, nem por Moisés, mas sim por Abraão, quem primeiramente anunciou a criação do mundo. As leis, portanto, que Cristo num dos textos condensa, no outro explica, não são diferentes daquelas a que são obrigados todos os homens que reconhecem o Deus de Abraão. À parte essas, não lemos sobre nenhuma outra lei que tenha sido estabelecida por *Cristo,* a não ser a dos sacramentos do *Batismo* e da *Eucaristia,* por Ele estabelecidos.

9. Que dizer, então, de preceitos tais como: *Fazei penitência; Fazei-vos batizar; Guardai os mandamentos; Crede no evangelho; Vinde a mim; Vende tudo o que tens, distribui-o aos pobres e segue-me;* e semelhantes? Na verdade, não são preceitos, mas modos de chamamento *à fé,* como esta palavra de Is 55,1: "Vinde, aprovisionai-vos sem despesa, sem pagamento, de vinho e de leite". Se os convidados não vierem, não pecam contra lei alguma, mas somente contra a prudência: não é punida sua *incredulidade* mas seus pecados antigos o são. Por isso diz São João sobre o incréu (3,36): "a ira de Deus pesa sobre ele"; não diz que a ira de Deus "virá" sobre ele. Pouco antes no vers. 18: "Aquele que não crê já está condenado, porque não creu no nome do filho unigênito de Deus"; não diz que será julgado, mas que "já está condenado". Mais ainda: é difícil considerar a remissão dos pecados um benefício da fé se por outro lado não se entender que a punição dos pecados é um prejuízo causado por nossa infidelidade.

10. Pelo fato de nosso Salvador não ter prescrito aos súditos dos príncipes e aos súditos das cidades nenhuma lei distributiva, a saber, não deu normas para que o cidadão soubesse e pudesse distinguir o que é *seu* do que é *de outro,* nem que fórmulas ou palavras é preciso utilizar ou em que circunstâncias agir para uma coisa ser *dada, entregue, tomada* ou *possuída* de modo a ser considerada pertencente *por direito* a quem a *recebe, toma* ou *possui,* torna-se necessário entender que cada um dos cidadãos (não somente no meio dos infiéis, dos quais disse Cristo não ser *juiz* e *distribuidor,* mas também no meio dos cristãos) deve receber essas normas da Cidade; isto é, daquele homem ou corte que detém o supremo poder na Cidade.

Segue-se, portanto, que, através das leis *Não matarás, Não cometerás adultério, Não furtarás, Honrarás teu pai e tua mãe,* Cristo nada mais ordenou do que a obediência por parte dos cidadãos e súditos, de maneira absoluta, a seus príncipes e governantes em todas as questões referentes ao *meu* e ao *teu,* ao *próprio* e ao *alheio.*

Pelo mandamento *Não matarás* não se proíbe todo e qualquer homicídio, pois quem disse *Não matarás,* disse também: "Quem nesse dia [sábado] fizer algum trabalho, será condenado à morte" (Ex 35,2). Nem se proíbe todo homicídio sem conhecimento de causa, pois disse: "[...] e cada um mate inclusive seu próprio irmão, e seu amigo e o seu parente" (Ex 32,27), e foram mortos vinte e três mil homens; nem todo homicídio de pessoa inocente, pois

Jefté fez um voto ao Senhor, dizendo: "aquele que sair da porta de minha casa [...] eu o oferecerei em holocausto [ao Senhor]" (Jz 11,31), tendo seu voto sido aceito a Deus. Então, o que se proíbe? Somente isto: que ninguém deve matar aquele sobre quem não tem direito de matar; isto é, ninguém mate, se o matar não for um *seu dever.*

A lei de Cristo a respeito do homicídio, e por conseguinte a respeito de toda lesão ao homem, e a respeito da imposição de penas, manda obedecer unicamente à Cidade. Do mesmo modo, pelo preceito *Não cometerás adultério* não se proíbe todo coito, mas somente com a mulher do próximo. Cabe à Cidade julgar quem é a mulher do próximo, devendo a questão ser decidida por normas que a Cidade prescreve. Este preceito, portanto, manda ao homem e à mulher guardar a fidelidade que devem mutuamente por ordenação da Cidade. Igualmente, o preceito *Não furtarás* não proíbe toda sorte de apropriação nem uma tomada clandestina, mas somente do que pertence a outro. O cidadão, portanto, recebe unicamente a ordem de não tomar ou subtrair nada que a Cidade proíbe tomar ou subtrair, e em geral de não denominar algum ato *homicídio, adultério* ou *furto,* se não for praticado contra as leis civis.

Finalmente, como Cristo ordenou honrar os pais sem estabelecer os ritos, os títulos, a forma de obediência como fazê-lo, entende-se que é preciso honrá-los decerto com nossa vontade e internamente como reis e senhores de seus filhos, externamente, porém, não além do que permite a Cidade, que atribuirá a *todos* (como nas demais matérias) *sua* parte de *honra.* Por outro lado, como a justiça consiste em dar a cada um o que é *seu,* é óbvio que cabe à Cidade, e também à Cidade cristã, determinar o que é justiça e o que é injustiça, ou seja, o pecado contra a justiça. O que pertence à Cidade entende-se que pertence aos que detêm o supremo poder na Cidade.

11. Por não ter o Salvador indicado aos súditos nenhuma lei referente ao governo da Cidade além das leis de natureza – isto é, além do mandamento da obediência civil –, nenhum cidadão pode determinar privadamente quem é amigo ou inimigo da Cidade, quando fazer a guerra ou a paz, quando estabelecer aliança, iniciar tréguas. Como não cabe ao particular definir que tipos de súditos ou de autoridades, que doutrinas, costumes, conversações, ligações partidárias, e outras, trazem danos ou vantagens aos fins de preservação da Cidade, assim, sobre essas matérias e outras semelhantes devemos nos informar se necessário, com a Cidade; isto é, com os seus governantes supremos.

12. Além dessas, há uma série de atividades a assumir na Cidade: construção de fortificações, casas, templos; mover, transportar, retirar grandes cargas; atravessar o mar sem Perigo; conhecer a superfície do território, observar o movimento dos astros, as estações do ano, os mistérios da meteorologia, enfim, a natureza das coisas; manejar com perícia o direito natural e o direito civil. E há todas as ciências compreendidas sob o nome de filosofia, que são necessárias em parte para viver, e em parte para o bem-viver. Como Cristo nos trouxe instruções para essas atividades, temos que aprender a ciência referente a elas com o raciocínio; isto é, organizando as conclusões a partir de premissas de experiência.

Mas os raciocínios dos homens são às vezes corretos, às vezes errôneos; assim, uma conclusão às vezes é tida por verdade, às vezes por erro. Erros em matéria filosófica são muitas vezes nocivos ao público e oferecem ocasião para grandes desordens e injustiças. Convém, pois, toda vez que surgirem disputas sobre tais assuntos, contrariando o bem público e a paz comum, haja pessoas capazes de julgar sobre o valor desses raciocínios - isto é, se as conclusões tiradas são corretas ou não -, e assim fique decidida a controvérsia.

A esse propósito não foram deixadas normas por Cristo, pois Ele não veio ao mundo para ensinar *lógica*. Resta, então, que os juízes de tais disputas sejam os mesmos que Deus antes instituíra pela ordem natural, a saber, os que são constituídos pelo governante supremo em cada Cidade. Além disso, se surgirem controvérsias a respeito do sentido preciso e próprio dos nomes ou designações que são do uso comum - isto é, a respeito de suas definições -, de tal modo que se torne necessário dar decisão sobre elas, em vista da paz na Cidade e da distribuição do direito, essa decisão deve caber à Cidade.

Raciocinando os homens indagam sobre essa espécie de definições a partir da análise de diversos conceitos, para significação dos quais empregam-se nomes em diversas épocas e por diversas causas. Mas pertence à Cidade a decisão da questão, se alguém raciocinou corretamente. Por exemplo, se uma mulher deu à luz uma criança de forma estranha, e a lei veta matar um ser humano, surge a questão se o parto foi humano. Pergunta-se, portanto, o que é homem. Ninguém duvida que a Cidade julgará, e o fará sem levar em conta a definição de Aristóteles, que o homem é um animal racional. Assuntos como *direito, política* e *ciência natural,* são objetos sobre os quais dar preceito, e ensinar Cristo nega que pertencem ao seu ofício, havendo um único preceito: que em todas as discussões sobre aqueles pontos, cada um dos cidadãos obedeça às leis e a determinações de sua Cidade. É preciso, porém, lembrar que o mesmo Cristo como Deus tinha direito não só de ensinar como também de ordenar o que bem quisesse.

13. O ofício do nosso Salvador era, em síntese, ensinar o caminho e o uso dos meios para a salvação e a vida eterna. São meios para a salvação a *justiça* e *obediência civil,* e a *observância* de todas as leis *naturais.* Ambas podem ser ensinadas de dois modos: um, como *teoremas,* pela razão natural, deduzindo-se o direito e as leis naturais a partir dos princípios e dos contratos humanos. A doutrina assim proposta é submetida ao exame dos poderes civis. O outro, como leis, por autoridade divina, mostrando-se que essa é a vontade de Deus. Ensinar por este modo cabe somente àquele a quem a vontade de Deus é sobrenaturalmente conhecida; isto é, a Cristo.

Em segundo lugar, pertencia ao ofício de Cristo perdoar os pecados aos penitentes, pois isso era necessário à salvação dos homens que já haviam pecado, e não podia ser feito por outro modo. A remissão dos pecados não é uma consequência natural e devida do arrependimento, mas depende como dom gratuito da vontade de Deus, a ser revelada sobrenaturalmente.

Em terceiro lugar, pertencia ao ofício de Cristo ensinar todos aqueles mandamentos de Deus, seja referentes ao culto, seja referentes aos artigos de fé, que não podem ser conhecidos pela razão natural mas somente pela revelação. Quais sejam: que *Ele é o Cristo; seu reino não é terreno, mas celeste; há recompensa e castigo após a vida terrena; a alma é imortal; os sacramentos são tais e em tal número.*

14. Pelo que foi dito nos artigos imediatamente precedentes, não é difícil distinguir entre coisas *espirituais* e temporais. E entendendo-se por *espirituais* as que têm fundamento na autoridade e no ofício de Cristo, e que não poderiam ser conhecidas se Cristo não as tivesse ensinado, sendo todas as demais coisas temporais, segue-se que são de *direito temporal* a definição e o pronunciamento sobre o que concerne *ao justo* e ao *injusto;* conhecer de todas as controvérsias acerca dos *meios de paz* ou de *defesa pública;* e o exame das doutrinas e dos livros que tratam da *ciência racional.* Todas essas coisas espirituais que, por dependerem unicamente ente da palavra e da autoridade de Cristo, são *mistérios de fé,* têm sua instância no *direito espiritual.*

Definir o que é *espiritual* e o que é *temporal* resulta numa tarefa racional de estudo, e cabe ao *direito temporal.* Nada dessa distinção nos forneceu o Salvador. São Paulo, decerto, contribuiu em muitos textos para a distinção entre coisas *espirituais* e *carnais* (Rm 8,5; 1Cor 12,8-10). Chama *espirituais* as que são do espírito, a saber, a *sabedoria,* a *palavra da ciência,* a *fé,* o *dom da cura, operar milagres,* a *profecia,* o *discernimento dos espíritos,* a *ciência das línguas,* a *interpretação das palavras,* todas inspiradas sobrenaturalmente pelo Espírito Santo, e aquelas que o *homem animal* não pode entender, mas somente quem conhece o espírito de Cristo (2Cor 2,14.16). Chama *carnais* os bens de fortuna (Rom 15,27), e homens *carnais* a certos homens (1Cor 3,1-3). Contudo ele não definiu nem impôs normas que nos fizessem saber o que procede da razão natural e o que, da inspiração sobrenatural.

15. Como é certo que nosso Salvador confiou, ou melhor, não denegou aos príncipes e aos que detêm o poder supremo na Cidade a autoridade suprema para julgar e decidir todas as controvérsias sobre matéria *temporal,* resta-nos ver em seguida a quem teria ele confiado semelhante poder em matéria *espiritual.* O conhecimento que podemos ter neste campo somente provém da *palavra de Deus* e da *tradição da Igreja,* por isso passaremos a estudar o que é *palavra de Deus;* o que é *interpretá-la;* o que é *igreja;* o que é *vontade* e *mandamento da Igreja.*

Sem levar em conta que a *palavra de Deus às* vezes é tomada na Sagrada Escritura pelo próprio *Filho de Deus,* tem esse vocábulo três acepções. Primeiro, no sentido mais próprio, é o que Deus falou. Assim, palavra de Deus é tudo que Deus disse a Abraão e aos patriarcas, a Moisés e aos profetas; ou o que nosso Salvador falou aos discípulos e a todos os outros. Segundo, tudo o que foi dito por homens sob mandado ou impulso do Espírito Santo. Neste sentido reconhecemos que a Sagrada Escritura é a palavra de Deus. Terceiro, *palavra de Deus* significa com grande frequência, no Novo Testamento, a doutrina evangélica, ou *a palavra sobre Deus,* ou *a palavra do Reino de Deus por Cristo.* Como em Mt 4,23, onde se lê que Cristo pregou o *evangelho do reino.* Em At 13,46, onde se diz que os apóstolos pregaram a *palavra de Deus.* Em At 5,20, onde a palavra de Deus é chamada *palavra de vida.* Em At 15,7, *palavra do evangelho.* Em Rm 10,8, *palavra da fé.* Em Ef 1,13, *palavra da verdade,* acrescentando-se a interpretação - isto é, *evangelho da salvação* – a chamada *palavra dos apóstolos,* pois diz São Paulo: "E se alguém não obedecer ao que dizemos [...]" (2Ts 3,14).

Esses textos não podem ser entendidos de outro modo, a não ser pela *doutrina evangélica.* De modo semelhante, em At 12,24; 13,49, quando se diz que *a palavra de Deus é semeada, cresce e se multiplica,* é difícil supor aí a própria voz de Deus ou dos apóstolos; ao contrário, é fácil supor que seja sua doutrina. E nesta terceira acepção, *palavra de Deus é toda a doutrina de fé cristã* que é hoje ensinada nas cátedras episcopais e está contida nos livros dos teólogos.

16. Já a Sagrada Escritura, que reconhecemos como inspirada por Deus, é no seu todo *palavra de Deus* na segunda acepção do termo, e inúmeras passagens o são na primeira acepção. E como em sua maior parte trata da predição ou da prefiguração antes da encarnação de Cristo, ou na sua explicação e evangelização depois dela, é também tomada na terceira significação. Quando o termo *palavra de Deus é* tomado *por palavra sobre Deus* – isto é, por *evangelho* – a Sagrada Escritura é palavra de Deus, e por isso também *padrão* e *regra* para toda *a doutrina evangélica. Mas* como se lê nas Sagradas Escrituras muita matéria *política, histórica, moral, física,* e de outra natureza, que de nenhum modo têm relação com os *mistérios de fé,* essas passagens, apesar de conterem uma verdadeira doutrina, e servirem de norma para esse tipo de doutrinas, não podem, todavia, ser um referencial para os mistérios da religião cristã.

17. Não é decerto o som da voz nem a letra da *palavra de Deus* que constitui o padrão canônico da doutrina cristã, mas o seu sentido verdadeiro e autêntico, pois as Escrituras dirigem nosso espírito somente quando são entendidas. Há, portanto, necessidade de intérprete para que elas se tornem esse cânon. E da que se segue uma das duas: ou que a palavra do intérprete é palavra de Deus, ou que o cânon da doutrina cristã não é palavra de Deus. A segunda alternativa é necessariamente falsa, pois há de ser divina a norma de uma doutrina que não pode ser conhecida pela razão humana, mas somente por meio de revelação divina. É impossível sobre certa doutrina tomar como regra a opinião de uma pessoa que reconhecemos que não tem condições de saber se essa doutrina é verdadeira ou não. A primeira é a correta, a palavra do intérprete das Escrituras é *palavra de Deus.*

18. Intérprete, a cuja opinião se atribui tamanha honra a ponto de ser considerada *palavra de Deus,* não é qualquer um que traduz a Escritura do hebraico e do grego para os seus ouvintes (resp. leitores) em latim, em francês ou em outra língua moderna. Não é isto interpretar. A natureza da linguagem é que, embora mereça ocupar o lugar principal entre os sistemas de sinais de que nos servimos para manifestar aos outros os nossos pensamentos, sozinha, contudo, não pode cumprir essa tarefa sem o auxílio de muitos elementos circunstanciais. A viva voz tem à disposição os seguintes elementos: o tempo; o local; rosto, gesto e atitude de quem fala; enfim o próprio falante ao explicar seu pensamento com outras palavras, sempre que for preciso. Tais recursos de interpretação fazem falta nos escritos do tempo antigo, e fazê-los valer ainda não é obra de uma inteligência comum, nem mesmo da mais dotada, se não possuir erudição e especialização em ciência da Antiguidade.

Não basta, portanto, para interpretação das Escrituras que alguém conheça a língua em que estão redigidas. Também não é intérprete autêntico das Sagradas Escrituras qualquer um que escreve comentários sobre elas, pois os homens podem errar, como podem torcê-las para suas preferências, ou escravizá-las aos seus preconceitos, em gritante incoerência, pois daqui se seguiria que uma sentença errada seja tomada por *palavra de Deus*. Isso pode não acontecer, mas logo após o falecimento desses comentaristas, seus comentários necessitarão de explicações, e com o passar do tempo, as explicações precisarão de exposições, e as exposições, de novos comentários, e assim por diante. De sorte que o cânon, ou regra, da doutrina cristã, pelo qual se decidem as controvérsias de religião, de modo algum pode consistir numa interpretação escrita qualquer que seja. Resta que o intérprete canônico deverá ser alguém cujo encargo legítimo seja pôr um fim às controvérsias surgidas, por meio da explicação da palavra de Deus em seus julgamentos; alguém, cuja autoridade, portanto, deve ser não menos obedecida do que a dos que, por primeiro, nos recomendaram a própria Escritura como regra de fé; alguém que seja ao mesmo tempo *intérprete da Escritura e juiz supremo,* de todas as *doutrinas.*

19. No que concerne ao nome, *igreja (ecclesia)* em sua origem significa a mesma coisa que a palavra latina *couto,* ou *seja,* reunião de cidadãos, como *ecclesiastes é* o mesmo que *concionator;* isto é, orador que fala para sua assembleia. Neste sentido, lemos em At 19,32.39, as expressões *ecclesia legitima,* para dizer uma assembleia convocada, e *ecclesia confusa,* para dizer um concurso tumultuário de povo. *Ecclesia christianorum,* Igreja de cristãos, entende-se, na Sagrada Escritura, às vezes, a reunião, às vezes os próprios cristãos, embora não efetivamente convocados, mas podendo livremente entrar no grupo e comunicar-se com os seus componentes. Por exemplo: "Di-lo à Igreja" (Mt 18,17), entende-se da Igreja convocada, do contrário seria impossível *dizer* alguma coisa *à Igreja.* Mas: "devastava a Igreja" (At 8,3) entende-se da Igreja não reunida, e sim dos fiéis dispersos.

Às vezes usa-se *ecclesia* por pessoas batizadas, ou que professam a fé cristã (quer sejam fiéis cristãos ou cristãos fingidos), como ao lermos que alguma coisa foi dita ou escrita *à Igreja,* ou deliberada, realizada pela Igreja. Às vezes, por *eleitos,* unicamente, como em Ef 5,25, onde é chamada Igreja *santa e irrepreensível.* Mas os eleitos, enquanto militantes, não formam propriamente uma Igreja à parte, pois como eleitos não têm condições de reunir-se; formam, sim, a *Igreja futura,* a saber, no dia em que deverão triunfar separados dos réprobos. E ainda pode-se tomar Igreja às vezes coletivamente por todos os cristãos ao mesmo tempo, como em Ef 5,23, em que Cristo é chamado de *cabeça da Igreja*; e em Cl 1,18: *cabeça do corpo, que é a Igreja.* Outras vezes, por parte dela, como *Igreja de Éfeso, Igreja que está em sua casa, as sete igrejas etc.*

Por último, *igreja* tomada por um grupo efetivamente reunido, de acordo com os diversos fins para que está reunido, às vezes significa aqueles que se reúnem para deliberar e julgar, e neste sentido chama-se também concílio, sínodo; outras vezes, aqueles que se reúnem na casa de oração para o culto de Deus. Neste sentido lê-se em 1Cor 14,4.5.23.28 etc.

20. Ora, uma Igreja que tem atribuído a si direitos pessoais, próprios e ações, e em referência à qual é necessário entender expressões como, "Di-lo à Igreja", e outras fórmulas de locuções semelhantes, há de ser definida de modo a se intender a esses vocábulos a multidão de homens que estabeleceram uma aliança nova com Deus por Cristo (i. e, homens que receberam o Sacramento do Batismo), *multidão esta que tanto pode ser legitimamente convocada num certo lugar por alguém, como, após essa convocação, ser obrigada a comparecer toda ou por si ou por outros.* Certamente, não se pode dizer que uma multidão de homens é *pessoa* se ela não pode reunir-se num só grupo, quando necessário. *Igreja* não pode falar, nem deliberar, nem ouvir, senão como grupo, em assembleia. Cada uma das coisas que foram ditas por qualquer indivíduo particular (quer dizer, quase tantas opiniões quantas cabeças), é a expressão de um homem, e não da *Igreja.* Ademais, se for formada uma assembleia, mas ilícita, será considerada nula. Portanto, nenhum daqueles que estão presentes num tumulto está obrigado às resoluções dos demais, mormente se ele for dissidente. E assim, tal Igreja nada pode deliberar. Dizemos que uma multidão delibera alguma coisa quando cada qual se obriga ao que for deliberado pela maioria.

Convém, portanto, acrescentar à definição de *Igreja,* a quem decerto atribuímos predicados *pessoais: que ela possa não só ser convocada, mas convocada por direito, legitimamente.* Além disso, embora haja alguém que legitimamente convoque os demais, mas os convocados, também legitimamente possam deixar de comparecer (o que é possível acontecer entre homens que não estão submetidos uns aos outros), não é, essa *Igreja, uma pessoa.* Pois, o direito que têm alguns que se reúnem em tempo e lugar, para onde são convocados, de serem uma *Igreja é* também o mesmo direito que têm alguns outros que se passam para outro lugar, indicado por eles, de serem outra *Igreja.* E qualquer número de *homódoxos* (grego = indivíduos de uma mesma opinião) é uma *Igreja;* por conseguinte, tantas serão as igrejas quantas são as opiniões diversas; isto é, a mesma multidão de homens será ao mesmo tempo uma e *muitas* igrejas. Portanto, *Igreja* não é uma, senão quando há um poder certo e conhecido - isto é, legítimo -, mediante o qual cada um dos membros se obrigue a estar presente no grupo, pessoalmente, ou por outrem. Ela se torna *uma* e capaz de funções pessoais em razão da unidade do poder legítimo de convocar sínodos e assembleias de cristãos, e não da uniformidade da doutrina; do contrário, é uma mera multidão, um número de *pessoas* (no plural) que concordam de qualquer forma em suas opiniões.

21. É de todo coerente com o que foi dito acima a afirmação de que *Cidade dos homens cristãos* e *Igreja dos cristãos é* absolutamente a mesma coisa, designada com dois nomes em vista de duas causas. Pois a *matéria* da *Cidade* e a da *Igreja é* a mesma; a saber, os mesmos homens cristãos. E a *forma,* que consiste no poder legítimo de convocá-los, é também a mesma, pois é certo que cada um dos cidadãos é obrigado a vir aonde é convocado pela Cidade. Mas a que se chama *Cidade,* enquanto composta de *homens,* é a mesma que se chama *Igreja,* enquanto formada por *cristãos.*

22. Observa-se a mesma coerência com o que foi dito acima na seguinte proposição: *Se há muitas cidades cristãs, todas elas* *juntas não são pessoalmente uma Igreja.* Podem certamente tornar-se uma, por mútuo consenso, mas não de modo diferente do que seria para se tornarem uma Cidade. Pois, não podem fazer assembleia senão num tempo certo e lugar determinado. Mas, pessoas, lugares e tempos de assembleias são elementos regidos pelo *direito civil.* Ninguém, súdito ou estrangeiro, tem o direito de colocar os pés em lugar algum senão com a permissão daquele que é senhor do lugar. O que só se pode fazer legitimamente com a permissão da Cidade, será legítimo mediante a autoridade da Cidade.

A *Igreja universal* é certamente um só *corpo místico* cuja cabeça é Cristo, mas o é pela mesma razão segundo a qual todos os homens juntos, reconhecendo a Deus como soberano senhor do mundo, são um reino e uma Cidade; não é, porém, *uma pessoa* nem tem ação ou propósito comum. Aliás, ao dizer o Apóstolo que Cristo é a *cabeça do corpo da Igreja,* vê-se claramente que ele se referia aos eleitos que, enquanto estão neste mundo, são uma *Igreja* em estado apenas *virtual,* que não se realizará antes de serem separados dos réprobos e se reunirem entre si, no dia do juízo.

A Igreja romana foi outrora muito extensa, mas não ultrapassou os limites do império, e, portanto, não era universal senão no sentido em que se disse da Cidade romana: "romano, vitorioso, já possuía o mundo inteiro", quando não linha nem a vigésima parte. Depois que o império civil foi dividido em partes, todas as cidades daí surgidas eram outras tantas igrejas; e todo o poder que a Igreja romana tinha sobre elas podia depender inteiramente da autoridade delas que, tendo sacudido o jugo dos imperadores, comprariam em aceitar o ensino dos mestres romanos.

23. Podem chamar-se *eclesiásticos* os que exercem um cargo público na *Igreja.* Entre esses cargos, uns eram de *ministério,* outros de *magistério.* A tarefa dos *ministros* da Igreja era *servir às mesas,* cuidar dos bens temporais da *Igreja,* distribuir a cada um as porções, numa época em que muitos eram alimentados em comunidade, por ter sido abolida toda a propriedade de riquezas. Os *mestres,* conforme sua posição, eram chamados uns, apóstolos; outros, *bispos;* outros, *presbíteros* (grego; i. é, mais velhos) ou anciãos, mas sem a conotação da *idade* no nome *presbítero,* e sim do *múnus.* Timóteo era presbítero, embora jovem. A nota da idade prevaleceu para designar o múnus porque o mais das vezes os *mais velhos* eram encarregados do *magistério.*

Os mesmos *mestres,* ainda, conforme as tarefas eram chamadas uns, *apóstolos;* outros, *profetas;* outros, *evangelistas;* outros, *pastores* ou *doutores.* O trabalho *apostólico* era geral; o *profético* era propor revelações próprias no seio da *Igreja;* o dos *evangelistas,* pregar ou anunciar o evangelho entre os infiéis; o dos *pastores,* ensinar, confirmar, dirigir as almas daqueles que já acreditavam no evangelho.

24. Há duas considerações a fazer sobre a eleição dos *eclesiásticos: eleição* das pessoas, e consagração ou instituição, que é também chamada *ordenação.* Aos primeiros doze *apóstolos* o próprio Cristo *elegeu* e *ordenou.* Depois da ascensão de Cristo, Matias foi eleito no lugar do traidor Judas, quando a Igreja, que nesse tempo se reuniu em assembleia de cerca de cento e cinquenta e dois homens, escolheu dois *("propuseram dois, José e Matias")* mas Deus aprovou um, Matias, mediante sorteio. A esses doze São Paulo chama de *os grandes e primeiros apóstolos,* e também *apóstolos da circuncisão.* Mais tarde foram acrescentados dois outros *apóstolos,* Paulo e Barnabé, sendo ordenados certamente pelos doutores e profetas da *Igreja antioquena,* que era uma *Igreja particular,* mediante imposição das mãos, mas *eleitos* por ordem do Espírito Santo, segundo At 14,13. Que receberam o *apostolado* pelo fato de terem sido escolhidos para a obra de Deus pelos doutores e profetas da Igreja antioquena, por ordem do Espírito Santo, mostra-o o próprio Paulo que, para marcar a diferença, diz de si: "chamado a ser apóstolo, escolhido para anunciar (*segregatum in*) o evangelho de Deus" (Rm 1,1).

Agora, se perguntarmos mais além, *com que autoridade* foi que se recebeu como ordem do Espírito Santo o que aqueles profetas e doutores disseram ser procedente do Espírito Santo, há que se responder, necessariamente: foi *por autoridade da Igreja antioquena!* Pois, antes de serem admitidos, profetas e doutores tinham que ser examinados pela Igreja. Diz São João: "Não acrediteis em todo o espírito, mas ponde à prova os espíritos, para ver se vêm de Deus, porque muitos falsos profetas vieram ao mundo"

(1Jo 4,1). Mas por qual *Igreja senão por aquela a que foi escrita* a epístola? De modo semelhante repreende São Paulo as igrejas da Galácia por judaizarem, mesmo que parecessem fazê-lo com o apoio de Pedro (Gl 2,14). Narrando ter repreendido o próprio Pedro nestes termos: "Se tu, sendo judeu, vives à maneira dos gentios, e não à maneira dos judeus, como é que obrigas os gentios a judaizar?" Não muito depois interroga-os, dizendo: "Só isto quero saber de vós: recebestes o Espírito por terdes operado segundo a lei, ou por terdes aderido à fé?" (Gl 3,1). Assim se evidencia que Paulo repreende nos gálatas o judaísmo, mesmo que o Apóstolo Pedro os obrigasse a judaizar.

Como, portanto, não cabia a Pedro nem a outro ser humano determinar à Igreja quais doutores seguir, era sobre a autoridade da *Igreja antioquena* que se baseava a eleição de seus doutores e profetas. E como o Espírito Santo escolheu para si os apóstolos Paulo e Barnabé pela imposição das mãos de doutores também escolhidos, é claro que em qualquer *Igreja a consagração e imposição das mãos* sobre os doutores principais competia aos doutores da mesma *Igreja.* Os *bispos,* que *eram* também chamados *presbíteros,* embora nem todos os presbíteros fossem bispos, foram ordenados tanto por apóstolos - de fato, Paulo e Barnabé, quando ensinavam em Derbe, Listra e Icônio, estabeleceram *presbíteros* em cada uma das igrejas (At 14,22) - como também por outros *bispos.* Tito foi deixado em Creta por Paulo (Tt 1,5) para que estabelecesse alguns desses presbitérios pelas Cidade. E a Timóteo disse: "Não descures o dom que está em ti e que te foi conferido por designação profética com a imposição das mãos do colégio dos seniores" (1Tm 4,14). Ao mesmo Timóteo foram fornecidas normas a respeito da eleição dos presbitérios. Isso só se pode entender da ordenação daqueles que viessem a ser escolhidos pela Igreja.

Ninguém tinha poder para constituir um doutor na Igreja senão com a permissão da mesma Igreja. Com efeito, a tarefa dos próprios apóstolos não era comandar, mas ensinar. E embora os recomendados por *apóstolos* e *presbíteros* não fossem rejeitados, em vista do prestígio dos recomendantes, eles, contudo, não podendo ser eleitos sem a vontade da *Igreja,* eram considerados *eleitos* também por *autoridade da Igreja.* De modo semelhante, os ministros, também chamados *diáconos,* eram *ordenados* pelos *apóstolos,* mas *eleitos* pela *Igreja.* Quando se tratou de escolher e ordenar sete diáconos, não os escolheram os *apóstolos,* mas disseram: "Procurai, irmãos, entre vós sete homens de boa reputação [...]. E elegeram Estêvão [...]; e [os] apresentaram aos apóstolos" (At 6,3.5.6). É certo, portanto, que pelo costume da *Igreja* do tempo dos *apóstolos,* competia aos *apóstolos* e *doutores* certamente a *ordenação,* ou *consagração,* que se faz pela *oração* e *imposição das mãos;* mas competia *à Igreja* a *eleição* dos que teriam de ser *ordenados.*

25. Sobre o poder de *ligar* e *desligar* – isto é, *perdoar* e *reter* os pecados –, não há dúvida alguma de que tenha sido conferido por Cristo aos *pastores* do futuro do mesmo modo àqueles *apóstolos* do presente. Foi dado aos apóstolos todo o poder de *perdoar os pecados* que o próprio Cristo possuía. "Assim como o Pai me enviou [disse Cristo], também eu vos envio"; e acrescentou: "àqueles a quem perdoardes os pecados, serão perdoados; àqueles a quem os retiverdes, ficarão retidos" (Jo 20,21.23).

Encerram, porém, alguma dificuldade os termos *ligar* e *desligar,* ou *perdoar os pecados* e *reter os pecados.* Primeiro: *reter os pecados* de alguém que, batizado para a remissão dos pecados, é verdadeiramente penitente, parece estar em contradição com a própria aliança do Novo Testamento e, portanto, Cristo não o pode fazer, nem muito menos o podem os pastores. Mas *perdoar* ao não penitente parece estar contra a vontade de Deus Pai, que enviou Cristo para converter o mundo e conduzir os homens à obediência.

Depois, se a cada pastor fosse concedido o poder de *perdoar e reter os pecados* desse modo, ficaria destruído todo temor devido aos príncipes e aos magistrados civis, juntamente com todo tipo de governo civil. Pois, foi dito por Cristo, e até mesmo a natureza nos ensina: "Não temais os que matam corpo e que não podem matar a alma. Temei antes aquele que pode mandar para a perdição a alma e o corpo, na geena" (Mt 10,28). Não há ninguém tão falho de entendimento que não prefira obedecer antes ao que podem *perdoar e reter os pecados* que aos mais poderosos reis.

Por outro lado, não se deve pensar que a *remissão dos pecados* não seja outra coisa que isenção de penas eclesiásticas. Que outro mal nos faz a excomunhão, além da pena eterna, dela resultante? Que bem nos traz ser recebido na Igreja, se fora dela houvesse salvação? É, pois, preciso crer firmemente que os *pastores* têm o *poder de perdoar verdadeira e absolutamente os pecados,* mas dos *penitentes;* e *de retê-los,* mas dos *impenitentes.*

Enquanto os homens julgam que arrepender-se não é mais do que condenar os próprios atos e mudar as intenções que lhes parecem ser pecado ou ser culpáveis, surgiu uma opinião de que pode haver penitência antes da confissão dos pecados perante homens, e que esse arrependimento não é efeito mas causa da confissão. Daí, ser contra a Escritura e contra as palavras formais de Cristo "Àqueles a quem perdoardes [...]" a objeção de alguns que dizem que já estão perdoados no batismo os pecados dos que se arrependem, e não podem absolutamente ser perdoados os pecados dos não penitentes. Para solução desta dificuldade é preciso saber, em primeiro lugar, que o verdadeiro reconhecimento do pecado próprio é penitência. Com efeito, quem sabe que pecou, sabe que errou; mas é impossível desejar errar, e assim, quem sabe que pecou, desejaria não tê-lo feito: arrepender-se é isto.

E depois, quando houver dúvida se o ato praticado é pecado ou não, há que considerar que penitência não precede a confissão dos pecados, mas segue-a, já que arrependimento não se dá senão de pecado reconhecido. E preciso, pois, que o penitente não só reconheça o fato como também saiba que é pecado; isto é, que é contra a lei. Se alguém, portanto, julgar que o ato que praticou não é contra lei, é impossível arrepender-se dele. Logo, é necessário à penitência a conferência dos fatos com a lei. Mas conferir fatos com a lei sem intérprete é coisa inútil, pois a norma das ações não são as palavras da lei, mas a sentença do legislador. Ora, os intérpretes da lei são certamente um homem ou alguns homens, pois cada indivíduo não é juiz para decidir se o seu ato é ou não pecado. É preciso explicar, por um ou mais homens, o fato de que se duvida se é pecado ou não. Confissão é isto. Quando o intérprete da lei julgar pecado aquela ação, e o pecador se submeter ao julgamento e decidir consigo mesmo não mais cometê-la, isso é penitência. E deste modo, ou a verdadeira penitência não existe, ou segue a confissão, não a precede.

Com essas explicações não é difícil entender em que consiste aquele poder de *ligar e desligar.* Pois, há dois elementos na confissão, um dos quais é o *julgamento* ou *condenação,* que julga o ato pecado; e o outro, quando o condenado, submetendo-se ao julgamento, obedecer - isto é, arrepender-se -; é a *remissão do pecado,* ou, se não se arrepender, a *retenção.* O primeiro - isto é, julgar se é pecado - compete ao *intérprete da lei* – isto é, ao juiz superior; o segundo, remissão ou retenção do pecado, compete *ao pastor,* e isto é exatamente o poder de *ligar e desligar,* do qual se trata.

E que foi esta a verdadeira intenção do nosso Salvador ao instituir este poder, vê-se em Mt 18,15-18. Falando aos discípulos, diz: "Se teu irmão cometer alguma falta contra ti, vai e repreende-o entre ti e ele só". Convém notar de passagem que a expressão "se cometer alguma falta contra ti" é o mesmo que "se te fizer uma injustiça", e que, portanto, Cristo fala de matérias que pertencem ao *tribunal civil.* E acrescenta: "se não te ouvir", quer dizer, se negar ter cometido, ou, confessando o fato, negar ter cometido injustiça, "toma contigo uma ou duas outras pessoas [...]. Se, porém, não as ouvir, di-lo à Igreja". Por que "à Igreja", senão para que ela julgue se é pecado ou não? "E se nem sequer ouvir a Igreja", quer dizer: se não se submeter à sentença da Igreja, mas sustentar que não é pecado o que ela julgou ser pecado; isto é, se não se arrepender (pois é certo que ninguém se arrepende de um ato que não considera pecado). Não diz: "di-lo aos apóstolos", para que se saiba que a sentença definitiva na questão, se é ou não pecado, não foi deixada com eles, mas com a *Igreja;* mas diz: "Seja para ti como o gentio ou o publicano"; isto é, como alguém de fora da igreja, um não batizado, ou como aquele cujos *pecados estão retidos.*

Todos os cristãos eram batizados para a remissão dos pecados. E como se podia perguntar, quem teria tamanho poder como o de subtrair aos impenitentes o benefício do batismo, Cristo fez ver que aqueles mesmos a quem havia dado autoridade de batizar os penitentes para remissão dos pecados, e de transformar pagãos em cristãos, tinha também a autoridade para reter pecados aos que fossem julgados impenitentes pela *Igreja,* e transformá-los de cristãos em pagãos. Por isso, logo acrescenta: "Em verdade vos digo que tudo o que ligardes na terra, será ligado no céu; e tudo o que desligardes na terra será desligado no céu". Deste passo pode-se haurir que o poder de ligar e desligar, ou seja, de perdoar e reter os pecados, que também se chama poder das chaves, não é outro senão o poder dado, em outro passo, em Mt 28,19, nestes termos: "Ide, pois, ensinai todas as gentes, batizando-as em nome do Pai e do Filho e do Espírito Santo".

Do mesmo modo que os pastores não podem negar o batismo a quem a *Igreja* julga digno, assim também não podem reter os pecados de quem a *Igreja* julga dever absolver; nem também podem perdoar os pecados de quem a *Igreja* declarou obstinado. Certamente compete à *Igreja* julgar sobre o pecado, mas aos *pastores* cabe expulsar da *Igreja* ou acolher os que foram julgados. Assim se expressa São Paulo à Igreja de Corinto: "Não são os de dentro que vós julgais?" (1Cor 5,12). Ele mesmo, porém, declarou que o incestuoso devia ser separado da Igreja: "Pois bem, eu, ausente de corpo, mas presente de espírito [...]".

26. O ato de reter os pecados é o que a *Igreja* chama *excomunhão,* e São Paulo, *entregar a satanás.* A palavra *excomunhão* soa o mesmo que *aposynagogon poieîn* (grego; expulsar da sinagoga) e parece ser emprestado da lei mosaica, a qual determinava manter fora do campo aqueles que o sacerdote julgasse contaminados com a lepra (Lv 13,46), até que, de novo a juízo do sacerdote, ficassem curados e fossem purificados pela prática de certos ritos, entre os quais a lavagem do corpo. Com o andar do tempo, os judeus mantiveram o costume de não receber como impuros também os que se passavam do paganismo ao judaísmo, se não fossem antes *lavados;* e de *expulsar da sinagoga* os discordantes da doutrina da sinagoga. À semelhança de tais usos, os que adotavam, o cristianismo, quer judeus ou pagãos, não eram recebidos, na Igreja pelo batismo, enquanto pelos dissentes da Igreja eram privados da comunhão da Igreja. Dizia-se que eram entregues a satanás porque tudo que estava fora, da Igreja era compreendido no reino de satanás. O objetivo dessa disciplina era que tais pessoas, destituídas algum tempo de graça e dos privilégios espirituais da Igreja, fossem humilhadas para sua salvação. O efeito, quanto às coisas seculares, era que o excomungado não só passava a ser excluído de grupos e assembleias, e da participação aos mistérios, mas a ser evitado por todos os demais cristãos como doente contagioso, ou alguém ainda pior do que um pagão. Com efeito, o apóstolo permitia *contatos com os pagãos, mas* "com um homem desses", nem sequer tomar refeições juntamente (1Cor 5,10-11).

Sendo, portanto, esse o efeito da *excomunhão,* é claro, em primeiro lugar, que a *Cidade cristã não pode ser excomungada.* Cidade cristã é Igreja cristã, como mostramos acima, art. 21, e tem a mesma extensão. Ora, Igreja não pode ser *excomungada,* pois, ou excomungará a si mesma, o que é impossível, ou *será excomungada por outra Igreja,* e esta ou *universal ou particular.* A *Igreja universal,* porém, por não ser *pessoa* (como mostramos no art. 22) e, portanto, não ter ação alguma, não pode *excomungar* ninguém; a *Igreja particular,* excomungando *outra Igreja,* nada efetua, nada modifica. Não há *excomunhão* de indivíduos que não pertencem a um grupo *comum.* Se uma Igreja, por exemplo, de *Jerusalém, tivesse excomungado,* digamos, a de *Roma, não teria excomungado* mais do que a si mesma. Quem, pois, priva o outro de sua comunhão, priva também a si mesmo da comunhão do outro.

Em segundo lugar, é também patente que *ninguém tem o poder de excomungar ao mesmo tempo a todos os súditos de uma Cidade soberana, ou interdizer-lhes o uso dos templos ou o culto público de Deus.* Não podem *ser excomungados* por *uma Igreja* que eles constituem; se isso acontecesse, não só não restaria uma *Igreja,* mas nem mesmo uma *Cidade,* destruindo-se por si mesmas. Receber *excomunhão* ou *interdito* não é para este fim. E se *forem excomungados* por outra *Igreja,* hão de ser tidos por ela na conta de pagãos. Segundo a doutrina de Cristo, porém, nenhuma *Igreja cristã* pode proibir a *pagãos* de se reunirem e *comunicarem* entre si, como bem entenderem suas cidades, mormente se se reúnem para adorar a Cristo, mesmo que o façam de maneira e rito peculiar. Logo, nem a *excomungados* que devem ser tratados como pagãos.

Em terceiro lugar, é claro que *não pode ser excomungado o príncipe, o depositário do poder supremo* na *Cidade.* Pois, conforme a doutrina de Cristo, nenhum súdito ou grupo, conjuntamente, pode interditar seu príncipe, mesmo se infiel, lugares públicos ou privados, ou negar-lhe acesso a qualquer assembleia, ou proibir-lhe de fazer tudo o que desejar em seu território. É crime de lesa-majestade, em todas as *cidades,* um ou alguns cidadãos, quem quer que sejam, arrogarem-se autoridade qualquer que seja sobre toda a Cidade. mas quem se arroga autoridade sobre aquele que detém o supremo poder da Cidade, arroga-se o mesmo poder sobre a própria Cidade. Além disso, se o príncipe soberano é cristão, há um detalhe a considerar: a Cidade, cuja vontade está contida na vontade dele, é exatamente a sociedade que chamamos *Igreja.* Assim, a *Igreja* não excomunga ninguém senão quando ela o faz por autoridade do príncipe. Mas o príncipe não *excomunga* a si mesmo. Portanto, não *pode ser excomungado* por seus súditos.

Pode certamente acontecer que um grupo de cidadãos rebeldes, ou de traidores, pronuncie sentença de *excomunhão* contra o seu soberano; mas não legitimamente. Muito menos pode um príncipe ser *excomungado* por outro príncipe; isto seria, não *excomunhão,* mas declaração de guerra por via de uma afronta. Com efeito, não sendo *uma Igreja* a que se compõe de cidadãos pertencentes a duas cidades soberanas, em razão da inexistência do poder de reunir-se em assembleia de modo conveniente (como foi dito acima, no art. 22), aqueles que são de uma Igreja não estão obrigados a obedecer à outra, e, portanto, não podem ser excomungados por desobediência.

Não cabe, agora, objetar que os príncipes, por serem membros da *Igreja universal,* podem ser *excomungados* por autoridade também da Igreja universal. A razão é que (como foi dito no art. 22) a *Igreja universal* não *é uma pessoa* de que se possa dizer que *fez, decretou, estabeleceu, excomungou, absolveu,* e semelhantes atribuições pessoais. Ela não tem nenhum chefe terreno a cujas ordens possa reunir-se e deliberar. De fato, ser chefe da *Igreja universal* e poder convocá-la é o mesmo que *ser* chefe e senhor de todos os cristãos dispersos pelo mundo inteiro – o que a ninguém é concedido, senão a Deus só.

27. Mostramos acima (art. 18) que a autoridade, para interpretar as Sagradas Escrituras, não consiste em o intérprete poder impunemente expor e explicar aos outros, por escrito ou de viva voz, a opinião que formou no estudo delas; mas sim, em que os outros não tenham o direito de agir e ensinar contra aquela opinião. De modo que a *interpretação*, de que se trata, é o mesmo poder de dar definição para todas as controvérsias que devem se decidir pelo argumento das Escrituras.

Devemos, agora, mostrar que essa autoridade compete a cada uma das igrejas, e depende da autoridade daquele, ou daqueles, que têm o poder supremo, contanto que sejam cristãos. Pois, se não depende da autoridade civil, dependerá ou do arbítrio de cada cidadão, ou de uma autoridade externa. Que dependa do arbítrio individual, não o permitem, entre outras razões, os inconvenientes e absurdos que disso iriam derivar. O principal é que não só desapareceria toda obediência civil, contrariando-se o preceito de Cristo, como seria destruída toda a sociedade e a paz humana, contrariando-se as leis naturais. Cada qual interpretando para si a Sagrada Escritura - isto é, fazendo-se juiz do que agrada ou desagrada a Deus -, já não poderá obedecer aos governantes sem antes julgar, ele próprio, se suas ordens são conformes ou não às Escrituras. E assim, desobedecem, ou obedecem em vista do próprio julgamento; isto é, obedecem a si, não à Cidade. Desaparece, portanto, a obediência civil.

Por outro lado, seguindo cada qual a própria opinião, necessariamente surgirão inumeráveis disputas de difícil solução. Nasceriam entre os homens, por natureza inclinados a considerar ofensa qualquer divergência, primeiro o ódio, depois as rixas e a guerra, destruindo-se deste modo toda a sociedade e a paz. Temos, além disso, como lição o que Deus quis que se observasse na lei antiga a respeito do livro da lei; a saber, quis certamente que se transcrevesse e usasse publicamente e que fosse o cânon ou regra da doutrina divina; mas não quis que as controvérsias fossem decididas por particulares, e sim somente por sacerdotes. Afinal, é preceito do nosso Salvador que, ao surgir algum motivo de ofensa entre as pessoas, deve-se ouvir a Igreja. Assim, é dever da Igreja decidir controvérsias. Não cabe, portanto, aos particulares, mas à Igreja interpretar as Escrituras Sagradas.

Mas, para se saber que não compete a uma pessoa externa a *autoridade para interpretar a palavra de Deus* - isto é, decidir sobre todas as questões acerca de Deus e da religião - primeiramente é preciso ponderar que influência tem esse tipo de autoridade sobre os ânimos dos cidadãos e os atos civis. Ninguém desconhece que as ações humanas voluntárias acompanham por necessidade natural as crenças e opiniões do indivíduo acerca do bem e do mal, recompensa e castigo. Disso vem que os homens necessariamente acreditam prestar obediência àqueles de cujo arbítrio acreditam depender se serão eternamente felizes ou desgraçados. Eles esperam a felicidade ou temem a perdição eterna da livre vontade daqueles a juízo dos quais cabe determinar as doutrinas e práticas necessárias para a salvação, obedecendo-lhes em tudo e por tudo.

Assim sendo, é evidente que os cidadãos que se acreditam obrigados a submeter-se à autoridade externa nas doutrinas necessárias à salvação não constituem uma Cidade que seja tal por si mesma, mas são súditos daquele poder externo. Portanto, mesmo que algum governante soberano tivesse cedido a qualquer outro por escrito tamanha autoridade - mas de modo a fazer entender que conservou em mãos o poder civil - tal escrito não é válido nem transfere coisa alguma que seja necessária para manter e bem administrar o governo. Pois, conforme o cap. 2, art. 4º, ninguém *transfere direito* se não der um *sinal idôneo da vontade de transferir;* mas quem manifestou claramente a vontade de reter a governança, não pode ter oferecido sinal idôneo de transferir meios necessários para mantê-la. Aquele tipo de escrito não será, portanto, sinal de uma vontade, mas da ignorância dos contratantes.

Em seguida, devemos considerar como é absurdo que a Cidade ou o governante supremo confie a direção das consciências dos cidadãos ao inimigo. Mostramos acima (cap. 5, art. 6º), que se encontram em estado hostil entre si todos aqueles que não se reuniram para formar uma unidade de pessoa. Não importa que nem sempre entrem em luta, pois há tréguas entre inimigos. Basta, para se cultivar um ânimo hostil, haver suspeitas e olhares recíprocos como inimigos em atitude e postura guerreira, mesmo que não se batam e serem as fronteiras da Cidade, do reino ou do império, reforçadas com guarnições.

Por último, como será injusto que tu demandes o que, pela própria razão de tua demanda, confessas ser direito de outrem? Sou intérprete da Sagrada Escritura a teu serviço, que és súdito de uma outra Cidade. De que modo? Por meio de pactos entre mim e ti? Pela autoridade divina. Conhecida por onde? Pela Sagrada Escritura: aí está o livro. Lê-o. Em vão, se eu não interpretar a mesma para mim. Portanto, é de meu direito e de todos os demais cidadãos, o que ambos negamos. Resta, portanto, que em toda Igreja cristã - isto é, em toda *Cidade cristã* - *a interpretação* da Sagrada Escritura - isto é, o *direito de decidir* todas as *controvérsias* - depende e deriva da autoridade daquele homem, ou corte, em cujas mãos se encontra o poder supremo.

28. Não há mais do que dois níveis de controvérsias. Um, da matéria *espiritual,* isto é, sobre questões de fé, cuja verdade *não* pode ser investigada pela razão natural. Tais são as questões da *natureza* e *missão* de Cristo, das *recompensas* e *penas* futuras, da *ressurreição dos corpos,* da *natureza e missão dos anjos,* dos *sacramentos,* do *culto externo,* e semelhantes. Outro, sobre questões de ciência humana, cuja verdade se obtém pela razão natural e pelos silogismos, extraída das convenções humanas e definições - isto é, das significações dos vocábulos - recebidas por uso e consenso.

Tais são as questões do *direito* e da *filosofia.* Por exemplo, quando se pergunta em *direito* se há *promessa* e *pacto,* ou não; é o mesmo que perguntar se esses termos formulados desse modo servem para designar pelo uso e consenso comum dos cidadãos, *promessa* ou *pacto. Se* estes assim se denominam, é verdadeiro o ato correspondente; do contrário, é falso. Portanto, essa verdade depende dos acordos e do consenso dos homens. De modo semelhante, quando se pergunta em *filosofia* se a mesma coisa pode estar *toda* em vários lugares ao mesmo tempo. A resposta à questão dependerá do conhecimento do consenso humano comum sobre a significação do termo *todo.* Se os homens quando dizem que uma coisa está *toda* num lugar, querem exprimir por consenso comum que entendem nada haver dessa coisa noutro lugar, então é falso uma mesma coisa estar *toda* em vários lugares ao mesmo tempo. Essa verdade, portanto, depende do consenso dos homens, e pela mesma razão, o mesmo se dá em todas as demais questões do *direito* e da *filosofia*.

Os que julgam poder estabelecer algo contra este comum consenso humano em torno dos *nomes* das coisas, por causa de textos obscuros da Sagrada Escritura, pretendem com isso abolir o uso da linguagem e juntamente toda a sociedade humana. Quem vendeu todo o seu campo, dirá que ele está todo num pedaço de terra, e reterá todo o resto como não vendido. Mas querem abolir é a própria razão, que não é outra coisa que a busca da verdade a alcançar por esse consenso. Não é preciso que essas questões sejam decididas pela Cidade por meio da interpretação da Sagrada Escritura. Pois, não fazem parte da *palavra de Deus* no sentido em que se toma palavra de Deus por *palavra sobre Deus*; isto é, a doutrina evangélica. Quem tem o *governo da Igreja* não está obrigado a recorrer a *doutores eclesiásticos* para proferir julgamentos sobre essas matérias.

Mas para se decidir sobre questões de fé - isto é, questões *sobre Deus* que superam a capacidade humana - é necessário a bênção divina (para se evitar o erro, ao menos nos pontos essenciais); esta deve provir do próprio Cristo, pela *imposição das mãos*. E como para chegar à salvação eterna somos obrigados a professar a doutrina sobrenatural cuja compreensão é para nós impossível, repugnaria à equidade sermos deixados tão carentes da graça que pudéssemos ser enganados nos pontos essenciais da doutrina.

Esta *infalibilidade* nas matérias não necessária à salvação prometeu nosso Salvador aos *apóstolos* e *pastores* que virão a ser consagrados pelos apóstolos sucessivamente, pela *imposição das mãos*. Está, portanto, obrigado aquele que tem o poder supremo na Cidade enquanto cristão, quando houver questão sobre os *mistérios da fé* a fazer interpretar as Sagradas Escrituras por intermédio de *eclesiásticos* legitimamente ordenados. E assim, na Cidade cristã, o julgamento tanto das coisas *espirituais* como das *materiais* compete à autoridade civil. E o homem ou conselho que detém o supremo poder é chefe da Cidade e chefe da Igreja, Pois igreja e Cidade cristã são uma coisa só.

18

DOS REQUISITOS NECESSÁRIOS PARA SE ENTRAR NO REINO DOS CÉUS

1. A dificuldade proposta, referente ao conflito possível entre obedecer a Deus e obedecer aos homens, há de ser superada pela distinção entre o que é necessário e o que não é necessário para a salvação. 2. Que todos os requisitos para a salvação estão contidos na fé e na obediência. 3. Qual espécie de obediência se exige. 4. O que é fé, e como se distingue da profissão de fé, da ciência e da opinião. 5. O que é crer em Cristo. 6. Que o artigo de fé - Jesus é o Cristo - é o único necessário à salvação prova-se pelo propósito dos evangelistas; 7. pela pregação dos apóstolos; 8. pela facilidade da religião cristã; 9. por ser esse artigo o fundamento da fé; 10. pelas palavras claríssimas de Cristo e dos apóstolos. 11. Que nesse artigo está contida a fé do Antigo Testamento. 12. Como a fé e a obediência concorrem para a salvação. 13. Que na Cidade cristã não há oposição alguma entre os mandamentos de Deus e os da Cidade. 14. Que as doutrinas sobre religião que hoje se discutem dizem respeito em sua maioria ao direito de reinar.

1. Sempre se admitiu que toda a autoridade, em matérias *temporais,* deriva da autoridade daquele que tem o poder supremo, sejam um homem só ou um grupo. Que em matérias *espirituais* ela depende da autoridade da *Igreja,* ficou claro pelas explicações imediatamente precedentes, e mesmo porque toda *Cidade cristã* é uma *Igreja* dotada dessa espécie de autoridade. Assim, um indivíduo, por mais fraco que seja de entendimento, pode chegar à a conclusão que na *Cidade crista* - isto é, naquela em que o poder supremo está nas mãos do príncipe cristão ou do conselho de cristãos - *todo poder, tanto temporal como espiritual, está reunido em Cristo*; e por esta razão é preciso obedecer-lhes em tudo.

Por outro lado, já que é *preciso obedecer antes a Deus que aos homens* - surge uma dificuldade, que é a de saber como prestar obediência sem risco, se em algum momento os homens mandarem fazer algo que Cristo proíbe. O motivo dessa dificuldade é que não mais falando Deus pela viva voz de Cristo e dos profetas, e sim por meio das Sagradas Escrituras, que decerto são interpretadas diversamente por pessoas diversas, os súditos em geral sabem o que os reis e *a Igreja* reunida ordenam, mas não sabem se o que ordenam é ou não contrário aos mandamentos de Deus. Na incerteza da obediência entre as ameaças da morte *temporal* e as da *espiritual,* como se navegassem entre Cila e Caríbis, caem muitas vezes nos dois.

Aqueles, porém, que distinguem corretamente as coisas necessárias à salvação das não necessárias, não têm como sofrer dúvida alguma deste tipo. Pois, se a ordem do príncipe ou da Cidade for de tal natureza que se lhe possa obedecer sem risco da salvação eterna, é injusto não obedecer, e aqui têm lugar os preceitos do apóstolo: "Filhos, obedecei em tudo aos pais [...]. Escravos, obedecei em tudo aos vossos senhores terrenos" (Cl 3,20-22); e o mandado de Cristo: "Na cadeira de Moisés sentaram-se os escribas e os fariseus. Fazei, portanto, e guardai tudo quanto vos disserem" (Mt 23,2-3). Se, ao contrário, aquelas autoridades mandarem praticar ações que são punidas com a morte eterna, seria loucura não escolher uma morte natural, antes do que morrer eternamente obedecendo a eles. A isto se refere o que diz Cristo "Não temais os que matam o corpo e que não podem matar a alma" (Mt 10,28). Em prosseguimento veremos quais são esses requisitos necessários à salvação.

2. Todos os requisitos *necessários* à salvação estão compreendidos em duas virtudes, a *fé* e a *obediência.* A segunda, se pudesse ser perfeita, bastaria sozinha para livrar-nos da condenação; mas, como todos nós, desde muito tempo, somos réus da desobediência a Deus em Adão, e além disso nós mesmos pecamos por atos nossos, não é suficiente obediência sem a *remissão dos pecados.* Mas esta, juntamente com a entrada no reino do céu, é a recompensa da *fé.* Nenhuma outra coisa se exige para a salvação, pois o Reino de Deus não se fecha senão aos pecadores - isto é, aos que não prestaram a devida obediência às leis de Deus –, mas nem mesmo aos pecadores, se estes crerem nos *artigos necessários* da fé cristã. Agora, se soubermos em que realmente consiste a obediência, e quais são os artigos necessários da fé cristã, irá se tornar claro ao mesmo tempo o que é preciso fazer e o que é preciso não fazer por ordem das cidades e dos governantes.

3. Por obediência, aqui, não se entende o *fato* mas a *vontade* e a *intenção* com que tomamos o propósito de esforçar-nos o quanto possível para obedecer no futuro. Neste sentido, *obediência* equivale a *penitência.* Mas a virtude da *penitência,* ou arrependimento, consiste não na dor que acompanha a lembrança do pecado, mas na conversão para um outro modo de vida e na resolução de não mais pecar, sem as quais aquela dor vem a ser não a de um penitente, mas a de uma pessoa desesperada. Mas, como os que amam a Deus não podem não querer obedecer à lei divina, e os que amam o próximo não podem não querer obedecer à lei moral, a qual consiste (conforme mostramos acima, no cap. 3) na proibição da *soberba,* da *ingratidão,* da *afronta,* da *grosseria,* da *crueldade,* da *injustiça,* e de outras ofensas semelhantes, que causam dano ao próximo, assim *amor* ou *caridade* equivale também à *obediência;* até *justiça,* que é a *vontade* constante de dar o seu a seu dono, também equivale a ela.

Que a *fé* e a *penitência* bastam à salvação, é evidente, primeiro, pela própria aliança do *batismo.* Quando interrogaram a Pedro aqueles que se convertiam por obra dele no dia de pentecostes, dizendo: “Que havemos de fazer?” - respondeu ele: “Convertei-vos e batize-se cada um de vós no nome de Jesus Cristo, em remissão dos pecados” (At 2,38). Para ser admitido ao batismo, portanto - isto é, para alcançar o Reino de Deus - não era preciso fazer outra coisa que *arrepender-se* e *crer* no nome de JESUS. Assim, pelo pacto que se estabelece no batismo, faz-se a promessa do Reino dos Céus.

Segundo, pelas palavras de Cristo, respondendo a um daqueles chefes que perguntava o que fazer para possuir a vida eterna: “Sabes os mandamentos: ‘Não matar’, ‘Não cometer adultério’ [...]”, que se referem à obediência; e “Vende o que tens [...] e vem e segue-me”, que se refere *à fé* (Lc 18,20; Mc 10,19). E também pelo que está escrito: "O justo vive de fé" (não qualquer um, mas o justo), pois justiça é a mesma disposição da vontade em relação ao arrependimento e à obediência.

Finalmente, pelas palavras de Mc 1,15: "Completou-se o tempo e está próximo o Reino de Deus. Fazei penitência e crede na boa-nova", que significam bastante claramente não serem necessárias outras virtudes para se entrar no Reino de Deus, além da *penitência* e da *fé*. A *obediência*, que é exigida como *necessária* para a salvação, nada mais é do que a *vontade* ou o *esforço para obedecer* – isto é, viver de acordo com as leis divinas; as leis morais - que são as mesmas para todos, e de acordo com as leis civis - isto é, os mandamentos dos governantes em *matérias temporais*, e com as leis eclesiásticas, em *matérias espirituais*. Estas duas espécies de leis variam muito nas diversas cidades e igrejas, e são dadas a conhecer pela promulgação ou pelas sentenças públicas.

4. Para se saber o que *é fé cristã, é* preciso definir *fé* em geral, e distingui-la dos demais atos da alma com que vulgarmente costuma ser confundida. O *objeto da fé*, tomada em sua significação geral - isto é, *aquilo que se crê – é* sempre uma *proposição*, afirmativa ou negativa, que nós concedemos ser verdadeira. Mas como concedemos as proposições por causas diversas, assim tais concessões recebem nomes diversos. Às vezes concedemos proposições que não recebemos em nosso espírito. E isto, ou *temporariamente*, a saber, até examinarmos a verdade delas a partir da consideração de suas consequências (e isto se chama *suposição)*; ou também *simplesmente*, como por respeito às leis, e isto se chama *profissão ou* confissão por sinais externos. Ou ainda, em razão de um obséquio por espontâneo, que umas pessoas por civilidade, prestam a outras, por respeito ou por amor à paz, e isto se chama propriamente conceder.

Mas as proposições que recebemos como verdadeiras nós as conhecemos por algumas razões que firmamos sobre elas. E essas razões derivam ou da própria proposição ou da pessoa do proponente derivam da mesma proposição se trazem à memória coisas para significar as quais se usam de comum senso os termos de que a proposição é formada. Dado este caso, o assentimento que oferecemos, chama-se ciência. Mas se não podemos lembrar o que entender exatamente por esses termos, às vezes nos parecendo uma coisa, às vezes outra, neste caso dizemos ter *opinião*. Por exemplo, se nos for proposto que *2 mais 3 são 5, e* revolvendo na memória que a ordem dos numerais, por consenso comum de todos os que falam a mesma língua (como que por um pacto necessário à sociedade humana) é constituída de tal modo que número *5 é* o termo para tantas unidades quantas estão contidas no número *2* e no número *3* tomados em conjunto; e se o indivíduo concorda em que isso é verdade porque 2 e 3 em conjunto são o mesmo que 5, esse assentimento *é ciência*. Saber essa verdade não é outra coisa que reconhecer que ela é feita por nós. Foi a vontade - e por convenção daqueles mesmos por cuja vontade e sistema linguístico a quantidade 2 foi chamada número dois, a quantidade 3 foi chamada número três, e a quantidade 5, número 5 - que fez com que seja verdadeira a proposição *2 e 3 tomados juntamente fazem 5*.

De modo semelhante, se lembrarmos o que é aquilo que se chama furto e o que se chama *injúria, saberemos* pelas próprias palavras se é verdade ou não que o *furto é uma injúria. Verdade é* o mesmo que *proposição verdadeira;* e *verdadeira é* a *proposição* em que *o termo consequente,* que em lógica se chama *predicado,* abrange em toda sua extensão o *termo antecedente,* que se chama *sujeito. Saber a verdade é* a mesma coisa que *lembrar* que ela foi feita por nós mesmos, com o mesmo uso de termos. Não foi, pois, sem bastante razão que em seu tempo disse Platão que *ciência é memória.*

Acontece às vezes que as palavras, embora tenham um significado certo e definido por convenção, contudo, usadas vulgarmente com fins particulares, como ornamento ou falácia, são de tal modo desviadas do próprio sentido que, relembrar os conceitos pelos quais elas foram impostas às coisas, constitui grande dificuldade que não será vencida senão com aguda inteligência e extrema dedicação. Acontece também que muitas palavras não têm nenhum significado próprio ou determinado, nem o mesmo em toda parte, e sua compreensão não depende delas próprias, mas dos outros sinais usados ao mesmo tempo. E, finalmente, certos nomes são de coisas inconcebíveis, coisas, portanto, cujos nomes são esses, mas deles não existem conceitos. E por isso buscamos em vão a verdade das proposições que esses mesmos nomes formam. Em tais casos, enquanto procuramos a verdade de alguma proposição considerando as definições das palavras, julgamos ser ela às vezes verdadeira e às vezes falsa, conforme a esperança que temos de encontrá-la. Cada uma dessas operações separadamente se diz *opinar,* e também *crer;* ambas juntamente se dizem *duvidar.*

Quando nossas razões em virtude das quais damos assentimento a alguma proposição não derivam da *própria proposição* mas da *pessoa do proponente,* como se o considerássemos tão bem informado que não se engana, e não vemos nele motivo para querer enganar-nos, o nosso assenso, porque nasce da confiança na ciência do outro e não na nossa, chama-se *fé.* E diz-se que *cremos* em alguém quando cremos em razão da confiança nele.

Pelo exposto vê-se, primeiro, a diferença entre *fé* e *profissão de fé:* aquela está sempre acompanhada do assentimento interior, esta nem sempre. A *fé* é uma persuasão da alma; *a profissão,* uma obediência externa. Depois, a diferença entre *fé e opinião:* esta apoia-se em nossa razão, a outra, na estima pelo outro. Por fim, a diferença entre *fé* e *ciência:* esta aceita a proposição após o exame, esmiuçada e lentamente mastigada; a *fé* aceita degluti-la por inteiro. É útil à ciência a explicação das palavras com as quais se propõe o que deve ser investigado; ou antes, a única via *à ciência* passa pelas *definições.* Mas *à fé* isso é prejudicial. Com efeito, ao serem propostas para crer coisas acima do alcance da inteligência, elas nunca se tornam mais evidentes pela explicação; ao contrário, tornam-se mais obscuras e mais difíceis de crer. Acontece com o indivíduo que se esforça por demonstrar os *mistérios da fé* pela razão natural o mesmo que ao doente que se põe a mastigar pílulas, boas para saúde, mas amargas, antes de fazê-las descer ao estômago. Desse jeito elas são logo vomitadas, em quanto lhe dariam a saúde se, ao contrário, tivessem sido engolidas.

5. Vimos o que é crer e o que é crer em Cristo? Ou, que proposição é o objetivo da fé em Cristo? Pois ao dizermos eu creio em Cristo, significamos em que acreditamos, mas não o que cremos. Crer em Cristo não é outra coisa que crer que Jesus é Cristo, a saber aquele que, segundo os vaticínios de Moisés e dos profetas de Israel deveria vir ao mundo para estabelecer o Reino de Deus. Isto está bastante claro nas palavras do próprio Cristo dizendo a Marta: "Eu sou a ressurreição e a vida. Aquele que crê em mim, ainda que venha a morrer, viverá; e todo aquele que vive e crê em mim não morrerá jamais. Crês nisto? 'Sim, creio, Senhor [disse-lhe] que és o Cristo, o Filho de Deus, que vieste ao mundo!'" (Jo 11,25-27). Com tais palavras vemos que "crer em mim" se explica por estas outras - "que és o Cristo". Crer em Cristo, portanto, não é outra coisa do que crer no próprio Jesus ao dizer-se Cristo.

6. Como a *fé* e a *obediência* concorrem *necessariamente* para a salvação, mostramos acima, no art. 3º, qual é essa *obediência* e a quem é devida. Procuramos agora saber quais *artigos de fé* são exigidos. E digo que ao homem cristão nenhum outro artigo de fé[36] é exigido para a salvação além deste; isto é, que Jesus é o

---

36. Vale a pena explicar mais amplamente essa afirmação que embora bastante confirmada mais adiante, devido à sua novidade, pode ter despertado algum desagrado à maioria dos teólogos. Primeiramente, quando afirmo que este artigo de fé - *Jesus é o Cristo - é* o único necessário à salvação, não digo que só a fé é necessária à salvação, pois exijo também a justiça ou obediência devida às leis de Deus; isto é, a vontade de viver honestamente. Segundo, não nego que a profissão de muitos outros artigos seja também necessária à salvação, desde que ordenada pela Igreja. Mas como a fé é algo interno e sua profissão algo externo, digo que só aquela é propriamente fé, e esta, parte da obediência. De modo que esse artigo sozinho é suficiente à fé interior, mas não à profissão de cristão. Por último: do mesmo modo que, se eu tivesse dito que, do lado da justiça, o arrependimento dos pecados, verdadeiro e interior, fosse o único necessário para a salvação, isso não seria tido como paradoxo, porque entendem-se contidas nele justiça, obediência e todas as virtudes necessárias à reforma da vida: assim também, ao dizer que a fé num só artigo é suficiente para a salvação, causarei menos estranheza, uma vez que nele estão compreendidos tantos outros artigos. Com efeito, estas palavras - *Jesus é o Cristo* - significam que Jesus é aquele que Deus tinha prometido por meio dos profetas que haveria de vir ao mundo para restabelecer o seu reino. A saber: que Jesus é o Filho de Deus, criador do céu e da terra, nascido de uma virgem, morto pelos pecados dos que nele iriam crer; que era Cristo - isto é, rei; que ressuscitou (do contrário, não poderia vir a reinar); haverá de julgar o mundo e retribuir-lhe por suas obras, doutro modo não pode ser rei; e também que os homens irão ressuscitar, pois é condição para comparecerem ao juízo final. / Assim, neste único artigo está contido todo o símbolo dos apóstolos, que achei conveniente condensar desse modo, por verificar que inúmeros homens foram admitidos ao Reino de Deus, seja por Cristo, seja por seus apóstolos, em razão deste único artigo, sem os demais, que dele são deduzidos por consequência. São exemplos o ladrão na cruz, e eunuco batizado

Cristo. É preciso, porém, distinguir (cf. art. 4º) entre *fé* e *profissão de fé*. Se, portanto, for ordenada a *profissão* de vários artigos, ela pode ser *necessária* por fazer parte da obediência devida às leis. Mas aqui não é questão de *obediência necessária à* salvação, trata-se da *fé*. A prova da afirmação está, em primeiro lugar, no propósito dos evangelistas, que era estabelecer, mediante a descrição da vida de nosso Salvador, esse artigo único. E saberemos que tal foi a intenção e propósito dos evangelistas observando a própria história.

O Evangelho de São Mateus, partindo da genealogia, mostra que Jesus é da linhagem de Davi; nasceu de uma virgem (cap. 1); foi adorado pelos magos como rei dos judeus; foi procurado por Herodes pelo mesmo motivo, para ser morto (cap. 2); seu reino foi proclamado por João Batista e por ele mesmo (cap. 3-4); ensinou a lei não à maneira dos escribas, mas como alguém revestido de autoridade (cap. 5-7); curou doenças milagrosamente (cap. 8-9), enviou *apóstolos* como pregadores a todas as regiões da Judeia para anunciarem o reino (cap. 10); respondeu à pergunta dos mensageiros de João - se ele era o Cristo, ou não - que *contasse o que viam* - isto é, os milagres - que só podiam ser atribuídos a Cristo (cap. 11); comprovou e declarou seu reinado com argumentos, parábolas e prodígios perante fariseus e outros (cap. 12-21); sustentou contra os fariseus que era o Cristo; advertiu sobre a existência de *falsos cristos;* mostrou por parábolas qual era seu reino (cap. 22-25); foi preso e acusado por essa causa, dizer-se rei; e foi-lhe inscrito à cruz o título *Este é o rei dos judeus* (cap. 26-27); finalmente, depois da ressurreição Ele disse aos apóstolos que lhe tinha sido dado todo poder no céu e na terra (cap. 28).

Todos esses fatos nos levam a acreditar que Jesus é aquele Cristo. Foi este o propósito de São Mateus ao escrever o evange-

---

por Filipe, 2 mil pessoas reunidas ao mesmo tempo em Igreja por São Pedro. Lamento desagradar alguns por não considerar condenados eternamente todos aqueles que não dão seu assentimento interior a qualquer dos artigos definidos pela Igreja (ao qual, entretanto, não contradizem, mas se lhe submetem, uma vez mandados), mas eu não saberia o que fazer para agradá-los. Pois, os testemunhos claríssimos da Sagrada Escritura, que seguem adiante, impedem-me de mudar de opinião.

lho. E como foi dele, foi igualmente dos demais evangelistas, aliás dito expressamente em particular por São João no final de seu evangelho: "Esses foram escritos para que creiais que Jesus é o Messias [Cristo], o Filho de Deus" (Jo 20,31).

7. Em segundo lugar, prova-se o mesmo pela pregação dos apóstolos. Eles eram os anunciadores do reino, e Cristo não os enviou para pregar outra coisa que o Reino de Deus (Lc 9,2; At 15,6). Por uma certa acusação feita contra eles pode-se saber qual foi sua atividade depois da ascensão: "Como, porém, não os encontrassem [diz Lucas] arrastaram Jasão e alguns dos irmãos à presença dos chefes da Cidade, gritando: 'Esses homens, depois de terem subvertido o mundo, vieram também para cá e Jasão hospedou-os em sua casa. Todos eles são rebeldes aos decretos de César, proclamando que há outro rei, Jesus'" (At 17,6-7). Aparece também nas palavras seguintes qual era o tema das pregações apostólicas: "[...] sobre as Escrituras [i. é, do Antigo Testamento], explicando e demonstrando como o Messias tinha de sofrer e ressuscitar dos mortos; e este é o Messias, Jesus, que eu vos anuncio!" (At 17,3).

8. Em terceiro lugar, pelas passagens em que se fala claramente da facilidade de obter os requisitos que Cristo diz necessários à salvação. Com efeito, não haveria nada mais difícil do que a religião cristã, se fosse necessariamente exigido para a salvação o assentimento interior à verdade de todas e cada uma das proposições que, a respeito da fé cristã, são hoje ou discutidas ou definidas de modos diversos pelas diversas igrejas. Como, então, seria verdade que "o meu jugo é suave, e o meu peso é leve" (Mt 11,30; que os pequeninos acreditam nele (Mt 18,6); e que "foi por meio da loucura da pregação que aprouve a Deus salvas os crentes"? (1Cor 1,21). Ou, como pode ser suficientemente instrução para a salvação o ladrão pendente da Cruz, cuja condição de fé estava contida nestas palavras, "Lembra-te de mim quando vieres ao teu reino?" Ou, em virtude de que o próprio São Paulo se transformou tão depressa de inimigo em doutor dos cristãos?

9. Em quarto lugar, pelo fato de que esse artigo é fundamento da fé e não se baseia em nenhum outro. "Então se alguém vos disser 'Cristo está aqui' ou 'Ei-lo aqui', não acrediteis. Porque hão de surgir falsos cristos e falsos profetas, e farão sinais e prodígios tão grandes [...]" (Mt 23,24). Disso se segue que, por causa da fé neste artigo, é preciso negar fé a milagres e prodígios: "Pois bem, ainda que nós próprios ou um anjo do céu vos anunciasse um evangelho diferente daquele que vos anunciamos, seja execrado!" (Gl 1,8). Em força da fé neste artigo, portanto, seria preciso recusar-nos a crer nos próprios apóstolos e anjos, e até mesmo na Igreja se ensinassem o contrário. "Caríssimos, não acrediteis em todo espírito, mas ponde à prova os espíritos, para ver se vêm de Deus, porque muitos falsos profetas vieram ao mundo. Nisto reconhecereis o espírito de Deus: todo espírito que confessa Jesus Cristo encarnado vem de Deus [...]. (1Jo 4,1-2).

Esse artigo é, portanto, uma medida para o espírito conforme a qual se admite ou se rejeita a autoridade dos doutores. Certamente, não se pode negar que todos os que hoje são cristãos aprenderam desses mestres que foi Jesus quem realizou todas aquelas coisas pelas quais o reconheceriam como Cristo. Contudo, não se segue que essas pessoas põem sua crença nesse artigo por causa dos doutores ou da Igreja, mas sim por causa do próprio Jesus. Esse artigo é anterior à própria Igreja cristã, todos os demais lhe são posteriores. A Igreja está fundada sobre Ele (Mt 16,18), não Ele sobre a Igreja.

Além disso o artigo - Jesus é o Cristo - é tão fundamental que, diz São Paulo, todos os demais são edificados sobre ele: "Ao certo ninguém pode pôr outro alicerce diferente daquele que foi posto, que é Jesus Cristo"; isto é, que Jesus é o Cristo: "E segundo alguém constrói sobre esse alicerce com ouro, prata, pedras preciosas, madeira, feno ou resteva, a obra de cada um se tornará, no seu tempo, manifesta [...]. Aquele cuja obra construída sobre o alicerce resistir, esse receberá a sua paga; aquele, pelo contrário, cuja obra for queimada, esse há de sofrer-lhe o prejuízo; ele próprio, porém, poderá salvar-se [...]" (1Cor 3,11-12s.). Essas palavras evidenciam que por alicerce entende-se este artigo, que Jesus é o Cristo: não é, realmente, sobre a pessoa de Cristo que se edifica ouro, prata, feno, resteva, coisas que significam as doutrinas. Também é claro que falsas doutrinas podem ser construídas sobre esse alicerce, não porem ao ponto de serem condenados os que as ensinarem.

10. Por último, pode-se provar com maior evidência por muitos textos da Sagrada Escritura, qualquer que seja o intérprete, que somente esse artigo tem a exigência de ser necessariamente consentido por fé interna. "Andais a investigar as Escrituras, julgando ter nelas a vida eterna; e são elas exatamente que dão testemunho de mim" (Jo 5,39). Cristo referia-se apenas às Escrituras do Antigo Testamento, pois ainda não tinha sido escrito o Novo Testamento. Ora, no Antigo Testamento não se encontra nenhum outro testemunho sobre Cristo senão estes, que o rei eterno deveria vir a tal lugar, que haveria de nascer de tais pais, ensinar e realizar tais e tais coisas, através dos quais, como sinais indicadores, haveria de ser reconhecido. Tudo isso comprova só uma coisa: que Jesus, aquele que nesses termos veio, nasceu, ensinou e realizou tais coisas, é o Cristo.

Não era, portanto, exigida para a vida eterna outra fé afora a desse artigo. "Todo aquele que vive e crê em mim não morrerá jamais" (Jo 11,26). Crer em Jesus, como está aí explicado, é o mesmo do que crer que Jesus é o Cristo. Quem, portanto, acredita nisto, não morrerá jamais, e por conseguinte, só esse artigo é necessário à salvação. "Esses foram escritos para que creiais que Jesus é o Messias [Cristo], o Filho de Deus, e para que, crendo, tenhais a vida em seu nome" (Jo 20,31). Quem assim crer, terá a vida eterna, não é preciso ter outra fé. "Todo espírito que confessa Jesus Cristo encarnado vem de Deus" (1Jo 4,2). "Todo aquele que crê que Jesus é o Messias, foi gerado por Deus" (1Jo 5,1). E ainda: "Quem é que vence o mundo senão quem crê que Jesus é o Filho de Deus?" (1Jo 5,5). Se, pois, para alguém *vir de Deus,* ser *gerado por Deus,* e para *vencer o mundo,* não é necessário crer em outra coisa, que Jesus é o Cristo, então este único artigo basta à salvação. "'Aí está a água. Que impede que eu seja batizado?' [Filipe respondeu]: 'Se crês de todo coração, é possível'. 'Eu creio, disse ele, que Jesus Cristo é o Filho de Deus'" (At 8,36-37).

Se, pois, esse artigo em que se acredita *de todo o coração; isto é,* com uma fé interior, é suficiente para o batismo, é também suficiente para a salvação. Além desses textos há inúmeros outros que afirmam clara e expressamente a mesma coisa. E mais: em toda passagem em que lemos que o nosso Salvador louvou a fé de alguém, ou dissesse - *tua fé te salvou* - ou curou alguém por causa da fé, aí também a verdade em que se acredita não é outra, diretamente ou por consequência, senão esta: Jesus é o Cristo.

11. Como, todavia, ninguém pode acreditar que *Jesus é Cristo,* sabendo que se entende por Cristo aquele rei prometido por Deus por meio de Moisés e dos profetas para ser o *Rei* o *Salvador* do mundo se realmente não acreditar em Moisés e nos profetas; e também, como não pode acreditar neles se não crer que *Deus existe e governa o mundo,* é então necessário que a fé em Deus e no Antigo Testamento esteja contida nesta fé do Novo. Sendo, pois, só o ateísmo e a negação da divina providência crimes de lesa-majestade no Reino de Deus pela natureza, e também a idolatria no Reino de Deus pela antiga aliança, agora, no Reino de Deus pela nova aliança acrescenta-se também a *apostasia,* ou seja, a renúncia à crença nesse artigo, depois de recebido, que *Jesus é o Cristo.* Na verdade, é necessário não contradizer às outras doutrinas, se forem definidas pela Igreja legítima; do contrário, haveria pecado de desobediência, e a obediência é necessária à salvação. De resto, já mostramos amplamente nas explicações precedentes que não é necessário acreditar nelas com uma *fé interior.*

12. A *fé* e a *obediência* ao produzirem a salvação do homem cristão têm funções diferentes: a *obediência* fornece o potencial ou *capacidade,* a *fé,* a atuação ou o efeito. Dizemos que uma e outra, cada qual a seu modo, justifica o homem. Cristo perdoa os pecados, não a todos, mas aos *penitentes,* ou *obedientes;* isto é, aos *justos* (não digo aos *inocentes,* mas aos justos, pois *justiça* é vontade de obedecer às leis, e pode encontrar-se num pecador; para Cristo, vontade de obedecer é já obediência). Não é todo homem, mas o justo, que *vive de fé.* A *obediência,* portanto, *justifica* porque *torna justo,* do mesmo modo que a *temperança* faz o homem *temperante,* a *prudência,* o *prudente;* a *castidade,* o *casto,* quer dizer, essencialmente; e coloca o homem em condições de capacidade para receber o perdão.

Melhor dizendo, Cristo não prometeu perdoar os pecados a todos os justos, mas só aos que creem *ser ele o Cristo.* Portanto, a *fé justifica* do mesmo modo como *o juiz que absolve* justifica; isto é, mediante *sentença* que produz o *efeito* de tornar livre o réu. E nesta acepção de justificação (pois é um termo equívoco) que a fé *sozinha* justifica; e na outra é a *obediência sozinha*; mas nem a justiça, nem a fé sozinhas nos *salvam*, e sim as duas juntamente.

13. Pelo que foi dito até agora, é fácil reconhecer qual o dever dos cidadãos cristãos para com os governantes soberanos. Enquanto se professam cristãos, estes não podem mandar o súdito negar a Cristo ou fazer-lhe ultraje, pois dando essas ordens declarariam não ser cristãos. Já demonstramos, pela razão natural e pelas Sagradas Escrituras, que os cidadãos devem obedecer aos príncipes e aos governantes supremos da Cidade em todas as coisas, exceto nas que são contra os mandamentos de Deus. Demonstramos que numa Cidade cristã os mandamentos de Deus, com referência a coisas *temporais* (i. é, que devem ser verificadas pela razão humana), são as leis e ordenações da Cidade, emanadas dos que dela receberam a autoridade de legislar e julgar as controvérsias. Com relação às coisas *espirituais* (i. é, às que devem ser definidas pela Sagrada Escritura), são as leis e ordenações da Cidade; isto é, da Igreja (pois, Cidade cristã e Igreja, conforme mostramos no capítulo precedente, art. 20, são uma só realidade), pronunciadas pelos pastores, devidamente ordenados, e que receberam da Cidade autoridade para isso. De tudo isso conclui-se claramente que numa Cidade cristã a obediência é devida aos governantes supremos em todos os níveis, nas coisas *espirituais* como nas *temporais*.

Quanto a governantes não cristãos, é fora de dúvida que a mesma obediência é devida em todas as questões *temporais* também da parte do cidadão cristão. Nas questões *espirituais* – isto é, nas que se referem ao modo de prestar culto a Deus – é preciso seguir os costumes de alguma Igreja cristã. Que Deus não fala sobre matérias sobrenaturais senão através de intérpretes cristãos, é uma hipótese da fé cristã. Mas, deve-se ou não resistir aos governantes, quando se faz preciso não lhes obedecer? – Absolutamente não, isso é contra o pacto civil. Que fazer, então? Ir a Cristo pelo martírio. E se o cidadão achar que isso parece duro, é mais do que certo que ele não acredita de todo o coração que *Jesus é o Cristo, Filho de Deus vivo*, senão, desejaria morrer e ir para junto de Cristo. O que ele quer é esvaziar, com simulação de fé cristã, o pacto da obediência prometida à Cidade.

14. Alguém talvez se admire de que há hoje tantos artigos de fé (todos de tal modo considerados de fé que, se o indivíduo não acreditar neles interiormente, não poderá entrar no reino dos céus), quando, à parte o artigo que Jesus é o Cristo, necessário à salvação e consentido com fé interior, todos os demais se referem só à obediência, que decerto pode ser prestada, mesmo se alguém não tem fé interior (bastando desejar, crer e professar exteriormente, sempre que necessário) em tudo que a Igreja propõe. Mas se considerarmos que na maior parte das controvérsias a luta está em torno do poder dos homens; em algumas outras, do ganho; em outras, do prestígio intelectual - teríamos então menos do que nos admirar. Vejamos:

• A questão das *propriedades da Igreja* é uma questão do *direito de domínio.* Sabendo-se o que é *Igreja,* sabe-se ao mesmo tempo a quem compete o poder de governar os cristãos. Pois, se qualquer Cidade cristã é aquela Igreja que todo cristão, que lhe é súdito, deve ouvir por ordem do próprio Cristo, então todo cristão é obrigado a obedecer à sua Cidade - isto é, àquele ou àqueles a quem compete o poder supremo - não só nas coisas *temporais,* mas também nas *espirituais.* E se uma Cidade cristã não é essa Igreja, há então alguma outra Igreja mais universal a que é preciso obedecer. De modo que todos os cristãos lhe devem obedecer como obedeceriam a Cristo se viesse à terra. Ela governará, portanto, ou por meio do monarca ou de algum grupo. É, pois, uma questão do *direito de domínio,* ou de usar o poder.

• Ele tem relação com a questão da *infalibilidade.* Todo o que recebesse da humanidade um crédito de fé, verdadeiro e interior, de ser um indivíduo que não pode errar, teria certeza de possuir o poder - quer temporal, quer espiritual - sobre todo o gênero humano, a não ser que o recusasse. E se disser que deve ser obedecido nas coisas *temporais* por motivo de os outros julgarem que não erra, esse direito de governar lhe é concedido.

• Refere-se ao privilégio de interpretar as Escrituras. A quem cabe definir as controvérsias que podem surgir de diferentes interpretações das Escrituras, cabe também definir simples e absolutamente todas as controvérsias. E quem tem esta autoridade, tem também o poder sobre todos os que reconhecem ser as Escrituras a palavra de Deus.

• Está relacionado ao *poder de perdoar e reter os pecados,* ou da *autoridade para excomungar.* Pois, qualquer indivíduo, estando no uso pleno de seu juízo, obedece absolutamente em tudo àquele de cuja vontade crê depender sua salvação ou condenação.

• Tem ligação com o poder de instituir *ordens* e *congregações,* pois elas dependem de quem as fez existir, o qual tem tantos súditos quantos monges, embora convivam numa Cidade de inimigos.

• Refere-se à questão do *juiz de casamentos legítimos.* Pois, a quem pertence esta judicatura, cabe também ao mesmo conhecer das causas sobre herança e sucessão em todos os bens e direitos, não apenas de pessoas particulares, mas também dos mais altos governantes.

• De certo modo também tem relação com o *celibato dos eclesiásticos.* Pois, os não casados têm menos ligação com o resto da sociedade do que os demais. Além disso, um inconveniente não desprezível é que os príncipes são obrigados ou a renunciar ao sacerdócio, que é um grande vínculo de obediência civil, ou a não ter um reino hereditário.

• Igualmente se refere à *canonização dos santos,* que os pagãos chamavam *apoteose.* Pois, quem pode atrair súditos estrangeiros com tamanha recompensa, poderá induzir pessoas desejosas dessa glória a sacrifício, e milhares de outros que se lançaram em perigos inacreditáveis?

As controvérsias em torno do *purgatório* e das *indulgências* são questão de ganho. As questões sobre o *livre-arbítrio, a justificação, o modo de receber Cristo no sacramento* são todas filosóficas. Há também questões referentes a alguns ritos que não foram introduzidos, mas deixados ficar numa Igreja não suficientemente depurada de usos do paganismo. discordantes sabemos que é da natureza humana que os indivíduos discordantes em questões de *poder,* ou *ganho,* ou excelência in*telectual* atirem injúrias e anátemas uns sobre os outros.

Não é, pois, de admirar, se quase todos os dogmas, depois os homens se terem acalorado em suas disputas, são declarados, por estes ou por aqueles, *necessários* para se entrar no Reino de Deus, não apenas para condenação de contumácia dos que não concordam (o que é verdadeiro só após sentença da Igreja), mas até de infidelidade. Acima demonstrei como isso é falso pelo testemunho evidente de muitos textos da Escritura, acrescentando estas palavras de São Paulo: "Quem come não despreze quem não come, e quem não come não se arvore em juiz de quem come, tendo-o Deus acolhido entre os seus [...]. Este considera um dia mais importante do que outro, aquele, pelo contrário, considera iguais todos os dias. Contanto que cada qual esteja convencido do seu próprio modo de pensar" (Rm 14,3.5).

EPÍSTOLA DEDICATÓRIA

Ao Excelentíssimo Conde Guilherme de Devonshire

Excelentíssimo Senhor,

Marcos Catão, o Censor, expressava a opinião do povo romano, desfavorável aos seus reis por causa da fama dos Tarquínios e das leis da Cidade - que todos os reis pertenciam a uma espécie de animais de rapina. Mas é o próprio povo romano, que havia saqueado quase o mundo inteiro pelos seus cabos de guerra, o Africano, o Asiático, o Macedônio, o Aqueu, e demais cidadãos que tiveram apelido dos povos espoliados - que raça de fera deveria ser? Não menos razão do que Catão teve Pontius Telesinus. No combate da Porta Colina, contra Sylla, ele, rondando as fileiras do seu exército, e gritando que era preciso destruir a própria Roma, ainda acrescentava "que nunca haveriam de faltar lobos para rapinar a livre terra itálica enquanto não fosse derrubada a floresta onde eles costumavam se esconder".

Há dois ditados igualmente verdadeiros: um, *o homem é um deus para o homem;* outro, *o homem é um lobo para o homem.* O primeiro é correto se comparamos entre si os cidadãos; o segundo, se compararmos as cidades. O primeiro nos aproxima da semelhança com Deus pela justiça e a caridade, que são as virtudes da paz; o segundo faz até mesmo com que os bons cidadãos, à vista da maldade dos outros, recorram às virtudes da guerra - isto é, à violência e à intriga como animais ferozes, se quiserem ter segurança. Embora os homens por instinto atirem essas coisas à face uns dos outros, encontrando seus defeitos na pessoa dos outros, como quem vê no espelho a esquerda do lado direito, e a direita do lado esquerdo, contudo o direito natural, que deriva da necessidade da própria conservação, não condena isso como vício.

Outros poderiam estranhar que um Catão, homem de reconhecida sabedoria, fosse capaz de sobrepor ódio à sensatez do juízo e paixão à razão a ponto de considerar uma e mesma coisa justa se feita no meio popular e injusta se na pessoa dos reis. Eu já desde algum tempo estou convencido de que nunca houve opinião relevante que tenha agradado ao povo nem sabedoria acima do vulgo que seja por ele reconhecida. Ou ela não é compreendida, ou, se compreendida, é nivelada por baixo. Não foi a razão, mas a grandeza dos fatos e ditos célebres de gregos e romanos, de mistura com o elemento lupino de mútuas censuras, que os recomendou à história, a qual, no decurso dos séculos, vem carregando todos e quaisquer atores juntamente com suas ações públicas.

A verdadeira sabedoria nada mais é do que o conhecimento da verdade em todas as matérias. E como deriva da memória das coisas, excitada pelas palavras com sentido determinado e definido, é produto não de um espírito agudo e impetuoso, mas da reta razão; isto é, da filosofia. Por meio dela abre-se o caminho desde a contemplação das coisas particulares até as leis universais. Quantos são os gêneros de objetos de que a razão humana se ocupa, tantos são os ramos em que se divide a filosofia, tomando denominações diversas conforme a diversidade da matéria. Assim a geometria, tratando das figuras; a física, do movimento; a moral, do direito natural; tudo é filosofia, como o mar que aqui se chama Britânico, ali Atlântico, acolá Índico, devido a seus litorais: tudo é oceano.

É certo que os geômetras souberam administrar bem o seu campo. O que a observação dos astros, a descrição das terras, o registro dos tempos, as navegações de longo curso podem dar como contribuição ao bem-estar da vida humana, o que há de belo nas edificações, de sólido nas fortificações, de maravilhoso nas máquinas - enfim o que distingue o nosso tempo da primitiva barbárie - quase tudo é benefício da geometria. E o que devemos à física, a física deve à mesma geometria. Se a filosofia moral tivesse exercido o seu ofício com igual êxito, não vejo em que ainda mais poderia contribuir o esforço dos homens para o próprio bem-estar nesta vida. Se conhecêssemos a natureza das ações humanas com uma certeza igual àquela com que conhecemos a natureza das grandezas das figuras, a ambição e a avareza, cuja força se apoia em falsas opiniões do vulgo sobre *justo* e *injusto,* ficariam desarmadas, e os seres humanos gozariam de uma paz tão constante que não mais seria necessário lutar, a não *ser* por um lugar no espaço, devido ao crescimento populacional.

Ora, vários sinais, como a permanente guerra pelas armas ou com palavras; a inexistência hoje de uma ciência do direito e das leis naturais mais ampla que outrora; nas controvérsias as partes defendem seu direito com base nas opiniões de filósofos; um fato idêntico recebe louvor de uns e reprovação de outros; a mesma pessoa aprova agora o que condenava em outra época, ou avalia diferentemente suas ações quando observadas em outras pessoas – todos eles demonstram claramente que nada trouxe de útil para o conhecimento da verdade o que até agora se escreveu em filosofia moral. Ao contrário, preferiu-se, ao invés de esclarecer os espíritos, confirmar com belos discursos, favoráveis às paixões, opiniões antes aceitas temerariamente. Aconteceu com esta parte da filosofia o mesmo que se vê nas vias públicas: todos transitam, vão e vêm, uns caminham com propósitos, outros questionam, mas ninguém semeia. Parece que a razão única daquela falha é que nenhum dos que trataram a matéria moral adotou um princípio didático adequado. O início de uma ciência, como do círculo, não pode efetuar-se a nosso bel-prazer. Na própria obscuridade da dúvida surge o tênue fio da razão cujo traçado nos conduz até atingir uma luz muito clara. Aqui se encontra o princípio didático do ensino, e é daqui que se há de obter luz para buscar, em caminho inverso, a solução para as dúvidas. Toda vez que um autor abandona esse fio por ignorância, ou interrompe-o por suas paixões, está pondo por escrito não as marcas da ciência, mas a pegadas de suas andanças.

Por isso, ao concentrar o pensamento na investigação da justiça natural, vi-me induzido pelo próprio nome da justiça, que significa a vontade constante de atribuir a cada um seu direito a perguntar, primeiro, por que motivo o indivíduo vem, a chamar *sua* uma coisa e não a chamá-la *alheia*. E como é certo que isso não provém da natureza, mas de convenção entre os homens – pois, foram os homens que distribuíram as coisas que a natureza oferecia – fui eu levado a uma segunda questão, a saber, com que interesse, ou se por necessidade, foram compelidos a se apropriar de algumas em particular, quando tudo era de todos. Bem sabia eu que da posse comum das coisas seguiria como consequência necessária a guerra, e daí toda espécie de calamidades, com os homens entregues à luta violenta por causa do uso delas; e a isto todos fogem por natureza.

De posse de dois postulados incontestáveis da natureza humana, que são, o da natural cupidez com que cada homem exige para si uso próprio das coisas comuns, e o da razão natural que faz o homem tentar evitar a morte violenta como mal supremo da natureza - parece-me ter demonstrado na presente obra, como consequência evidente daqueles dois postulados, a necessidade de guardar os pactos e de conservar a fé prometida, como também ter apresentado os elementos da virtude moral e dos deveres cívicos. A seção sobre o Reino de Deus foi acrescentada para afastar qualquer aparência de incompatibilidade entre os preceitos de Deus pela natureza e a lei de Deus transmitida nas Escrituras. Em toda a extensão deste trabalho esforcei-me para não fazer referência alguma às leis civis das várias nações, procurando não me aproximar de um terreno perigoso, sob a iminência de tempestades. Sei de minhas fadigas e do esforço que tive de empregar para ir à busca da verdade. Mas não sei dos resultados: as pessoas costumam, por amor às suas produções, julgá-las menos severamente.

Confio, pois, este breve tratado mais à censura do que ao favor de Vossa Excelência, na certeza total de estar recorrendo a uma instância para quem as opiniões tornam-se dignas de apoio não pela fama dos autores nem por sua novidade, nem pela beleza do discurso, mas sim pela solidez dos argumentos. Se esta obra satisfaz - isto é, se for vigorosa e útil, sem ser vulgar - tomo a liberdade de oferecê-la e dedicá-la a Vossa Excelência, ó Excelentíssimo Senhor, nossa proteção e orgulho. Se, ao contrário, eu não tiver êxito, será o livro pelo menos um testemunho de minha gratidão a Vossa Excelência por ter eu tentado ocupar o lazer, a mim concedido por Vossa Benevolência, de modo a merecer sua graça.

Que o Senhor todo-poderoso, Deus Ótimo Máximo, conserve Vossa Excelência como o melhor cidadão desta Cidade mortal, e que ao fim de uma vida, a mais longa, coroe Vossa Excelência com a glória da Cidade celestial.

De Vossa Excelência, servo muito humilde,

Thomas Hobbes
Paris, 1º de novembro de 1646.

POSFÁCIO

Milton Meira do Nascimento

Se o século XVI teve o seu autor "maldito", o século XVII elegeu Thomas Hobbes como seu pensador odioso. Acusado de ateísmo, de defensor do absolutismo monárquico, de professar falsos princípios em matéria de moral, de metafísica e de religião, seu pensamento ficará marcado por essas acusações, o que, certamente, impediu muitos de seus contemporâneos e de gerações futuras de compreenderem o alcance de suas reflexões sobre a moral, a política e a religião. O próprio Descartes se referia a ele da seguinte maneira: "Tudo o que posso dizer do livro *De Cive é* que penso que seu autor é o mesmo que escreveu as terceiras objeções contra minhas *Meditações* e que o considero muito mais hábil em Moral do que em Metafísica ou em Física. No entanto, não posso, de forma alguma, aprovar seus princípios e suas máximas, pois ele supõe que todos os homens são maus ou propensos para o mal. Todo seu objetivo é o de escrever em favor da monarquia, o que se poderia fazer de maneira muito melhor e mais sólida do que ele fez, tomando-se máximas mais virtuosas e mais consistentes. Escreve também muito contra a Igreja e a religião romana, de tal modo que, se não tiver o apoio de algum favor muito poderoso, não sei como poderá livrar seu livro da censura" (*Adam-Tannery*, t. IV, p. 67). Difícil imaginar que Descartes pudesse esfregar as mãos na expectativa de ver o livro do seu oponente censurado, mas, de qualquer modo, não tinha nenhuma simpatia pelo autor do *De Cive*. Leibniz também era da mesma opinião de Descartes a respeito do filósofo inglês, considerava-o um pensador de talento, com o inconveniente de ter baseado sua teoria em falsos princípios.

Odiado e, ao mesmo tempo, cercado de admiração, o filósofo de Malmesbury será um marco de referência obrigatória na história do pensamento político. Mesmo aqueles que o combatiam com veemência não deixavam de reconhecer o quanto lhe eram devedores. Rousseau, no século seguinte, irá chamá-lo de "sofista genial" e os franceses em geral, com exceção de Descartes, não lhe pouparão grandes elogios. Mersenne considerava o *De Cive* um "livro fora do comum", um "livro de ouro" e seu autor, "o incomparável Sr. Hobbes", como podemos ler na sua correspondência com Sorbière. Samuel von Pufendorf, jurista alemão, autor do *Direito de natureza e dos povos,* um clássico do direito natural, terá sempre como interlocutor o autor do *De Cive,* fazendo constantes referências a esta obra, muito mais do que ao *Leviatã.* No prefácio do *Direito de natureza e dos povos,* editado em 1672, lemos as seguintes referências a Hobbes: "Em suas obras relativas à ciência política, produziu muitas coisas de preço inestimável e ninguém, que entende desses assuntos, poderá negar que ele estudou a constituição da sociedade humana e civil com tanta profundidade que pouquíssimos predecessores poderiam comparar-se a ele. Mesmo quando se afasta da verdade, propiciou a seus leitores a ocasião de pensar em coisas que sem dúvida nunca haviam passado pela cabeça de ninguém. Mas, como tinha exposto, em matéria de religião, princípios horríveis e totalmente pessoais, fez por isso mesmo, e não sem motivo, muitos inimigos. E, como acontece com frequência, condenam-no com mais arrogância aqueles que por assim dizer nem o leram nem o compreenderam". E Barbeyrac, no prefácio do *Direito da guerra e da paz,* de autoria do jurista holandês Grotius, tem uma expressão curiosa sobre Hobbes; "O livro [*De Cive],* com todos os seus erros, era a obra de um espírito reflexivo, que dá ocasião de examinar e aprofundar muitas coisas, nas quais não se pensaria sem ela; e que ensina Verdades muito úteis, que só precisam ser estabelecidas a partir de bons princípios. Por isso, com certeza, podemos fazer dos livros desse famoso inglês o mesmo uso que se faz de alguns Animais ou Plantas venenosas".

A recepção da obra de Hobbes vai-se fazendo entre a admiração e a recusa, mas há um ponto em que todos os críticos estão de acordo: se Hobbes tivesse partido de outros princípios, não haveria muito problema em aceitar o conjunto de sua teoria. Resta-nos examinar quais seriam tais princípios tão detestáveis.

Em primeiro lugar, diz Hobbes, é preciso reconhecer que, na ausência de um poder comum que imponha respeito a todos, os homens agem por medo uns dos outros e procuram, para sobreviver, usar de todos os meios ao seu alcance, o que, evidentemente, provoca uma situação de total instabilidade. Assim, no estado de natureza, a condição dos homens é de total desconfiança uns dos outros, numa guerra de todos contra todos, não havendo tempo para a indústria, para o comércio e para o desenvolvimento das artes e da ciência. Daí, seria possível concluir que os homens são maus e, além disso, maus por natureza? A resposta de Hobbes está esboçada no seu prefácio aos leitores. "Alguns objetam que, uma vez admitido aquele princípio, não só todos os homens são maus (o que, embora duro, talvez se há de conceder, pois parece que a Sagrada Escritura o diz claramente), mas também que são maus por natureza, o que não se pode afirmar sem sacrilégio. E que os homens sejam maus por natureza não se segue daquele princípio. Mesmo se os maus fossem em menor número do que os bons, pelo fato de não termos condições para distinguir os bons dos maus, sempre pesará também sobre os bons e pacíficos a necessidade de desconfiar, tomar precauções, prevenir-se, dominar, defender-se de algum modo. Menos ainda segue daquele princípio que os que são maus foram feitos maus por natureza. Embora os homens recebam da natureza – isto é, desde o nascimento, pelo fato de nascerem animais – imediatamente a capacidade de querer e fazer quanto possível tudo que lhes agrada, para escaparem aos males iminentes ou para rechaçá-los agressivamente, todavia, nem por isso hão de ser considerados maus. As próprias paixões da alma que procedem da natureza animal não são más; as ações delas provenientes às vezes são más quando nocivas ou contra o dever. Se não se der às crianças tudo que pedem choram, zangam-se, e até batem nos pais; elas recebem da natureza o vezo de assim fazer. Mas não têm culpa, nem são más, em primeiro lugar, porque não podem fazer mal e em segundo, porque, não tendo uso da razão, estão isentas de todo poder. Mas, quando na idade adulta, tendo adquirido as forças com as quais podem causar dano, prosseguem na mesma direção, então começam não só a agir, mas também a ser verdadeiramente más. O homem mau é como uma criança robusta, ou um homem com disposição infantil. Malícia é o mesmo que falha da razão numa idade em que esta costuma vir aos homens por força da natureza, já domada pela disciplina e pelo sofrimento de danos. A não ser que se queira dizer que os homens nasceram maus por natureza pelo fato de não terem recebido dela nem a disciplina nem o uso da razão, é preciso confessar que eles podem ter recebido da natureza o desejo, o medo, a ira, e as demais paixões animais, sem que porém se considere terem sido feitos males pela natureza."

Em momento algum Hobbes afirma que os homens são maus e muito menos que são maus por natureza. Dela receberam suas paixões, que não são más em si próprias. Quando todos se põem a buscar o que consideram melhor para a sua própria conservação, nada mais estão fazendo do que seguir os ditames da sua razão, que calcula o que seria melhor em cada situação. E, como, antes do aparecimento do Estado, a condição é de igualdade para todos, segue-se que daí poderá advir algum dano para quem se puser como obstáculo à realização do desejo do outro. Descartes certamente não prestou atenção ou não quis acompanhar a argumentação de Hobbes, mas preferiu o caminho mais fácil da atribuição a Hobbes de um falso princípio que este jamais professara. Aliás, segundo Hobbes, a maldade dos homens não decorre de uma suposta natureza perversa de cada um, mas de sua condição natural – isto é, de uma condição em que se impõe a luta pela conservação a qualquer preço – pois nesse estado ainda não existe um poder comum que imponha respeito a todos. Sem contar que a atribuição da justiça ou de quaisquer juízos de valor só se torna possível quando o Estado estiver constituído, quando houver, portanto, uma autoridade para julgar do justo e do injusto, e sobre o que é bom ou mau para os membros da comunidade política. Sobre o justo ou o injusto, sobre o bem ou o mal, só o soberano pode julgar. No estado de natureza, pelo contrário, cada homem é o juiz, anulando-se, dessa forma, qualquer critério que pudesse estar acima dele.

Eis aí um dos alicerces do pensamento político de Thomas Hobbes e sobre o qual irá construir o seu edifício: os homens são movidos por paixões, pelo medo, pelo desejo, pelo ódio. Ocorre que, no estado de natureza em que cada um é o juiz e possui um desejo ilimitado a todas as coisas que julga necessárias para a sua conservação, essas paixões desencadeiam uma guerra generalizada que certamente levaria à destruição da espécie. Como ninguém quer a sua própria destruição, a única forma de pôr fim a essa condição é a abdicação a esses direitos ilimitados do estado de natureza e, consequentemente, a submissão a um poder comum que imponha medo e respeito a todos. Da mesma forma como cada homem, no estado de natureza, calculava os meios para conservar-se individualmente, agora, o cálculo será efetuado por uma espécie de razão coletiva que estabelece as cláusulas para a paz. Estamos no ponto em que os homens abandonam o estado de natureza e criam, artificialmente, o Estado - isto é, a comunidade política - por meio de um pacto de todos com todos, para que abram mão de seus direitos naturais em favor de um terceiro, que será o representante das ações de todos e, por isso mesmo, a autoridade máxima, incontestável, condição para o estabelecimento de uma paz duradoura.

Esse artefato, criação artificial do homem, será a única saída possível para a condição de miséria do estado de natureza. A sociedade civil é, pois, uma necessidade. Ela não é natural, porque os homens não são naturalmente sociáveis. Esse é um outro ponto em que se poderia atribuir a Hobbes a defesa de "falsos princípios", falsos porque a tradição aristotélica sustentava a sociabilidade como natural. O que seria, então, segundo Hobbes, a sociedade civil? Na segunda parte do *De Cive,* ele mostra que não se pode comparar a sociedade de certos animais com a dos homens, posto que entre os animais o que existe é o concurso de muitas vontades individuais tendendo para um mesmo fim, enquanto que, entre os homens, é preciso mais do que isso, é necessária a união de todos numa só vontade, superando-se, portanto, a instância das particularidades das vontades individuais. Após o pacto social, por meio do qual todos abrem mão de seus direitos e decidem transferi-los para uma só pessoa ou a uma assembleia, fica instituída a sociedade civil. "A união assim obtida chama-se *Estado,* ou *Sociedade Civil,* ou ainda *pessoa civil.* Com efeito, sendo a vontade de todos *uma só,* esta deve ser considerada *uma pessoa;* há de ser conhecida e distinguida, em relação a todos os indivíduos particulares, através de um só nome, mantendo seus direitos e propriedades. Deste modo, nem o cidadão isolado nem todos ao mesmo tempo, à exceção daquele cuja vontade representa a de todos, podem ser tomados como *Estado*. Definindo, portanto, *Estado é uma pessoa* cuja *vontade*, resultante do pacto de muitos homens, é aceita como *vontade* de todos os homens a fim de poder ela utilizar a força e os recursos de cada um para a paz e a defesa comum".

É importante salientar, em Hobbes, a sua definição do Estado como pessoa civil, pois ela é a chave para se entender o caráter absoluto das decisões do Estado. Como pessoa que é, só pode ter e ser dirigido por uma única vontade. Além de se apresentar como portador de direitos e a quem se poderá atribuir também deveres. Mas Hobbes fez questão de afirmar o caráter artificial dessa pessoa, composta de outras pessoas naturais, porém irredutível a cada uma delas. Não está aqui prefigurada a solução da questão do Estado anunciada por Hegel? A distinção entre sociedade civil e Estado, feita por ele, já não está na distinção que Hobbes faz entre multidão e Estado, entre a multidão desorganizada e a multidão que se transformou numa pessoa civil? Não é ir longe demais afirmar que, a partir dessa definição de Estado, Pufendorf vai elaborar sua teoria do Estado como uma pessoa moral composta, que Rousseau vai elaborar sua teoria da vontade geral distinta da vontade de todos e que Hegel construirá sua teoria do Estado como princípio da unidade.

Resta-nos examinar um outro ângulo da teoria hobbesiana do Estado e que consiste exatamente no seu método. Se Maquiavel é considerado o fundador da ciência política, o que teria levado Hobbes a afirmar que antes do *De Cive* não houve ciência política? Todo o pensamento de Maquiavel estava voltado para mostrar a crueza das ações políticas, a verdade efetiva das coisas em matéria de política. Por isso mesmo, ao elaborar sua descrição das ações políticas, não deixou de ser confundido com um pensador frio, cruel e que só dava conselho aos príncipes que queriam manter o poder a qualquer custo. Só a confusão entre o ser e o dever-ser da política poderia levar alguns leitores a pensar que a descrição da verdade efetiva das coisas é a única realidade a que devem se referir os homens públicos ou aqueles que se interessam pela organização da coisa pública. Para Maquiavel, a ação política é autônoma, não depende nem da moral nem da religião, por isso mesmo, a moralidade das ações políticas é intrínseca à própria ação.

Não resta dúvida, portanto, que o pensamento de Maquiavel ficou marcado como uma investigação da verdade efetiva das coisas. Aí residiria o seu lado científico em matéria de política.

Hobbes, por sua vez, vai assumir uma posição bem diferente da de Maquiavel. Para o filósofo inglês, é preciso deixar de lado os fatos e proceder como os geômetras, se quisermos fazer da moral e da política uma ciência. Epístola Dedicatória ao conde de Devonshire, que acompanha a tradução francesa de Sorbière, de 1649, e a versão inglesa, de 1651 (traduzida por Renato Janine Ribeiro, pela Martins Fontes), depois de afirmar que as grandes transformações da modernidade em relação à antiguidade se devem à geometria acrescenta que "se os filósofos tivessem cumprido seu dever com igual felicidade, não sei o que nosso engenho poderia ter somado à perfeição daquela felicidade que convém à vida humana. Pois, se a natureza das ações humanas fosse tão bem conhecida como, na geometria, a natureza da quantidade, então a força da avareza e da ambição, que é sustentada pelas errôneas opiniões do vulgo quanto à natureza do que é certo ou errado, prontamente se enlanguesceria e se esvaneceria; e o gênero humano gozaria de paz sem fim, pois - a menos que fosse por moradia, supondo-se que a Terra se tornasse muito pequena para seus habitantes - mal restaria qualquer alegação para a guerra". Eis aí o propósito de Thomas Hobbes. Resta agora saber de que maneira poderemos aplicar o método geométrico às questões da moral e da política, já que se trata de um campo que, segundo a tradição aristotélica, só seria passível de certas afirmações prováveis, não apresentando, portanto, nenhuma possibilidade de se firmar como as matemáticas. É no seu Prefácio ao leitor que Hobbes esclarece o seu método. "No que se refere ao método deste livro, não julguei ser bastante a boa ordem do discurso, embora seja um aspecto notável, mas era preciso começar pelo próprio assunto do governo, prosseguir com sua formação e desenvolvimento e chegar à primitiva origem da justiça. Com efeito, conhecemos muito melhor uma coisa pelos elementos de que ela se constitui. Assim como não se pode saber, num relógio mecânico ou noutra máquina um pouco mais complexa, qual a função de cada parte ou roda, se ele não for desmontado e separadamente examinados o material, o desenho e o movimento, assim também, para estudar o direito do Estado e os deveres dos cidadãos, precisamos, sem desmontar o Estado, considerá-lo como desmontado; isto é, precisamos compreender corretamente a condição da natureza humana, com o uso de quais meios ela é capaz ou incapaz de dar corpo ao Estado e de que modo hão de ajustar-se entre si os homens, se quiserem alcançar a união. Seguindo, portanto, este método, ponho como um princípio conhecido de todos por experiência, não havendo ninguém que o negue, a saber, que os homens são por natureza de tal feitio que, se não forem coagidos por meio de algum poder comum, viverão sempre desconfiados uns dos outros, temendo-se reciprocamente".

Como na geometria, Hobbes estabelece, em primeiro lugar, os princípios e, a seguir, deduz as consequências, não se importando em momento algum com os fatos, com a história, pois, segundo ele, nesses terrenos, só temos um conhecimento incerto e inseguro. Só a geometria e o método geométrico aplicado ao campo da moral e da política poderão oferecer-nos certezas inabaláveis, rigorosamente demonstráveis.

Não podemos nos esquecer também de que só esse método permite a investigação a respeito da origem. E possível desmontar um artefato ou então considerá-lo como se estivesse desmontado para análise. Por isso, perguntar-se sobre a gênese do Estado só é possível porque ele está definido, no sistema hobbesiano, como um produto artificial do homem. Se, por outro lado, nós o considerássemos como resultado da própria natureza, qualquer investigação sobre a sua origem deveria necessariamente cair no campo do provável, do incerto. Não basta, portanto, para Hobbes, analisar a verdade dos fatos, mas é preciso deslocar-se para um outro universo, o das certezas matemáticas, se se quiser encontrar algo de seguro em matéria de política e de moral. E isso o que ele nos apresenta no *De Cive* e que será desenvolvido mais tarde, de maneira mais concisa e amadurecida, no *Leviatã*.

COLEÇÃO PENSAMENTO HUMANO

- *A caminho da linguagem,* Martin Heidegger
- *A Cidade de Deus (Parte I; Livros I a X),* Santo Agostinho
- *A Cidade de Deus (Parte II; Livros XI a XXIII),* Santo Agostinho
- *As obras do amor,* Søren Aabye Kierkegaard
- *Confissões,* Santo Agostinho
- *Crítica da razão pura,* Immanuel Kant
- *Da reviravolta dos valores,* Max Scheler
- *Enéada II – A organização do cosmo,* Plotino
- *Ensaios e conferências,* Martin Heidegger
- *Fenomenologia da vida religiosa,* Martin Heidegger
- *Fenomenologia do espírito,* Georg Wilhelm Friedrich Hegel
- *Hermenêutica: arte e técnica da interpretação,* Friedrich D.E. Schleiermacher
- *Investigações filosóficas,* Ludwig Wittgenstein
- *Parmênides,* Martin Heidegger
- *Ser e tempo,* Martin Heidegger
- *Ser e verdade,* Martin Heidegger
- *Verdade e método: traços fundamentais de uma hermenêutica filosófica (Volume I),* Hans-Georg Gadamer
- *Verdade e método: complementos e índice (Volume II),* Hans-Georg Gadamer
- *O conceito de angústia,* Søren Aabye Kierkegaard
- *Pós-escrito às migalhas filosóficas (Volume I),* Søren Aabye Kierkegaard
- *Metafísica dos costumes,* Immanuel Kant
- *Do eterno no homem,* Max Scheler
- *Pós-escrito às migalhas filosóficas (Volume II),* Søren Aabye Kierkegaard
- *Crítica da faculdade de julgar,* Immanuel Kant
- *Ciência da Lógica – 1. A Doutrina do Ser,* Georg Wilhelm Friedrich Hegel
- *Ciência da Lógica – 2. A Doutrina da Essência,* Georg Wilhelm Friedrich Hegel
- *Crítica da razão prática,* Immanuel Kant
- *Ciência da Lógica – 3. A Doutrina do Conceito,* Georg Wilhelm Friedrich Hegel
- *Lições sobre a Doutrina Filosófica da Religião,* Immanuel Kant
- *Leviatã,* Thomas Hobbes
- *À paz perpétua – Um projeto filosófico,* Immanuel Kant
- *Fundamentos de toda a Doutrina da Ciência,* Johann Gottlieb Fichte
- *O conflito das faculdades,* Immanuel Kant
- *Conhecimento objetivo – Uma abordagem evolutiva,* Karl R. Popper
- *Sobre o livre-arbítrio,* Santo Agostinho
- *Ecce Homo,* Friedrich Nietzsche
- *A doença para a morte,* Søren Aabye Kierkegaard
- *Sobre a reprodução,* Louis Althusser
- *A essência do cristianismo,* Ludwig Feuerbach
- *O ser e o nada,* Jean-Paul Sartre
- *Psicologia fenomenológica e fenomenologia transcendental,* Edmund Husserl
- *A transcendência do ego,* Jean-Paul Sartre
- *Solilóquios / Da imortalidade da alma,* Santo Agostinho
- *Assim falava Zaratustra,* Friedrich Nietzsche
- *De Cive – Elementos filosóficos a respeito do cidadão,* Thomas Hobbes

EDITORA VOZES LTDA.
Rua Frei Luís, 100 – Centro – Cep 25689-900 – Petrópolis, RJ
Tel.: (24) 2233-9000 – E-mail: vendas@vozes.com.br